UTB 3324

Eine Arbeitsgemeinschaft der Verlage

Böhlau Verlag · Köln · Weimar · Wien
Verlag Barbara Budrich · Opladen · Farmington Hills
facultas.wuv · Wien
Wilhelm Fink · München
A. Francke Verlag · Tübingen und Basel
Haupt Verlag · Bern · Stuttgart · Wien
Julius Klinkhardt Verlagsbuchhandlung · Bad Heilbrunn
Lucius & Lucius Verlagsgesellschaft · Stuttgart
Mohr Siebeck · Tübingen
Orell Füssli Verlag · Zürich
Ernst Reinhardt Verlag · München · Basel
Ferdinand Schöningh · Paderborn · München · Wien · Zürich
Eugen Ulmer Verlag · Stuttgart
UVK Verlagsgesellschaft · Konstanz
Vandenhoeck & Ruprecht · Göttingen
vdf Hochschulverlag AG an der ETH Zürich

Für V.

Jonas Pfister

Fachdidaktik Philosophie

Haupt Verlag
Bern · Stuttgart · Wien

Jonas Pfister, geboren 1977, studierte Philosophie und Geschichte in Bern und Paris, promovierte 2007 in Bern mit einer Arbeit zur Sprachphilosophie von Paul Grice und war 2008–09 Gastforscher am Center for the Study of Mind in Nature (CSMN) an der Universität Oslo. Er ist Assistent am Institut für Philosophie der Universität Bern und Mitarbeiter bei der Forschungsgruppe *meaning.ch*. Seit 2003 unterrichtet er Philosophie am Gymnasium.

1. Auflage: 2010

Bibliografische Information der *Deutschen Nationalbibliothek:*
Die Deutsche Nationalbibliothek verzeichnet diese Publikation in der
Deutschen Nationalbibliografie; detaillierte bibliografische Daten
sind im Internet über http://dnb.d-nb.de abrufbar.

ISBN 978-3-8252-3324-2

Alle Rechte vorbehalten.
Copyright © 2010 by Haupt Berne
Jede Art der Vervielfältigung ohne Genehmigung des Verlages ist unzulässig.
Einbandgestaltung: Atelier Reichert, Stuttgart
Satz / Gestaltung Inhalt: René Tschirren, Bern
Printed in Germany

www.haupt.ch

Inhaltsverzeichnis

Vorwort 11

Teil I:
Leitfaden für den Unterricht 15

1 Unterrichten 17
  1.1 Was will ich erreichen? 17
  1.2 Wie kann ich mein Ziel erreichen? 19
    1.2.1 Sozialformen und Arbeitsformen 19
    1.2.2 Klassenarbeit: Lehrervortrag 21
    1.2.3 Klassenarbeit: Unterrichtsgespräch 23
    1.2.4 Einzel- und Partnerarbeit 25
    1.2.5 Gruppenarbeit 27
    1.2.6 Unterrichtsplanung 28
  1.3 Wie kann ich überprüfen, ob das Ziel erreicht ist? 31
  1.4 Unterrichtsevaluation 34
2 Philosophieren 35
  2.1 Diskutieren 37
    2.1.1 Allgemeines 38
    2.1.2 Diskussion über ein Thema/eine Frage 45
    2.1.3 Diskussion über einen Text 46
    2.1.4 Diskussion mit einer Autorin/einem Autor 47
    2.1.5 Neo-sokratisches Gespräch 48
    2.1.6 Vom Umgang mit Relativismus und Skeptizismus 49

2.2 Lesen — 51

- 2.2.1 Allgemeines — 52
- 2.2.2 Genau lesen — 53
- 2.2.3 Den Text strukturieren — 54
- 2.2.4 Hauptthesen herausarbeiten — 54
- 2.2.5 Argumente rekonstruieren — 55
- 2.2.6 Diskussionsfragen formulieren — 56

2.3 Schreiben — 56

- 2.3.1 Allgemeines — 57
- 2.3.2 Zusammenfassung — 64
- 2.3.3 Darstellung — 65
- 2.3.4 Diskussionsprotokoll — 66
- 2.3.5 Kommentar und Stellungnahme — 67
- 2.3.6 Dialogische Formen — 69
- 2.3.7 Interaktive Formen — 70
- 2.3.8 Essay — 71
- 2.3.9 Längere Arbeiten — 73

3 Prüfen und Bewerten — 75

3.1. Prüfen — 75

- 3.1.1 Prüfungszweck — 75
- 3.1.2 Prüfungsgrundsätze — 76
- 3.1.3 Prüfungsfragen — 77

3.2 Bewerten — 80

- 3.2.1 Bewertungsgrundsätze — 81
- 3.2.2 Bewertungskriterien — 82
- 3.2.3 Benotungsgrundsätze — 83

4 Anregen und Motivieren — 87

4.1 Anregen — 87

- 4.1.1 Literarische Texte und Zeitungsartikel — 88
- 4.1.2 Bilder und Filme — 89
- 4.1.3 Künstlerische Tätigkeiten — 91
- 4.1.4 Exkursionen — 92

4.2 Motivieren … 92
    4.2.1 Zur Schülermotivation … 93
    4.2.2 Zur Lehrermotivation … 95
5 Zusammenfassung … 97

Teil II:
Grundlagen der Fachdidaktik … 99

1 Was ist Fachdidaktik? … 101
    1.1 Didaktische Fragen … 101
    1.2 Didaktische Modelle … 108
    1.3 Fachdidaktik und Allgemeine Didaktik … 112
    1.4 Fachdidaktik und Philosophie … 113
    1.5 Fachdidaktische Fragen … 117
2 Geschichte … 119
    2.1 Geschichte des Fachunterrichts … 119
        2.1.1 Von den Anfängen zum modernen Gymnasium … 119
        2.1.2 Das moderne Gymnasium im 19. Jahrhundert … 120
        2.1.3 Weitere Entwicklung … 123
        2.1.4 Einführung des Schulfachs Ethik … 125
        2.1.5 Philosophieren mit Kindern … 128
        2.1.6 Internationale Philosophie-Olympiade … 130
        2.1.7 Philosophische Praxis und Café Philosophique … 131
        2.1.8 Entwicklung in anderen Ländern … 132
        2.1.9 Unterrichtsparadigmen … 135
    2.2 Geschichte der Fachdidaktik … 137
        2.2.1 Kant und Hegel … 137
        2.2.2 Der lange Weg der Legitimationsdiskussion … 141
        2.2.3 Erneuerung seit den 1970er-Jahren … 142
        2.2.4 Erneuerung in anderen Ländern … 146
3 Fragen … 151
    3.1 Begründung … 151
        3.1.1 Philosophie als Aufklärung … 151

      3.1.2 Wissenschaftspropädeutik vs. die innere Einheit
           der Bildung   152
      3.1.3 Wissenschaftspropädeutik vs. Alltagsorientierung   153
      3.1.4 Kompetenzen und Bildungsstandards   154
      3.1.5 Kritisches Denken   155
      3.1.6 Philosophieren   156
      3.1.7 Praktische Fragen   157
  3.2 Inhalt   157
      3.2.1 Lehrpläne   158
      3.2.2 Philosophiegeschichte im Philosophieunterricht?   160
      3.2.3 Fragen der Philosophie oder des Alltags?   161
      3.2.4 Pluralismus des Inhalts   163
      3.2.5 Praktische Fragen   164
  3.3 Methode   164
      3.3.1 Textgebundener Unterricht: Problembezogener
           vs. historischer Zugang   166
      3.3.2 Textfreier Unterricht: Geleitete Diskussion vs.
           neo-sokratisches Gespräch   168
      3.3.3 Textproduzierender Unterricht   170
      3.3.4 Verschiedene Methoden?   170
      3.3.5 Pluralismus der Methode   171
      3.3.6 Praktische Frage   172
  3.4 Prüfungsmethode   172
      3.4.1 Prüfungsfragen   173
      3.4.2 Problematische Benotungsgrundsätze   174
      3.4.3 Praktische Frage   175
4 Ansätze   177
  4.1 Bildungstheoretisch-identitätstheoretischer Ansatz   178
  4.2 Dialogisch-pragmatischer Ansatz   183
  4.3 Dialektischer Ansatz   188
  4.4 Kompetenzorientierter Ansatz   191
5 Zusammenfassung   201

Teil III:
Literatur und Materialien   203

1 Lehrbücher und Textsammlungen   205
   1.1 Sekundarstufe II   205
   1.2 Ethik   206
   1.3 Sekundarstufe I   207
   1.4 Philosophieren mit Kindern   207
2 Nachschlagwerke   209
3 Fachdidaktische Literatur   211
   3.1 Philosophie   211
   3.2 Ethik   213
   3.3 Sekundarstufe I   213
   3.4 Philosophieren mit Kindern   213
4 Zeitschriften   215
5 Lehrpläne   219
6 Vereinigungen   221

Teil IV:
Anhang   225

1 Literaturverzeichnis   227
2 Personenregister   249

Vorwort

Dieses Buch ist für angehende Unterrichtende der Philosophie und Ethik am Gymnasium (Sekundarstufe II) geschrieben. Der philosophische Unterricht beschränkt sich jedoch nicht auf diese Fächer, denn philosophische Fragen können sich in jedem Zusammenhang stellen. «Fachdidaktik Philosophie» ist deshalb an alle Lehrpersonen gerichtet, die in ihrem Unterricht philosophische Fragen bearbeiten möchten. Bereits praktizierende Gymnasiallehrer für Philosophie werden vielleicht auch den einen oder anderen Gedankenanstoß finden, ebenso Universitätsdozierende und Lehrpersonen der Sekundarstufe I. Nur am Rande wird das Philosophieren mit Kindern behandelt.

«Fachdidaktik Philosophie» enthält drei Teile: einen Leitfaden für den Unterricht, eine Einführung in die Grundlagen der Fachdidaktik und eine Liste von Materialien und Literatur. Diese drei Teile können unabhängig voneinander eingesetzt werden; der erste in erster Linie beim Lernen der Planung von Unterricht, der zweite bei der Reflexion des Unterrichts und der dritte zum Nachschlagen und Weiterlesen. Die Paragrafenhinweise im Text beziehen sich auf den jeweiligen Teil, wenn nicht anders angemerkt.

Im ersten Teil gebe ich einen Leitfaden dafür, wie man den Unterricht der Philosophie gestalten kann und was man dabei allenfalls berücksichtigen muss. Es geht mir dabei nicht darum, alle möglichen Formen des Unterrichts aufzuzeigen. Auch geht es mir nicht darum zu zeigen, weshalb eine ganz bestimmte Form die beste ist – abgesehen davon, dass dies unabhängig von einer bestimmten Unterrichtssituation gar nicht auf interessante Art zu bestimmen wäre. Im ersten

Kapitel stelle ich einige allgemeine Methoden des Unterrichtens vor, im zweiten spezifische Methoden des Philosophieunterrichts, genauer Methoden dafür, wie man im Unterricht philosophisch diskutieren, lesen und schreiben kann. Im dritten Kapitel erläutere ich, wie man philosophische Leistung prüfen und bewerten kann, und im vierten Kapitel, wie man philosophisches Denken anregen und motivieren kann. Wer noch nie unterrichtet hat, beginne mit dem ersten Kapitel. Wer bereits über Erfahrung im Unterrichten verfügt, der überspringe das erste Kapitel und beginne mit dem zweiten. Wer bereits Erfahrung im Philosophieunterricht besitzt, der überspringe den gesamten ersten Teil und beginne mit dem zweiten Teil.

Im zweiten Teil versuche ich, eine Einführung in die Grundlagen der Fachdidaktik zu geben. Es geht dabei nicht darum, einen vollständigen Überblick über die gesamte fachdidaktische Diskussion inklusive der zahlreichen Beiträge in den letzten Jahrzehnten und den aktuellen Forschungsstand zu geben. Vielmehr will ich grundlegende Fragen und einige mögliche Antworten darauf vorstellen. Im ersten Kapitel erörtere ich die Frage, was Fachdidaktik Philosophie überhaupt ist. Im zweiten Kapitel skizziere ich die Geschichte des Fachs und der Fachdidaktik. Im dritten Kapitel gehe ich näher auf einige grundlegende Fragen ein. Im vierten Kapitel stelle ich schließlich wichtige Antworten darauf in der Form von fachdidaktischen Ansätzen vor. An einigen Orten verweise ich auf Antworten, die ich bereits im ersten Teil gegeben habe.

Im dritten Teil gebe ich einige Hinweise auf Literatur und Hilfsmittel für den Unterricht und die fachdidaktische Auseinandersetzung. Diese Hinweise sind keineswegs umfassend oder vollständig, sondern sollen lediglich der Orientierung und Anregung dienen.

Viele Leute haben mir im Verlauf meiner bisherigen Lebens-, Schul- und Lehrzeit Anregungen zum Unterricht allgemein und zum Unterricht der Philosophie gegeben. Dazu gehören Andreas Bächli, Paul David Borter, Philipp Burkhard, Pascal Engel, Andreas Graeser, Gerd

Graßhoff, Thor Steinar Grødal, Rudolf Hadorn, Andreas Hohn, Boris Jokic, Kurt Keller, Reinhard Kleinknecht, Jürg Kötter, Henri Lauener, Hansjürg Lengacher, Paul Mayer, Li Mombelli, Desidério Murcho, Klaus Petrus, Geri Pfister, Regine Pfister-Lamprecht, Uli Radscheit, Barbara Reiter, Niklaus Schefer, Gerhard Seel, Johann G. Senti und Claudio Veress. Ihnen sei hiermit mein Dank ausgesprochen. Thomas Ruprecht und Verena Thaler danke ich für hilfreiche Kommentare zur ersten Fassung des ersten Teils. Für hilfreiche Hinweise zu einzelnen Paragrafen des zweiten Teils (§ 2.1.5 und § 4.3) danke ich Marjan Šimenc und Roland Henke. Andreas Pfister, der einen Teil las, als er in der Ausbildung zum Philosophielehrer war, danke ich herzlich für seine Kommentare und Anregungen. Bedanken möchte ich mich ebenfalls bei Martin Lind für die fruchtbare und sehr angenehme Zusammenarbeit. Mein besonderer Dank geht an Thomas Ruprecht und Verena Thaler. Von ihnen habe ich in zahlreichen Gesprächen mehr über das Unterrichten gelernt, als ich hier darstellen kann.

Bern, im September 2009 *Jonas Pfister*

Teil I:
Leitfaden für den Unterricht

1 Unterrichten

Unterrichten ist eine spannende Tätigkeit. Zugleich ist es eine komplexe Tätigkeit. Man sollte sich aber nicht von der Komplexität abschrecken lassen, sondern die Aufgabe pragmatisch und sportlich angehen und den Mut haben, Methoden auszuprobieren und eigene Stärken und Schwächen zu erkunden. Doch wie soll man dabei vorgehen? Wenn man einen Unterricht plant, sei es eine einzelne Lektion oder einen ganzen Kurs, kann man sich folgende drei Fragen stellen. Erstens: Was will ich erreichen? Zweitens: Wie kann ich es erreichen? Drittens: Wie kann ich überprüfen, ob ich es erreicht habe? Auf diese drei Fragen gehe ich im Folgenden kurz ein.

1.1 Was will ich erreichen?

Es gibt keinen Grund, von vornherein *irgendetwas* als Antwort auf diese Frage auszuschließen. Im Normalfall sollte das Ziel jedoch in einem sinnvollen Zusammenhang zum grundsätzlichen Ziel des Philosophieunterrichts stehen, nämlich *philosophieren* zu lernen. Sinnvoll ist der Zusammenhang dann, wenn das Ziel entweder Teil des grundsätzlichen Ziels ist oder diesem förderlich ist.

Dies lässt viel Raum für verschiedene Ziele offen, und auch für die Diskussion der Frage, wie sinnvoll nun ein bestimmtes Ziel sei. Sicherlich kann es dem Philosophieren förderlich sein, eine Pause zu machen, denn ein ausgeruhter Geist denkt besser. Aber deshalb die Pause in den Unterricht zu verlegen, scheint dennoch nicht sinnvoll. Dem Philosophieren sicherlich ebenfalls förderlich ist es, wenn die

Schülerinnen und Schüler miteinander über irgendetwas reden. Das ist aber kein Ziel, das schwierig zu erreichen ist: Sie tun es bereits! Als Faustregel kann man Folgendes annehmen: Das Ziel, das ich erreichen will, sollte nicht so sein, dass dadurch bereits klar ist, wie man es erreichen kann. Das heißt: Die Antwort auf die erste Frage sollte nicht so sein, dass die Antwort auf die zweite Frage trivial ist.

Das Ziel ist selbstverständlich immer in Hinblick auf das allgemeine Bildungsziel der Mündigkeit ebenso wie auf die im Fachlehrplan formulierten Ziele zu sehen. Eine weitere Frage lautet somit: In welchem Zusammenhang steht mein Ziel mit dem Ziel des Philosophierens und mit den im Fachlehrplan formulierten Zielen? Einige Unterrichtsziele können als **Lernziele** formuliert werden. Das Lernziel bestimmt, was die Schülerinnen und Schüler in einer bestimmten Unterrichtseinheit lernen können und sollen. Zum Beispiel: einige Grundpositionen der Erkenntnistheorie kennen. Oder: Kants Ethik diskutieren können. Lernziele sind aus mehreren Gründen sinnvoll:

- Lernziele sind aus der Sicht der Schülerinnen und Schüler formuliert; das schützt vor einseitiger Fokussierung auf das Lehren gegenüber dem Lernen.
- Lernziele können den Schülerinnen und Schülern mitgeteilt werden; das kann das Lernen unterstützen und die Motivation erhöhen.
- Das Erreichen oder Nichterreichen eines Lernziels ist überprüfbar.

Das Formulieren von Lernzielen ist anspruchsvoll und verlangt Zeit und Anstrengung. Doch es lohnt sich. Bekannt ist die Aufteilung der Lernziele in den kognitiven, affektiven und psychomotorischen Bereich und entsprechende Taxonomien der Lernziele, die von einer Gruppe von Psychologen um Benjamin Bloom (1919–1999) in den 1950er- und 1960er-Jahren entwickelt wurden (Bloom et al. 1956; Krathwohl et al. 1964; Anderson et al. 2001). Solche Taxonomien können bei der Lernzielformulierung hilfreich sein.

Nicht alle Ziele, die man im Unterricht erreichen will, sind Lernziele. Man kann zum Beispiel auch das Ziel haben, dass sich die Schülerinnen und Schüler in einem bestimmten Bereich entwickeln, ohne das Ziel zu haben, dass sie dabei etwas Bestimmtes lernen. Wenn man einmal ein Ziel hat, so ist die nächste Frage: Wie kann ich es erreichen?

1.2 Wie kann ich mein Ziel erreichen?

Ein Lernziel erreicht man als Lehrperson, indem man unterrichtet. Doch wie soll man unterrichten? Zur Beantwortung dieser Frage ist zum Beispiel das bereits ältere Buch *Unterrichtsrezepte* (1979) von Jochen Grell und Monika Grell hilfreich. In diesem Buch geht es nicht um Theorien, sondern um Handlungsanweisungen – um Rezepte eben. Man kann diese übernehmen, sie für den eigenen Gebrauch abändern oder nur die Idee übernehmen und eigene Rezepte entwickeln.

Zur Erreichung der Unterrichtsziele dienen verschiedene Formen des Unterrichts. Diese Unterrichtsformen können in Sozialformen und Arbeitsformen unterteilt werden (Meyer 1987a). Ich stelle im Folgenden zuerst die Unterscheidung dar, gehe dann auf die einzelnen Sozialformen ein und erläutere, wofür sie sich eignen und was man dabei beachten muss. Schließlich erkläre ich, wie man die verschiedenen Sozialformen zu einem Ganzen zusammenfügen kann.

1.2.1 Sozialformen und Arbeitsformen

Sozialformen entsprechen verschiedenen Arten von Antworten auf die Frage: Wer arbeitet mit wem zusammen? Arbeitsformen entsprechen verschiedenen Arten von Antworten auf die Frage: Was wird gemacht?

Die Sozialformen lassen sich abschließend in folgende vier Arten einteilen:

- **Klassenarbeit:** Alle Schülerinnen/Schüler mit der Lehrperson.
- **Einzelarbeit:** Jede Schülerin/jeder Schüler alleine.
- **Partnerarbeit:** Zwei Schülerinnen/Schüler zusammen.
- **Gruppenarbeit:** Drei bis fünf Schülerinnen/Schüler zusammen.[1]

Die Arbeitsformen erlauben keine abschließende Einteilung in verschiedene Arten. Zu den Arbeitsformen der Sozialform Klassenarbeit gehören der **Lehrervortrag** (Die Lehrperson trägt vor, die Schülerinnen und Schüler hören zu) und das **Unterrichtsgespräch** (Die Schülerinnen und Schüler und die Lehrperson sprechen miteinander). Das Gespräch wiederum kann man in verschiedene Arten von Gesprächen unterteilen, zum Beispiel in Lehrgespräch und Diskussion. Die Arbeitsformen der Einzel-, Partner- und Gruppenarbeit sind stark vom jeweiligen Fach abhängig. Im Fremdsprachenunterricht geht es vielleicht einmal darum, die Aussprache von bestimmten Wörtern zu üben, im Mathematikunterricht, Aufgaben zur Trigonometrie zu lösen, und im Sportunterricht, Tanzschritte einzustudieren. Im Philosophieunterricht geht es vor allem darum, argumentieren zu lernen, und das macht man, indem man philosophisch diskutieren, lesen und schreiben lernt.

Auf die Frage, welche Sozialform geeignet ist, kann man einige allgemeine Überlegungen anstellen. Eine eindeutige Zuteilung von Zielen, Inhalten und Sozialformen gibt es jedoch nicht.

---

1 Sobald in einer Gruppe sechs Leute sind, kann man zwei Dreiergruppen machen. Kaum eine Aufgabe, die man nicht besser als Klassenarbeit erledigt, ist sinnvoll zu sechst zu lösen. Aber es gibt immer Ausnahmen.

1.2.2 Klassenarbeit: Lehrervortrag

*Your job as a teacher is not to give
a pretty lecture full of learning and scholarship,
but to get your students to understand.*
Merton French (1905–1995), zit. n. Perry (2001: xiii)

Der Lehrervortrag eignet sich zur **konzentrierten Informationsaufnahme**. Die Lehrperson kann die Informationsvermittlung auf das Thema und Zielpublikum anpassen, und bei Verständnisschwierigkeiten können die Schülerinnen und Schüler eingreifen. Der Lehrervortrag eignet sich jedoch nicht zur ausführlichen Informationsvermittlung, weil das Zuhören eine erhöhte Konzentration verlangt und der Vortrag keine individuelle Rhythmisierung ermöglicht. Der Lehrvortrag eignet sich auch nicht zum Üben.

Beim Lehrervortrag sind Aspekte des Inhalts und Aspekte der Form zu beachten. Der ideale Vortrag ist

- möglichst einfach und klar,
- übersichtlich,
- kurz und prägnant,
- lebendig, anregend und humorvoll.

Möglichst einfach und klar» heißt auch, dass man eine einfache und klare Sprache wählt, d.h. man sollte Fremd- und Fachwörter sofort erklären, komplexe Sachverhalte und abstrakte Begriffe durch Beispiele veranschaulichen, einfache Satzkonstruktionen verwenden und verbal formulieren statt Nominalkonstruktionen verwenden. «Kurz» heißt, dass der Vortrag nicht länger als nötig dauern sollte. Im Unterricht am Gymnasium sollte ein Vortrag nicht länger als zwanzig Minuten dauern. Es gibt jedoch immer Ausnahmen.

Des Weiteren sind bei einem Vortrag auch **Präsentationstechniken** zu beachten. Dazu gehören:

- **die Körpersprache:** Blickkontakt, Einsatz von Gestik und Mimik, Körperhaltung, Positionierung im Raum.
- **die Sprechweise:** deutliche Artikulation, unterstützende Betonung, angemessene Lautstärke, angemessenes Tempo, gezielte Pausen und Variation der Sprechweise.
- **die Visualisierung:** Einsatz von Tafel, Folie und Projektor oder Computer und Beamer.

Solche Techniken kann man sich nicht durch Studium allein aneignen. Man muss die Techniken *üben*. Durch ein geeignetes Feedback von einer Freundin oder Kollegin kann der Übungserfolg verstärkt werden. Wer Feedback gibt, sollte darauf achten, dass er zuerst das Positive hervorhebt. Es gibt immer etwas Positives zu sagen. Wer nichts Positives hervorheben kann, ist noch nicht bereit dafür, ein Feedback zu geben. Auch sollte man nur konstruktive Kritik formulieren, d.h. nur Kritik, die darauf abzielt, die Präsentation zu verbessern. Wer das Feedback erhält, sollte gut zuhören, das Feedback wirken lassen und erst dann mit geeigneten Maßnahmen darauf reagieren.

Im Idealfall ist der Vortrag so klar, dass jeder intendierte Zuhörer alles versteht. Das ist aber ein Fall, der in der Praxis selten erreicht wird. Sehr oft wird der eine oder andere eine Verständnisfrage haben. Beantwortet die Lehrperson eine solche Frage, so entsteht ein Unterrichtsgespräch. Das kann sinnvoll sein.

Manchmal ist es so, dass man durch den Vortrag bei den Schülerinnen und Schülern gewisse Fragen hervorrufen *will*. Auch dann knüpft sich ein Unterrichtsgespräch fast natürlich an den Lehrervortrag an. Wichtig ist, dass man sich bewusst ist, dass man mit dem Unterrichtsgespräch die Arbeitsform des Lehrervortrags verlässt.

1.2.3 Klassenarbeit: Unterrichtsgespräch

> *Don't just answer questions as they are asked, answer them*
> *as they should have been asked – give the students credit*
> *for the intelligible and intelligent questions they wanted to ask.*
>
> Merton French (1905–1995), zit. n. Perry (2001: xiii)

Das Unterrichtsgespräch ist eine anspruchsvolle Arbeitsform. Der hohe Anspruch ergibt sich bereits daraus, dass Gesprächsbeiträge nebst dem **Inhalt** mindestens auch einen **emotionalen** und **sozialen** Aspekt haben. Mit «Inhalt» meine ich neben der ausgedrückten Proposition auch die sogenannte illokutionäre Kraft, mit der die Äußerung vollzogen wird, also zum Beispiel, ob es sich dabei um eine Feststellung, eine Warnung oder eine Bitte handelt. In einem Gespräch sollte man sich bewusst sein, was man sagt und was der andere sagt, wie man sich fühlt und wie der andere sich fühlt und wie das, was man sagt und was der andere sagt, auf die Beziehung wirkt. Ein solches Bewusstsein ist wichtig, weil es einem eine bewusste Einflussnahme ermöglicht, insbesondere bei eventuellen Verständigungsschwierigkeiten. Ebenfalls kann es wichtig sein, sich der Unterscheidung zwischen Inhalt, emotionalem Aspekt und sozialem Aspekt einer Äußerung bewusst zu sein, damit man die verschiedenen Aspekte auch im Einzelfall auseinanderhalten kann und so weniger dazu neigt, allfällige Probleme auf einer einzigen Ebene anzusiedeln. Hält man die verschiedenen Aspekte auseinander, ist man vielleicht auch weniger dazu geneigt, ein emotionales oder soziales Problem für eines des bloßen Inhalts zu halten, oder einen bloßen Inhalt mit einem emotionalen oder sozialen Aspekt zu verbinden, der gar nicht beabsichtigt war. Manchmal wird die Beziehung, die Emotion oder der Inhalt selbst zum Inhalt. Man kann dies «Meta-Kommunikation» nennen. Meta-Kommunikation kann wichtig sein, wenn es zu einem Missverständnis gekommen ist oder ein solches zu entstehen droht. Es ist aber verwirrend, wenn man ohne Grund auf diese Ebene wechselt.

Stellt eine Schülerin oder ein Schüler eine Frage, so sind folgende allgemeine **Gesprächstechniken** zu beachten: geduldig zuhören, Frage positiv quittieren, bei Verständnisungewissheit den Kern der Frage wiederholen oder nachfragen und sachbezogen antworten. Diese Gesprächstechniken gelten nicht nur für die Lehrperson, sondern auch für die Schülerinnen und Schüler. Bei Bedarf kann man sie als Regeln formulieren und deren Befolgen spielerisch üben. (Zum Üben des positiven Quittierens eignet sich zum Beispiel folgende Partnerarbeit: Die erste Person stellt der zweiten eine Frage; die zweite gibt eine Antwort, während die erste aufmerksam zuhört; die erste Person bedankt sich bei der zweiten ohne wertendes Urteil mit einem einfachen «Danke!».)

Solche Gesprächstechniken gelten für jede Gesprächsform. Sie gelten auch für die im Philosophieunterricht wichtige **Diskussion**. Zudem muss folgender Grundsatz eingehalten werden: Jeder kann und darf eine eigene Meinung haben. Jeder Mensch hat das Bedürfnis, eine eigene Meinung zu haben, und Jugendliche haben dieses Bedürfnis besonders, da sie daran sind, ihre Meinungen zum ersten Mal bewusst zu ihren eigenen zu machen. Die triviale Aussage, dass jeder eine eigene Meinung haben kann, hat somit einen wichtigen emotionalen und sozialen Aspekt. Daraus, dass jeder eine eigene Meinung haben kann, folgt jedoch nicht, dass jede Meinung wahr oder gleich gut begründet ist. Doch genau einen solchen Relativismus vertreten scheinbar viele Schülerinnen und Schüler (siehe §2.1.6). Zwei weitere Grundsätze sind: Jede Meinung ist offen für Kritik, und Kritik soll sich immer auf den Inhalt der Meinung richten, nicht auf die Person. Es muss klar sein, dass die philosophische Diskussion sich nur auf den Inhalt der Meinung bezieht. Es hält einen niemand davon ab, einen guten Grund nicht zu akzeptieren und an der kritisierten Meinung festzuhalten. Was aber aus der Diskussion ausgeschlossen werden muss, ist eine Kritik, die sich nicht auf den Inhalt, sondern auf die Person richtet. (Man kann dies allenfalls auch gleich in der Argumentationslehre als Argument *ad hominem* behandeln.)

Eine weitere Form des Unterrichtsgesprächs ist das **gelenkte Unterrichtsgespräch.** Damit bezeichnet Hilbert Meyer (1987b) jene Gesprächsformen, bei denen der Lehrer Inhalt und Ziel des Gesprächs vorgibt, aber die Schülerinnen und Schüler durch regelmäßige Zwischen- und Rückfragen zum aufmerksamen Nachvollziehen des Gedankenganges zwingt. In einer Version davon, dem *fragend-entwickelnden Gespräch*, nutzt der Lehrer geschickt die Vorkenntnisse und Denkfähigkeiten der Schülerinnen und Schüler, um einen Sach-, Sinn- oder Problemzusammenhang aus der Sicht und in der Sprache der Schülerinnen und Schüler fragend zu entwickeln. Das Urteil von Hilbert Meyer zum gelenkten Unterrichtsgespräch ist vernichtend: «Das gelenkte Unterrichtsgespräch ist ein unökonomisches und unehrliches, die Herrschaftsverhältnisse im Unterricht verschleierndes Handlungsmuster» (Meyer 1987b: 287). Auch wenn man dieses Urteil nicht vollumfänglich teilt, ist klar, dass es oftmals sinnvoller ist, die Fragen, die man in einem gelenkten Unterrichtsgespräch einsetzen möchte, entweder gleich in einem Lehrervortrag selber zu beantworten oder deren Beantwortung in Einzel-, Partner- oder Gruppenarbeit durchführen zu lassen.

1.2.4 Einzel- und Partnerarbeit

Einzel- und Partnerarbeit eignen sich aufgrund des hohen Grads an Schüleraktivität zur **Erarbeitung und Übung individueller Techniken.** Dazu gehört im Philosophieunterricht insbesondere das Lesen und Schreiben. Diese Arbeitsformen eignen sich auch zum **Einprägen von Informationen** und zum **Erarbeiten eines Problembewusstseins.** Die Einzelarbeit eignet sich auch zur **ausführlichen Informationsaufnahme,** denn hier kann der Lernende die Informationsaufnahme dem eigenen Tempo anpassen. Die Einzelarbeit erhöht die Konzentrationsfähigkeit und die Selbstdisziplin und stärkt das Selbstwertgefühl. Die Einzelarbeit eignet sich jedoch offensichtlich nicht zur Entwicklung kommunikativer und sozialer Fähigkeiten.

Die Partnerarbeit eignet sich dazu, den Schülerinnen und Schülern zu ermöglichen, **sich gegenseitig zu helfen, zu ergänzen und anzuregen,** sodass sie unter Umständen zusammen zu einem besseren Ergebnis gelangen als jeder für sich alleine. Zum Beispiel können Schülerinnen und Schüler einander helfen, Missverständnisse und Probleme der Aufgabenstellung zu klären, sie können einander gegenseitig in ihrer Arbeit und in den Ergebnissen kontrollieren, und leistungsstärkere Schülerinnen und Schüler können weniger leistungsfähige fördern. Die Partnerarbeit eignet sich zudem zur **Entwicklung sozialer und kommunikativer Fähigkeiten.**

Bei der Auswahl einer Aufgabe für eine Einzel- oder Partnerarbeit ist die wichtigste Bedingung die folgende: *Die Schülerinnen und Schüler können die Arbeit grundsätzlich ohne Begleitung durch die Lehrperson bewältigen.*

Bei der Durchführung einer Einzel- und Partnerarbeit kann man drei Phasen unterscheiden: vor, während und nach der Arbeit. Folgendes ist dabei zu beachten.

- Vor der Arbeit: einfacher und präziser Arbeitsauftrag, Zeitangabe, und einfache und präzise Produktbeschreibung (wenn die Ergebnisse in einer bestimmten Form der Lehrperson und/oder den anderen Schülerinnen und Schülern präsentiert werden sollen).
- Während der Arbeit: die Schülerinnen und Schüler in ihrem Arbeits- und Sozialverhalten aus der Ferne des Lehrerpults beobachten und bei Bedarf einzelne Schülerinnen und Schüler oder Schülergruppen in ihrer Arbeit unterstützen.
- Nach der Arbeit: Lernkontrolle (siehe dazu § 1.3.) und Präsentationen (wenn deren Vorbereitung Teil des Auftrags war).

Aufgrund der hohen Schüleraktivität sind Einzelarbeit und Partnerarbeit wichtige Bestandteile jedes Unterrichts. Dies gilt auch für den Philosophieunterricht. In den Philosophieunterricht gehört als Einzelarbeit insbesondere das Lesen und Schreiben philosophischer Texte, und als Partnerarbeit das Arbeiten am Text und das Diskutieren.

1.2.5 Gruppenarbeit

Gruppenarbeit eignet sich zum **Üben gewisser individueller Techniken.** Für die Philosophie besonders wichtig ist das Diskutieren. Gruppenarbeit eignet sich zudem noch besser als Partnerarbeit zur **Entwicklung sozialer und kommunikativer Fähigkeiten,** insbesondere dazu, Kompromisse zu finden und Arbeitsschritte zu organisieren. Gruppenarbeit eignet sich nicht zur konzentrierten oder ausführlichen Informationsaufnahme, nicht zum Üben vieler individueller Techniken, nicht zum Einprägen von Informationen, nicht zum Erarbeiten eines Problembewusstseins und nur bedingt dazu, den Schülerinnen und Schülern zu ermöglichen, sich gegenseitig bei einer Einzelarbeit zu helfen, zu ergänzen oder anzuregen.

Bei der Auswahl der Aufgabe und der Durchführung der Gruppenarbeit ist grundsätzlich dasselbe zu beachten wie bei einer Einzel- oder Partnerarbeit. Gruppenarbeiten können zur gleichzeitigen Erarbeitung verschiedener Themen eingesetzt werden. Wenn man verschiedene Themen gleichzeitig bearbeiten lässt, muss man folgenden Punkt beachten: *Die Ergebnisse müssen in einer bestimmten Form den anderen vermittelt werden.* Es ist eine anspruchsvolle Aufgabe, anderen etwas zu vermitteln. Praktizierende Lehrpersonen wissen dies aus eigener Erfahrung. Man sollte somit die Gruppenarbeit mit verschiedenen Themen nicht unterschätzen. Im Philosophieunterricht bietet sich die Gruppe als ein guter Ort für die philosophische Diskussion an.

Aufgrund der unterschiedlichen Vorzüge der verschiedenen Sozialformen ist klar, dass alle Sozialformen im Schulunterricht vorkommen sollten. Als Grundsatz kann somit festgehalten werden: **Variiere und kombiniere die Sozialformen!** Das bedeutet nicht, dass man in jedem Fachunterricht oder gar in jeder Unterrichtseinheit alle vier Arten von Sozialformen einsetzen muss, denn welche Sozialform sinnvoll ist, hängt von Zielen und Inhalten und nicht zuletzt von der Persönlichkeit des Unterrichtenden ab. Angesichts der Vielfalt an Fächern im gymnasialen Curriculum muss nicht jeder Fachunterricht alle Sozialformen abdecken. Jedoch sollte man darauf achten, dass ein Fachunterricht nicht nur eine einzige Art der Sozialform enthält. Zugleich sollte man auch nicht sehr viel Zeit dafür aufwenden, sich Variationen der Sozialformen auszudenken, denn es gibt Wichtigeres als das. (Wichtiger als die Variation von Sozialformen ist unter anderem der Einsatz sinnvoller Arbeitsformen.)

1.2.6 Unterrichtsplanung

Die Frage ist nun, wie man die verschiedenen Sozial- und Arbeitsformen zu einer ganzen Unterrichtseinheit zusammenfügt. Dazu haben Grell/Grell (1979) beste Ratschläge erarbeitet. Zunächst geht es im Unterricht darum, die Beziehung zu den Schülern herzustellen. Das nennen Grell/Grell das «Auslösen positiver reziproker Affekte». Dann geht es darum, die Schülerinnen und Schüler darüber zu informieren, was in der Stunde geschehen wird und was erarbeitet werden soll. Hier kann man den Schülerinnen und Schülern die Lernziele mitteilen. Dies nennen Grell/Grell «Informierenden Unterrichtseinstieg». Ein solcher Einstieg ist sinnvoll, denn wer weiß, was auf ihn zukommt, kann sich besser darauf vorbereiten. Danach ist es oftmals, aber nicht immer, sinnvoll, einen Informationsinput zu geben. Ein Lehrervortrag bietet sich hier an. Die Lehrperson kann anschließend die Schülerinnen und Schüler zu einer selbstständigen Arbeit anleiten. Wenn das hauptsächliche Ziel der Unterrichtseinheit das Üben oder das Entwickeln von kommunikativen und sozialen Fähigkeiten ist, dann sollte ein großer Teil der Unterrichtszeit für die selbstständige Arbeit zur Verfügung stehen. Nach getaner Arbeit kann der Lehrer eine Lernkontrolle durchführen. Man sollte die Lektion vor dem Läuten abschließen, denn danach ist die Aufmerksamkeit der Schülerinnen und Schüler weg. Zum Abschluss kann das Ansagen von

Hausaufgaben und der Ausblick auf die nächste Stunde gehören. Die verschiedenen Teile einer Unterrichtseinheit sind also die Folgenden:[2]

1. Begrüßung: Auslösen positiver reziproker Affekte
2. Informierender Unterrichtseinstieg
3. Informationsinput
4. Anleitung zur selbstständigen Arbeit
5. Selbstständige Arbeit
6. Lernkontrolle
7. Abschluss und Ausblick

Die Phasen 3 und 4–6 kann man natürlich in einer Unterrichtseinheit mehrmals durchführen. Man sollte sich im Voraus überlegen, wie viel **Zeit** eine jede Phase ungefähr in Anspruch nehmen wird, und entsprechend planen. Man kann dies zum Beispiel mit einer Tabelle machen (wobei hier IU für Informierender Unterrichtseinstieg, LV für Lehrervortrag, EA für Einzelarbeit, PA für Partnerarbeit und GA für Gruppenarbeit steht; als Zeitgrundlage dient hier eine Lektion von 45 Minuten):

Uhrzeit	Zeit in Minuten	Arbeits- und Sozialform	Inhalt	Notizen
08:00–08:01	1	Begrüßung		
08:01–08:03	2	IU		
08:03–08:13	10	LV		
08:13–08:15	2	Anleitung		

---

[2] Dies ist eine Abwandlung des Modells von Grell/Grell, das in seiner ursprünglichen Form wie folgt aussieht: 0. Phase: Direkte Vorbereitung, 1. Phase: Auslösen positiver reziproker Affekte, 2. Phase: Informierender Unterrichtseinstieg, 3. Phase: Informationsinput, 4. Phase: Anbieten von Lernaufgaben, 5. Phase: Selbstständige Arbeit an Lernaufgaben, 6. Phase: Auslöschung, 7. Phase: Feedback und Weiterverarbeitung, 8. Phase: Gesamtevaluation oder Verschiedenes.

08:15–08:35	20	EA, PA oder GA
08:35–08:43	8	Lernkontrolle
08:43–08:45	2	Abschluss

Man sieht: Obwohl der Lehrervortrag auf nur 10 Minuten angesetzt ist, bleiben für das selbstständige Arbeiten nur 20 Minuten in einer Lektion von 45 Minuten.

Die Einschätzung, wie viel Zeit eine bestimmte Tätigkeit in Anspruch nimmt, ist oftmals schwierig. Wer zum ersten Mal unterrichtet, der wird mit großer Wahrscheinlichkeit mehr machen wollen, als in der zur Verfügung stehenden Zeit möglich ist. Deshalb: Weniger einplanen, als man für machbar hält, und zusätzliche Tätigkeiten in der Hinterhand haben.

Eine besondere Herausforderung für die Unterrichtsplanung stellt zu Beginn die Einschätzung der Leistungsfähigkeit dar: Was können die Schülerinnen und Schüler bereits? Was können sie noch nicht? Wie schnell können sie es lernen? Sodann ist eine besondere Herausforderung für den Klassenunterricht der Umgang mit Unterschieden in der Leistungsfähigkeit verschiedener Schülerinnen und Schüler: Soll gewartet werden, bis alle das Lernziel erreicht haben, oder soll mit dem Unterricht fortgefahren werden, sobald die ersten oder die meisten es erreicht haben? Eine allgemeine Antwort auf diese schwierige Frage gibt es nicht. Wenn, wie so oft, der Unterrichtsstoff aufbauend ist, so muss der Unterricht so geplant sein, dass alle Schülerinnen und Schüler gewisse Lernziele erreichen können. Denjenigen, die den Anschluss verloren haben, können bei neuen Fragen oder Themen neue Einstiegsmöglichkeiten geboten werden. Durch Individualisierung des Lernens lässt sich einiges erreichen: Den schnelleren Schülern können Zusatzaufgaben gestellt werden, langsamere Schüler können gewisse Aufgaben außerhalb der Unterrichtszeit bearbeiten.

Noch etwas Letztes zur Unterrichtsgestaltung: *Kleinigkeiten* können wichtig sein! Zum Beispiel das erste Wort und frische Luft. (Zu mehr wichtigen Kleinigkeiten, siehe Schüpbach 1997.)

1.3 Wie kann ich überprüfen, ob das Ziel erreicht ist?

Weiß man, welches Ziel man hat und wie man es erreichen kann, hat man die wesentlichen Fragen der Unterrichtsvorbereitung beantwortet. Es stellt sich aber auch die Frage, wie man überprüfen kann, ob man das Ziel erreicht hat. Sie stellt sich insbesondere dann, wenn man Lernziele formuliert hat. Wenn man dies getan hat, kann man eine **Lernkontrolle** durchführen, d.h. eine Kontrolle davon, ob die Schülerinnen und Schüler das Lernziel erreicht haben. Eine solche Kontrolle kann man entweder durchführen, indem man die Ergebnisse der bereits geleisteten Arbeit überprüft, oder indem man den Schülerinnen und Schülern eine neue Aufgabe stellt. Das Stellen einer neuen Aufgabe hat bereits den Charakter einer *Prüfung*. Prüfungen sind ein wichtiger Teil des Unterrichts (siehe dazu §3.1.).

Die Kontrolle der Ergebnisse der geleisteten Arbeit ist aus mehreren Gründen wichtig. Die Schülerinnen und Schüler erkennen, welche ihrer Antworten richtig oder inwiefern ihre Antworten gut waren. Dieses Feedback festigt das Gelernte und erhöht das Selbstvertrauen. Die Schülerinnen und Schüler erkennen, welche ihrer Antworten falsch oder inwiefern ihre Antworten nicht gut oder sogar schlecht waren. Dieses Feedback ermöglicht die Anpassung und Verbesserung der Antworten. Die Lehrperson erkennt, was die Schülerinnen und Schüler bereits gut und was sie weniger gut oder noch gar nicht können. Dieses Feedback ermöglicht eine entsprechende Ausrichtung des weiteren Unterrichts.

Es gibt verschiedene Möglichkeiten, die Lernkontrolle durchzuführen. Jede davon hat Vor- und Nachteile. Man kann die Formen der Lernkontrolle wie bereits die Unterrichtsformen nach Sozialformen aufteilen.

Klassenarbeit

Eine Schülerin/ein Schüler stellt ihre/seine Antwort mündlich oder schriftlich an der Tafel oder auf einer Folie am Projektor vor, und die Lehrperson quittiert positiv, lobt, korrigiert, verbessert oder stellt Nachfragen. Diese Form hat den großen Vorteil, dass die Lehrperson genau all dies machen kann: loben, korrigieren und verbessern. Sie hat aber auch einige Nachteile. Erstens beansprucht sie viel Zeit. Zweitens – und das ist in der Regel kein grundsätzliches, sondern ein praktisches Problem – muss man dabei darauf achten, dass niemand im Verlauf einer Unterrichtssequenz deutlich öfter als andere seine Antwort vorstellen darf. Insbesondere muss man darauf achten, dass man nicht immer die Schnellsten, die Langsamsten, die Besten oder die Schwächsten aufruft. Drittens erfährt damit die Lehrperson nicht, welche Antwort die anderen Schülerinnen und Schüler gegeben haben.

Einzelarbeit

Die Schülerinnen und Schüler erhalten einen Lösungs- oder Antwortschlüssel und vergleichen eigenständig ihre Antworten mit dem Schlüssel. Dies hat den großen Vorteil, dass die Schülerinnen und Schüler individuell an ihrer eigenen Lösung arbeiten können. Es hat auch den Vorteil, dass sie Eigenverantwortung übernehmen müssen, ohne sich durch eine mündliche Antwort oder Frage der Gefahr einer Bloßstellung vor der Klasse ausstellen zu müssen. Sie hat aber auch einige Nachteile. Erstens erfährt dadurch die Lehrperson nicht, welche Schülerinnen und Schüler welche Antworten gegeben haben. Zweitens erhalten die Schülerinnen und Schüler dadurch nicht die Möglichkeit, Fragen zu stellen, und die Lehrperson erhält nicht die Möglichkeit, lobend oder korrigierend einzugreifen. Drittens setzt diese Form der Lernkontrolle voraus, dass es einen Lösungs- oder Antwortschlüssel gibt. Einen solchen zu erstellen, ist nicht immer sinnvoll möglich und oftmals sehr zeitaufwendig.

Partner- und Gruppenarbeit

Die Schülerinnen und Schüler vergleichen ihre Antworten miteinander. Dies hat wie die Form der Lernkontrolle in der Einzelarbeit den Vorteil, dass die Schülerinnen und Schüler Eigenverantwortung übernehmen müssen, ohne dass sie sich durch eine mündliche Antwort oder Frage der Gefahr einer Bloßstellung vor der Klasse ausstellen müssen. Gegenüber der Form der Lernkontrolle in der Einzelarbeit hat sie den Vorteil, dass kein Antwortschlüssel nötig ist. Sie hat aber auch Nachteile. Erstens erfährt dadurch die Lehrperson nicht, welche Schülerinnen und Schüler welche Antworten gegeben haben. Zweitens erhält die Lehrperson dadurch allein nicht die Möglichkeit, lobend oder korrigierend einzugreifen; man kann diese Form jedoch mit anderen Formen der Lernkontrolle verbinden.

Außerhalb der Unterrichtszeit

Die Lehrperson korrigiert die eingesammelten schriftlichen Arbeiten von jeder einzelnen Schülerin/jedem einzelnen Schüler. Dies hat den Vorteil, dass die Lehrperson die Antwort von jeder einzelnen Schülerin und jedem einzelnen Schüler kennt und lobend und korrigierend eingreifen kann. Diese Form hat aber erstens den Nachteil, dass sie nicht spontan ist, d.h. die Schülerin oder der Schüler nicht unmittelbar oder kurze Zeit nach der Beantwortung der Frage das Feedback erhält, sodass zudem oftmals eine Wiedereinarbeitung in die Frage und Antwort nötig ist, um die Korrektur zu verstehen. Zweitens hat sie auch den Nachteil, dass sie sehr viel Zeit in Anspruch nimmt, sodass der Arbeitsaufwand für die Lehrperson oftmals in keinem akzeptablen Verhältnis zum Resultat steht.

Sicherlich gibt es noch viele andere Formen der Lernkontrolle. Keine der genannten ist ohne Nachteile. Man kann aber insgesamt die Nachteile minimieren, indem man die verschiedenen Formen variiert und miteinander kombiniert. Somit gilt auch hier: **Variiere und kombiniere die Formen der Lernkontrolle!**

1.4 Unterrichtsevaluation

Hilfreich und deshalb empfehlenswert, wenn auch nicht unbedingt notwendig, ist die Evaluation des Unterrichts. Ziel der Evaluation ist zunächst ein vollständigeres Bild des eigenen Unterrichts und auf dieser Grundlage eine Verbesserung desselben. Die Evaluation kann auf der Beurteilung durch die Schülerinnen und Schüler oder durch die Lehrperson (Selbstevaluation) oder durch eine außenstehende Person basieren. Beurteilen die Schülerinnen und Schüler den Unterricht, so hat die Evaluation noch eine andere Funktion, nämlich eine Beziehungsfunktion. Dadurch, dass man den Schülerinnen und Schülern die Möglichkeit gibt, ein Feedback zum Unterricht zu geben, zeigt man an, dass man am Urteil der Schülerinnen und Schüler interessiert ist, was Wertschätzung ausdrückt. (Oftmaliges Bitten um Feedback kann aber auch Unsicherheit anzeigen.)

Wenn man sich überlegt, wie man die Evaluation durchführen möchte, so muss man am Zweck der Evaluation anknüpfen: Ziel ist ein vollständigeres Bild vom eigenen Unterricht, sodass man auf dieser Grundlage den Unterricht verbessern kann. Nicht sinnvoll sind all jene Fragen, die nicht diesem Zweck dienen. Ein Beispiel für die Fragen einer Unterrichtsevaluation sind: Was war gut? Was war nicht gut? Wie kann es verbessert werden?

Der Zeitaufwand der Evaluation muss in einem angemessenen Verhältnis zur Unterrichtszeit stehen, und insbesondere sollte die Unterrichtszeit nur so viel als nötig davon betroffen sein.

Damit beende ich den allgemeinen Teil zum Unterrichten und komme zum speziellen Teil, dem Unterricht der Philosophie.

2 Philosophieren

Das Ziel des Unterrichts ist das Vermitteln von Wissen in der Form von Kenntnissen und Fertigkeiten. Der Philosophieunterricht ist die Vermittlung philosophischen Wissens, d.h. des Wissens, wie man bestimmte philosophische Probleme löst (Leeuw/Mostert 1988: 53; Kleinknecht 1989: 25). Das Ziel des Philosophieunterrichts besteht weniger in der Vermittlung von Kenntnissen als vielmehr von Fertigkeiten. So wie man im Sprachunterricht sprechen, schreiben, hören und lesen lernt und im Mathematikunterricht mathematisieren, so lernt man im Philosophieunterricht *philosophieren*.

Die Frage ist nun, was genau das Philosophieren ist. Dies ist selbst wieder eine philosophische Frage. Man kann versuchen, die Frage damit zu beantworten, dass man sich überlegt, *welche Art von Fragen* Philosophinnen und Philosophen stellen. Sie stellen hauptsächlich zwei Arten von Fragen, nämlich Fragen nach der Bedeutung von Begriffen und Fragen nach der Begründung von Meinungen (Rosenberg 1986). Da es in der Philosophie um das Grundlegende, Prinzipielle oder Allgemeine geht (Kleinknecht 1989: 18), kann man sagen, dass sich die Philosophie mit Fragen nach der Bedeutung von allgemeinen Begriffen und der Begründung von allgemeinen Meinungen beschäftigt. Da die Philosophie keine empirischen Methoden anwendet, sondern durch Nachdenken zu ihren Ergebnissen gelangt, kann man sagen, dass Philosophieren darin besteht, die genannten Fragen durch Nachdenken zu beantworten. Noch etwas genauer kann man sagen, dass die Philosophie mithilfe der Begriffsanalyse – in einem weiten Sinn des Klärens, Zerlegens und Verknüpfens von Begriffen –

nach der Bedeutung von allgemeinen Begriffen und mithilfe der Logik – im Sinne von Argumentationslehre – nach der Begründung von allgemeinen Meinungen sucht (Pfister 2006). Akzeptiert man diese Charakterisierung der Philosophie, so besteht der Unterricht grundsätzlich darin, die Schülerinnen und Schüler in den Fertigkeiten des Analysierens von Begriffen und des Argumentierens zu schulen. (Dies ist unter Fachdidaktikern nicht geteilte Meinung, siehe Teil II, § 3.3.)

Die Schülerinnen und Schüler sollten für das Analysieren von Begriffen im Verlauf des Unterrichts lernen:

- was ein Begriff ist (als Bestandteil eines Gedankens im Unterschied zu den Bestandteilen der Welt),
- was eine Definition ist (im Unterschied zu einem Beispiel), und
- was eine notwendige Bedingung und was eine hinreichende Bedingung ist.

Die Schülerinnen und Schüler sollten für das Argumentieren im Verlauf des Unterrichts lernen:

- was ein Argument, was eine Prämisse und was eine Konklusion ist,
- was ein gültiges und was ein stichhaltiges Argument ist, und
- wie man Argumente aufbauen und kritisieren kann.

Für die Praxis des Philosophierens ist es hilfreich, wenn die Schülerinnen und Schüler einige gültige und einige ungültige Grundformen von Argumenten kennen und wenn sie einige zwar gültige, aber uninformative Grundformen von Argumenten kennen (siehe Rosenberg 1986; Tetens 2004; siehe als Unterrichtsbeispiele Wilkes 1999; 2000; Meyer 2003).

Der Unterricht der Philosophie besteht darin, dass die Schülerinnen und Schüler die Fertigkeiten des Analysierens von Begriffen und des Argumentierens schulen. Man könnte diese Schulung so gestalten, dass man sich *rein formal* mit Begriffsanalyse und Argumentationslogik beschäftigte. Dafür spricht, dass man so das abstrakte Denken fördern würde. Es sprechen jedoch mehrere Gründe gegen diese Vorgehensweise. Erstens ist der Status der Begriffsanalyse als einer formalen Methode unklar, denn die Korrektheit des Resultats einer Begriffsanalyse hängt von unseren Intuitionen als kompetente Sprecher der Sprache ab. Zweitens ist die rein formale Beschäftigung mit den Methoden noch gar nicht Philosophieren, denn Philosophieren besteht wesentlich auch in der *inhaltlichen* Beschäftigung mit philosophischen Fragen. Drittens gibt es wohl nicht für alle einen Grund, sich der rein formalen Beschäftigung zu widmen; es gibt jedoch für alle einen Grund, zu philosophieren! Viertens ist die rein formale Beschäftigung für die meisten keine Tätigkeit, für die sie eine natürliche Motivation haben. Somit gibt es gute Gründe, den Philosophieunterricht auf die inhaltliche Beschäftigung mit philosophischen Fragen auszurichten.

Zum philosophischen Wissen, das im Unterricht vermittelt werden soll, gehört auch das Verständnis von philosophischen Problemen und Lösungen davon in der Form von argumentativ gestützten philosophischen Thesen und Theorien (d.h. von Gruppen systematisch zusammenhängender Aussagen).

Was machen Philosophinnen und Philosophen konkret, wenn sie philosophieren? Wie sieht das aus? Nun, wenn man sie beobachtet, so kann man sagen, dass sie hauptsächlich dreierlei tun: diskutieren, lesen und schreiben. Und genau das ist auch, was man im Philosophieunterricht tun und üben muss!

2.1 Diskutieren

Diskutieren ist seit Beginn der Philosophie eine Tätigkeit von Philosophinnen und Philosophen. Platon schrieb die Gedanken seines Lehrers Sokrates nieder, die jener nur in mündlicher Form, in der philosophischen Diskussion, formuliert hatte. Eine Diskussion ist oftmals der Beginn des Philosophierens, und deshalb liegt es nahe, auch im Unterricht das Philosophieren damit zu beginnen. Aber das ist nicht zwingend. Man kann den Unterricht auch damit beginnen, dass man den Schülerinnen und Schülern einen Text zu lesen gibt, ihnen etwas vorträgt oder sie etwas aufschreiben lässt. Doch früher oder später muss die Diskussion in irgendeiner Form Teil des Unterrichts werden. Die minimale Form der Diskussion besteht darin, dass die Lehrperson zusammen mit den Schülerinnen und Schülern prüft, ob eine bestimmte These oder eine bestimmte Argumentation stichhaltig ist.

2.1.1 Allgemeines

Was ist eine philosophische Diskussion?

Eine philosophische Diskussion ist ein Meinungsaustausch zu einer philosophischen Frage. Aber sie ist weit mehr als nur ein Meinungsaustausch. Es geht darum, dass man die Meinungen mit Argumenten stützt. In einer philosophischen Diskussion spielen somit philosophische Begriffe, Fragen, Antworten, Thesen, Argumente, Einwände, Erwiderungen, Gegenargumente und dergleichen die Hauptrolle. Eine Eigenheit philosophischer Diskussion ist es, dass die Argumente selbst Gegenstand der Diskussion werden.

Ist die Diskussion dasselbe wie die Debatte? Bei der Debatte müssen Meinungen auch mit Argumenten gestützt werden, und die Argumente können auch selbst zum Gegenstand der Diskussion werden. Eine Debatte ist jedoch nicht dasselbe wie eine philosophische Diskussion. Bei der Debatte geht es darum, dass eine bestimmte Position als Antwort auf eine zumeist politische Frage mit Argumenten gestützt wird und die gegnerische Position mit Argumenten geschwächt wird. Ziel ist es, den Gegner zu überzeugen (und wenn nötig auch zu überreden) und so als Sieger aus der Debatte hervorzugehen. Bei einer philosophischen Diskussion ist das Ziel jedoch die Beantwortung einer philosophischen Frage. Dabei gibt es keinen Sieger. Wenn man jemanden als «Sieger» bezeichnen könnte, dann jeden, der sich dank der Diskussion philosophisches Wissen aneignen konnte.

Die Debatte lässt sich dennoch gut im Philosophieunterricht einsetzen. Sie kann ein gutes Mittel zur Entwicklung der rhetorischen Argumentationsfähigkeit sein (siehe Tichy 2005). Sie kann der schnellen und anregenden Erarbeitung verschiedener Thesen und Argumente dienen, zum Beispiel bei der Einführung in Themen der angewandten Ethik (z.B. zur Frage «Darf man Fleisch essen?») oder der angewandten politischen Philosophie (z.B. zur Frage «Darf der Staat Minderjährige einsperren?»).

Diskussionsziel

Eine wichtige Frage bei der Vorbereitung einer philosophischen Diskussion im Unterricht ist die Frage, welches Ziel mit der Diskussion verfolgt werden soll. Eine philosophische Diskussion kann ein klar definiertes Ziel haben, etwa: eine philosophische Frage verstehen, eine philosophische Frage beantworten, eine philosophische These verstehen, ein philosophisches Argument nachvollziehen, Argumente für oder gegen eine philosophische Theorie finden, Einwände gegen ein philosophisches Argument finden, Einwände gegen ein philosophisches Argument zurückweisen. Sehr oft hat eine philosophische Diskussion aber kein derart klar definiertes Ziel, sondern ist eine Verbindung verschiedener Ziele.

Verständnisfragen und Diskussionsfragen

Bei einer Diskussion allgemein und bei einer philosophischen Diskussion im Speziellen kann es von Vorteil sein, folgende zwei Arten von Fragen auseinanderzuhalten: Verständnisfragen und Diskussionsfragen. Verständnisfragen sind Fragen nach der korrekten Interpretation eines sprachlichen Ausdrucks, einer Aussage oder einer Theorie. Diskussionsfragen sind Fragen, die weiterführend sind, d.h. die zu einer Begründung, Kritik, Verteidigung oder Erweiterung einer Theorie führen. Verständnisfragen von Diskussionsfragen zu unterscheiden, ist nicht immer einfach. Was zunächst als Verständnisfrage gedacht ist, kann sich als Diskussionsfrage erweisen oder zu einer solchen führen, und was man als Diskussionsfrage formulierte, kann sich als Verständnisfrage entpuppen. Dennoch ist die Unterscheidung wichtig, denn die beiden Arten von Fragen haben erstens einen unterschiedlichen Status in Bezug auf die zu untersuchende Theorie, zweitens sollten Verständnisfragen wenn möglich vor den Diskussionsfragen beantwortet werden, denn die Diskussionsfragen setzen ja ein Verständnis der Theorie voraus.

Die Diskussionsleitung

Eine philosophische Diskussion stellt nicht nur der Komplexität der Sache wegen hohe Anforderungen an die Teilnehmenden, sondern auch wegen der Komplexität von einem Gespräch selbst, das neben dem Inhalt auch emotionale und soziale Aspekte aufweist (siehe § 1.2.3). Eine Diskussion zu zweit oder in einer Gruppe mit nur wenigen Teilnehmenden braucht in der Regel keinen Diskussionsleiter: Jede Teilnehmende hört zu, wenn eine andere spricht, und nimmt das Wort an sich, wenn sie etwas zu sagen hat. (Wenn das nicht funktioniert, zum Beispiel in einem emotionsgeladenen oder konfliktuösen Gespräch, so gibt es ein einfaches und erstaunlich wirksames Ordnungsmittel: Man nimmt einen Gegenstand, zum Beispiel einen Kugelschreiber, und es gilt die Regel, dass nur diejenige Person sprechen darf, welche den Gegenstand gerade in der Hand hält. Hat man sich an diese Art der Diskussionsführung gewöhnt, kann man die Regel wieder aufheben. Sobald es zu Verletzungen der gegenseitigen Rücksichtnahme kommt, kann die Regel wieder eingeführt werden.)

Eine Diskussion mit zahlreichen Teilnehmenden braucht einen Diskussionsleiter. Man kann zwischen der formalen und der inhaltlichen Leitung unterscheiden: Die formale Leitung betrifft die Organisation der Wortmeldungen, die inhaltliche Leitung betrifft die Richtung des Gesprächs. Bei Diskussionen im Seminar an der Universität kann der Dozent/die Dozentin die formale Leitung zum Beispiel an eine Studentin oder einen Studenten abgeben oder bei einem Studentenreferat die formale Leitung übernehmen und die inhaltliche Leitung dem Referenten überlassen. Am Gymnasium ist dies nur bedingt möglich und sinnvoll. Die Delegierung der formalen Leitung der Diskussion im Plenum erfordert einen organisatorischen Aufwand und einen Verlust an Kontrolle, der sich nur selten auszahlt. Die inhaltliche Leitung sollte bei einer Plenumsdiskussion immer bei der Lehrperson bleiben, denn dies ist eine anspruchsvolle Arbeit, die umfangreiche Kenntnisse der Thematik und Erfahrung im Philosophieren verlangt. Dabei muss man zuweilen blitzschnell beurteilen können, ob eine Frage für das Thema relevant ist oder nicht und ob das ausführliche Eingehen auf die Frage die Diskussion weiterbringt. Dazu ist sicherlich eine gute Vorbereitung nützlich, bei der man sich überlegen kann, welche Fragen man grundsätzlich stellen könnte. Dass dies auch die Fragen von den Schülerinnen und Schülern sind, ist damit aber noch nicht gesagt. Um zu entscheiden, wie man auf eine Schülerfrage reagieren soll, gibt es keine allgemeinen Regeln. Man muss sich im inhaltlichen Leiten philosophischer Diskussionen üben, Erfahrungen sammeln und aus diesen Erfahrungen lernen. Das Wichtigste für die Lehrperson ist der folgende Grundsatz: *Jede ernsthafte Frage und jede ernsthafte Aussage ernst nehmen!*

Wenn eine Schülerin oder ein Schüler eine Frage stellt, so kann die Lehrperson selber sie beantworten. Bei einer philosophischen Diskussion kann dies oftmals dazu führen, dass die fragende Person darauf wiederum etwas erwidern oder etwas anderes fragen möchte. So kann es dazu kommen, dass die Lehrperson eine Weile eine Diskussion mit nur einer Schülerin oder einem Schüler führt. Die anderen Schülerinnen und Schüler können durch das Zuhören von der Diskussion durchaus ebenfalls profitieren. Es ist jedoch darauf zu achten, dass ein solcher Dialog nicht zu lange mit derselben Person geführt wird, denn erstens ist es unfair denjenigen Schülerinnen und Schülern gegenüber, die ebenfalls etwas sagen möchten, zweitens profitieren die anderen Schülerinnen und Schüler nicht im selben Maße davon, und drittens kann es dazu führen, dass die Schülerinnen und Schüler die Diskussion nicht mehr aktiv verfolgen. (Und es gibt wohl noch weitere Gründe.) Deshalb ist es besser, nicht zu lange bei einer Person zu bleiben, sondern zur Diskussion mit einer nächsten Person überzugehen. Manchmal kann es auch sinnvoll sein, dass die Lehrperson die Frage nicht selbst beantwortet, sondern sie zur Beantwortung an die Klasse weitergibt. Dies kann zum Beispiel bei Fragen sinnvoll sein, die eine klare Antwort haben, die zu geben die Schülerinnen und Schüler in der Lage sein sollten; oder bei Fragen, die so offen sind, dass im Prinzip jeder eine Antwort geben könnte, von der aus dann die Diskussion weitergeführt wird. So kann die Diskussion von einem Dialog zwischen Lehrperson und Schüler zu einem Gespräch zwischen verschiedenen Schülerinnen und Schülern werden. Die Lehrperson kann in das Gespräch inhaltlich eingreifen, wenn falsche Aussagen nicht korrigiert werden, die Diskussion in eine wenig sinnvolle Richtung verläuft oder wenn die Diskussion ins Stocken gerät.

Wenn viele Schülerinnen und Schüler sich zu Wort melden wollen, kann es sein, dass der eine zum unmittelbar zuvor gegebenen Beitrag etwas sagen möchte und ein anderer eine neue Frage stellen möchte. Spätestens dann ist es sinnvoll, eine weitere Unterscheidung einzuführen, die Unterscheidung zwischen *Anschlussbeiträgen* und *neuen Beiträgen*. Man kann dazu auch ein entsprechendes Zeichen vereinbaren, zum Beispiel: Das Heben von einem Finger bedeutet «Ich habe eine Anschlussfrage oder eine Anschlussbemerkung», und das Heben der ganzen Hand bedeutet «Ich habe eine neue Frage oder neue Bemerkung zur ursprünglichen Frage». Der Diskussionsleiter muss dann darauf achten, dass die Diskussion der Anschlussfragen nicht zu viel Zeit in Anspruch nimmt, damit mindestens alle Personen, die eine neue Frage stellen wollten, diese auch stellen können.

Eine Diskussion kann zu einem Ende kommen, weil sich alle auf eine Antwort einigen können. Sie kann auch zu einem Ende kommen, wenn sich aus einem anderen Grund niemand mehr melden möchte. Selten wird man eine philosophische Frage zu Ende diskutiert haben. Oftmals muss man eine Diskussion aus Zeitgründen abbrechen.

Ergebnissicherung

Was geschieht nach der Diskussion? Es muss nicht unbedingt etwas Weiteres geschehen; die Diskussion selbst ist ja bereits philosophische Arbeit. Wenn man nichts Weiteres tut, verzichtet man auf eine bewusste Ergebnissicherung. Es kann aber sein, dass man es als sinnvoll erachtet, die Ergebnisse der Diskussion festzuhalten. Dies ist oftmals auch ein Bedürfnis der Schülerinnen und Schüler. Eine Möglichkeit, dies zu tun, besteht darin, dass man den Schülerinnen den Auftrag gibt, die subjektiv wichtigsten Punkte jede für sich aufzuschreiben, oder dass man (von einem einzelnen oder von allen Schülern) ein **Diskussionsprotokoll** anfertigen lässt (siehe §2.3.4). Mit oder ohne Notizen oder Diskussionsprotokoll kann man zu einer Schreibarbeit übergehen, die ebenfalls eine Art der Ergebnissicherung ist, zum Beispiel zum Schreiben eines Kommentars oder einer Stellungnahme (siehe §2.3.5).

Einteilung nach Sozialform

Man kann Diskussionen im Unterricht auch nach der Art der Sozialform unterscheiden. Dann stellt sich die Frage: Soll man die Diskussion als Partner- oder Gruppenarbeit oder als Klassenarbeit durchführen? Darauf gibt es keine allgemeine Antwort, weil die Antwort unter anderem vom Unterrichtsziel und vom Thema abhängt. Folgende Punkte kann man bedenken:

- Je kleiner die Gruppe ist, desto größer sind die Beitrags- und Interaktionsmöglichkeiten für den Einzelnen.
- Je größer die Gruppe ist, desto größer ist die Anzahl möglicher verschiedener Gesichtspunkte.
- Nur in der Klassenarbeit ist die kontinuierliche inhaltliche Leitung durch die Lehrperson möglich.

Wird im Unterricht in Partner- oder Gruppenarbeit diskutiert, so ist es wichtig, dass Auftrag und allenfalls Produktbeschreibung klar sind (siehe § 1.2.4). Der Auftrag kann einem der genannten Ziele einer philosophischen Diskussion entsprechen. Er kann auch darin bestehen, dass diskutiert wird.

Gibt man den Schülerinnen und Schülern den Auftrag, Thesen, Argumente oder Einwände zu finden, so sollte man sich als Lehrperson vorher dazu überlegt haben, welche Ergebnisse zu erwarten sind. Wenn die Schülerinnen und Schüler ihre Ergebnisse präsentieren, so sollte die Lehrperson diese Ergebnisse und die Arbeit dahinter respektieren, d.h. die Lehrperson sollte nicht ihre eigenen Ergebnisse präsentieren. Wenn die Schülerinnen und Schüler nicht zu den erwarteten Ergebnissen gekommen sind und diese Ergebnisse wichtig sind, so können sie Gegenstand der nächsten Unterrichtseinheit sein. Gibt man den Auftrag, über ein Thema oder einen Text zu diskutieren und danach die Ergebnisse zu präsentieren, so sollte man den Auftrag so formulieren, dass nicht nur über das eventuelle Resultat berichtet wird, sondern auch darüber, wie man dazu gelangt ist.

Man muss bei einer Gruppenarbeit immer bedenken, dass sich die Diskussionen in den verschiedenen Gruppen in ganz unterschiedliche Richtungen entwickeln können, sodass es zuweilen schwierig sein kann, sie in angemessener Zeit wieder zusammenzuführen. Wie kann man den Übergang von der Gruppendiskussion zum weiteren Unterricht gestalten? Man kann die Ergebnisse der Gruppendiskussion als solche stehen lassen. Dann wird es zwar gewisse Ungenauigkeiten und ungelöste Probleme geben. Doch ist dies in der Philosophie sowieso immer der Fall! Allenfalls kann den Schülerinnen und Schülern auch die Möglichkeit gegeben werden, Fragen in eine Plenumsdiskussion einzubringen. Eine andere Möglichkeit der Weiterführung besteht darin, dass die Lehrperson selbst Fragen in die Plenumsdiskussion einbringt.

Einteilung nach Art des Gegenstands

Man kann philosophische Diskussionen nach der Art des Gegenstandes einteilen: Diskussion über ein Thema/eine Frage/ein Problem und Diskussion über einen Text. Die erste Art der Diskussion kann ohne jegliche Vorarbeit durchgeführt werden, die zweite Art verlangt zunächst das Lesen des Textes (siehe § 3.2). Eine spezielle Art des Diskutierens über einen Text ist die Diskussion über einen Text mit der Autorin/dem Autor. Eine spezielle Art des Diskutierens über ein Thema, eine Frage oder ein Problem ist das sogenannt neo-sokratische Gespräch. Ich gehe nun auf diese verschiedenen Formen näher ein.

2.1.2 Diskussion über ein Thema/eine Frage

Die einfachste Form der Diskussion ist das Diskutieren über ein Thema, eine Frage oder ein Problem, weil grundsätzlich keine vorgängige Arbeit nötig ist. Man kann eine Diskussion über ein Thema allein damit beginnen, dass man eine philosophische Frage stellt, zum Beispiel: Was ist Liebe? Haben wir einen freien Willen? Können wir wissen, ob das, was wir wahrnehmen, existiert? Man kann das Diskutieren über ein Thema stärker fokussieren, indem man eine philosophische These, eine philosophische Theorie oder ein philosophisches Argument als Grundlage für die Diskussion nimmt.

Bei der Wahl einer geeigneten Frage ist Folgendes zu beachten:

- Die Frage sollte *philosophisch* sein. Fragen, die man nur empirisch beantworten kann, z.B. ob der öffentliche Verkehr weniger Abgase hervorruft als der Privatverkehr, eignen sich nicht für eine philosophische Diskussion.

- Die Frage sollte so sein, *dass sich für verschiedene Antworten gute Argumente vorbringen lassen*. Solche Fragen findet man am einfachsten in der Philosophiegeschichte.
- Die Frage sollte dem Schwierigkeitsgrad nach *den Kenntnissen und Fähigkeiten der Schülerinnen und Schüler angemessen* sein. Zur Bestimmung des Schwierigkeitsgrades gibt es keine allgemeine Regel. Eine gewisse Orientierung bieten Schulbücher und die eigene Erfahrung.

Als Methode für den Einstieg in das Thema oder die Frage bietet sich der Lehrervortrag an (siehe § 1.2.2). So hat die Lehrperson die Kontrolle darüber, welche Frage und wie sie gestellt wird. Alternativ kann man das Thema oder die Frage einführen, indem man die Schülerinnen und Schüler einen Abschnitt in einem Lehrbuch, einem literarischen Text oder einem Zeitungsartikel lesen oder einen Ausschnitt aus einem Film schauen lässt. Auf dieser Grundlage können Schülerinnen und Schüler auch eigene philosophische Fragen entwickeln, die ebenfalls Gegenstand der Diskussion werden können.

2.1.3 Diskussion über einen Text

Eine voraussetzungsreichere Form der Diskussion ist die Diskussion über einen Text. Sie ist deshalb voraussetzungsreicher, weil der Text zuerst gelesen und dessen Inhalt erfasst werden muss. Sie ist jedoch eine der wichtigsten Diskussionsformen, weil der größte Teil der philosophischen Tradition schriftlich überliefert ist und Philosophieren somit auch eine Auseinandersetzung mit diesen Texten bedeutet.

Soll eine philosophische Diskussion über einen Text geführt werden, so muss der Text zuerst verstanden werden. Somit ist es sinnvoll, mit Verständnisfragen zu beginnen und erst dann zu Diskussionsfragen fortzuschreiten. Manchmal kann das Verstehen eines philosophischen Textes viel Zeit in Anspruch nehmen. Es kann sinnvoll sein, den Schülerinnen und Schülern zunächst Aufgaben zum Text zu geben (siehe § 2.2). Es kann aber auch sinnvoll sein, nach einer ersten oberflächlichen Lektüre in einem Klassengespräch die wichtigsten Punkte zu klären, bevor man in Einzelarbeit zu einer vertiefenden Lektüre wechselt.

Man kann zwischen zwei Arten von Diskussionsfragen unterscheiden: Fragen, die zu Präzisierungen und anderen Verbesserungen der im Text dargestellten Thesen, Theorien und Argumente führen, und Fragen, die dazu führen, dass die im Text dargestellten Thesen, Theorien und Argumente aufgegeben oder wesentlich verändert werden müssten. Dazwischen gibt es einen Graubereich. Eine philosophische Ansicht würdigt man am besten dadurch, dass man sie so stark wie möglich macht.

2.1.4 Diskussion mit einer Autorin/einem Autor

Mit «Autor/in» meine ich hier den Urheber eines philosophischen Textes. Auch Schülerinnen und Schüler können somit Autoren sein. Der Autor kann selbstverständlich auch die Lehrperson oder ein eingeladener Gast sein, zum Beispiel ein Lehrerkollege oder eine Universitätsprofessorin.

Bevor man mit der Diskussion mit einem Autor beginnt, muss man den Inhalt seines Textes kennen. Man kann den Inhalt kennenlernen, indem man den Text liest oder dem vorgelesenen Text zuhört.

Diskutiert man mit einer Autorin oder einem Autor, so kann man die Verständnis- und Diskussionsfragen in einer anderen Form stellen. Die Fragen sind dann an die Autorin oder den Autor gestellt. Zum Beispiel: Was meinen Sie mit diesem Ausdruck?, Was ist Ihr Argument für diese These?, Was erwidern Sie auf dieses Gegenbeispiel?, Was erwidern Sie auf diesen Einwand?, Was erwidern Sie auf dieses Gegenargument? Die Autorin/der Autor muss Fragen dieser Art beantworten, d.h. die eigene Ansicht *verteidigen*. Dies ist eine anspruchsvolle Aufgabe. Aber es ist durchaus eine Tätigkeit, die man auch Schülerinnen und Schülern nach einiger Zeit im Philosophieunterricht zutrauen kann.

Voraussetzung für eine Diskussion mit einer Schülerin oder einem Schüler als Autor ist, dass ein entsprechender Text vorhanden ist. Das Schreiben eines Textes verlangt jedoch einiges an Kenntnissen, Fertigkeiten und Arbeit (siehe § 2.3). Somit ist die Diskussion mit einer Schülerin oder einem Schüler als Autor eine Diskussionsform, die auch aus diesem Grund erst nach einiger Unterrichtszeit in der Schule eingesetzt werden kann.

2.1.5 Neo-sokratisches Gespräch

Als eine besondere Form des Unterrichts und der Diskussion entwickelten *Leonard Nelson* (1882–1927) und *Gustav Heckmann* (1898–1996) in Anlehnung an Sokrates das (neo-)sokratische Gespräch (Nelson 1918; 1922; Birnbacher/Krohn 2002; Raupach-Strey 2002). Es handelt sich dabei um eine Methode der Durchführung eines Gruppengesprächs. Das neo-sokratische Gespräch unterscheidet sich somit in dieser Hinsicht von der sokratischen Methode der Maieutik (gr. wörtlich Hebammenkunst), welche als ein Gespräch von zwei Personen, als Dialog, geführt wird. Die Gemeinsamkeit mit der sokratischen Methode der Maieutik besteht in der Leitidee, dass die Schülerinnen und Schüler die Erkenntnisse selbst entwickeln, in diesem Sinn also «gebären». Im Unterschied zur sokratischen Methode soll der Gesprächsleiter des neo-sokratischen Gesprächs jedoch zurückhaltend mit Beiträgen sein und insbesondere keine Fragen stellen, die sein eigenes Urteil ausdrücken. Der Aufbau und Ablauf eines sokratischen Gesprächs sieht in den Grundzügen wie folgt aus: Die Schülerinnen und Schüler einigen sich zunächst darauf, über welche Frage sie diskutieren wollen, diskutieren dann über diese Frage und einigen sich schließlich auf eine Antwort auf die Frage oder zumindest über die Ergebnisse der Diskussion. Die Lehrperson, d.h. der Diskussionsleiter, leitet das Gespräch und nimmt selber nicht Stellung, d.h., er stellt auch keine Fragen, die sein eigenes Urteil ausdrücken. Folgendes ist dabei zu beachten:

- Die Frage, über die diskutiert wird, muss philosophisch sein. Haben die Schülerinnen und Schüler zuvor noch nicht philosophiert, so ist ihnen diese Bedingung nicht so leicht in kurzer Zeit zu erklären. Ein neo-sokratisches Gespräch eignet sich somit nicht mit Schülerinnen und Schülern, die zuvor noch nicht philosophiert haben.
- Eine echte Einigung ist in einer Gruppe von mehr als ein paar wenigen Teilnehmenden allein schon aus praktischen Gründen schwierig zu erreichen und braucht vor allem sehr viel Zeit. Will man in einer großen Gruppe diskutieren, kann man den Einigungsprozess abkürzen, indem man den Schülerinnen und Schülern als Hausaufgabe den Auftrag gibt, sich eine Frage auszudenken. Da es oftmals Überschneidungen in den Fragen von Schülerinnen und Schülern gibt, können die Fragen (am besten gleich von der Lehrperson) thematisch gruppiert und allenfalls zusammengefasst werden, sodass nur noch einige wenige Fragen übrig bleiben. Diese können dann in einer Reihe von Gesprächen nacheinander diskutiert werden.
- Man kann den Aufbau und Verlauf der Diskussion auch mit der Teilnahme der Lehrperson an der Diskussion verbinden. Dann ergibt sich eine Diskussion über ein Thema mit inhaltlicher Leitung durch die Lehrperson (siehe § 2.1.2), bei dem die Schülerinnen und Schüler das Thema bestimmen und zu einer Einigung kommen müssen.

2.1.6 Vom Umgang mit Relativismus und Skeptizismus

Wer mit Jugendlichen und jungen Erwachsenen eine philosophische Diskussion führt, trifft oftmals auf einen wenig reflektierten Relativismus oder Skeptizismus (Le Doeuff 1980; Rollin 1982: 12; Andre 1983; Mostert 1986; Satris 1986; Paden 1987; Momeyer 1995; Murcho 2004; Pfister 2005). Welcher Art ist dieser Relativismus oder Skeptizismus? Und wie kann man damit umgehen?

Wenn man im Unterricht eine philosophische Frage diskutiert, zu der man eine Meinung als Antwort von Schülerinnen und Schülern fordert oder zu der diese von sich aus eine Meinung haben, die ihnen wichtig ist, und stellt jemand diese Meinung dann infrage, so ist oftmals die trotzig wirkende Reaktion: «Das ist meine Meinung», oder «Für mich ist es wahr», oder «Man kann es nicht wissen». Was die Schülerinnen und Schüler damit ausdrücken wollen, ist meistens keine philosophisch reflektierte Position des Skeptizismus oder Relativismus, sondern ihr Bedürfnis, eine eigene Meinung zu haben. Dieses Bedürfnis ist zu respektieren, zumal die Entwicklung einer eigenen Meinung zur Entwicklung der eigenen Persönlichkeit gehört. Zugleich ist es jedoch auch wichtig, den Schülerinnen und Schülern klarzumachen, worum es in einer philosophischen Diskussion geht und worum es dabei nicht geht.

Da die Schülerinnen und Schüler gerade nicht einen philosophisch reflektierten Relativismus oder Skeptizismus vertreten, ist die beste Reaktion auf ihre Äußerungen nicht, diese Positionen mit philosophischen Argumenten zu widerlegen zu versuchen. Besser ist es, zusammen mit den Schülerinnen und Schülern zu klären, was sie mit ihrer Aussage überhaupt meinen. Insbesondere ist zu klären, was eine Meinung ist, was Wissen ist und in welchem Verhältnis Meinen und Wissen stehen. So kann sich herausstellen, dass die Schülerinnen und Schüler gar keine radikale philosophische Position vertreten wollen. Es kann aber auch sein, dass sie darauf beharren, dass ihre Meinung ebenso wahr sei wie jede andere, dass moralische Werte immer relativ seien oder dass kein Wissen möglich sei. In einem solchen Fall kann man Aussagen zitieren, von denen man annehmen kann, dass auch die Schülerinnen und Schüler ihnen zustimmen würden, zum Beispiel die Aussage «Die Erde ist rund» und die Aussage «Es ist moralisch falsch, wenn die Lehrerin eine gute Prüfung willkürlich mit einer schlechten Note benotet» (Andre 1983). Stimmen die Schülerinnen und Schüler zu, dass solche Aussagen wahr sind, so ist damit eine Grundlage geschaffen, auf der man die weitere Diskussion aufbauen kann. Stimmen sie den Aussagen nicht zu, so kann man sie entweder kurz darauf hinweisen, dass sie eine radikale philosophische Position zu vertreten scheinen – einen radikalen Skeptizismus bzw. moralischen Relativismus –, die eigens wieder zu diskutieren gäbe, dass es nun jedoch eine Voraussetzung der Diskussion sei, dass Aussagen über die Welt bzw. über moralische Werte wahr seien und dass sie diese Annahme zumindest für die Zeit der Diskussion annehmen könnten, ohne der Annahme selbst zuzustimmen. Oder man kann – wenn es für den weiteren Verlauf der Diskussion wichtig ist – darauf näher eingehen und den Skeptizismus bzw. moralischen Relativismus als philosophische Positionen diskutieren.

2.2 Lesen

Seit es philosophische Texte gibt, ist das Lesen von Texten eine wichtige Tätigkeit von Philosophinnen und Philosophen. Im Studium der Philosophie war und ist es hinsichtlich des Zeitaufwandes oftmals die Haupttätigkeit. Im Unterricht am Gymnasium ist das Lesen philosophischer Texte ebenfalls eine wichtige Tätigkeit. Denn nur durch die Auseinandersetzung mit philosophischen Texten kann man tiefer in die Philosophie vorstoßen (es sei denn, man sei ein Genie, das alle möglichen Probleme und Lösungsmöglichkeiten der Philosophie von sich aus entwickeln kann). Philosophische Texte liest man normalerweise philosophisch. Man liest sie nicht so, wie man Belletristik oder Fachliteratur liest, sondern als philosophische Texte, d.h. als Texte, die eine These argumentativ stützen, wobei die Argumentation selbst weitgehend unabhängig von der Empirie ist, wenngleich die darin vorkommenden Prämissen empirisch sein können (siehe Rehfus 1985). Ziel des philosophischen Lesens ist es, den argumentativen Gedankengang des Textes zu verstehen.

2.2.1 Allgemeines

Wenn man sich überlegt, welche Texte man im Unterricht lesen will, so muss man sich zunächst die Frage stellen, *wozu* diese Texte gelesen werden sollen. Nicht immer ist es sinnvoll, Texte einzusetzen, und wenn man eine philosophische Frage diskutieren möchte, so ist ein Text nicht unbedingt notwendig.

Wenn man sich bewusst gemacht hat, wozu gelesen werden soll, so stellt sich die nächste Frage: *Was* soll gelesen werden? Die Beantwortung dieser Frage in der konkreten Situation verlangt den Einbezug verschiedener kontextueller Faktoren. Der Text sollte die *Formulierung sinnvoller Lernziele* erlauben und der Länge, der Form und dem Inhalt nach den *Fähigkeiten, Fertigkeiten und Kenntnissen der Schülerinnen und Schüler angemessen* sein.

Eine gewisse Orientierung für die Textauswahl bieten bestehende Textsammlungen und Lehrbücher sowie die eigene Erfahrung. Wenn man einen *philosophischen* Text wählt, so hat man den großen Vorteil, dass das Philosophische bereits vorhanden ist und nicht erst erarbeitet werden muss – was natürlich keineswegs die philosophische Arbeit vorwegnimmt! Wenn man zudem einen *klassischen* Text der Philosophiegeschichte wählt, so hat man damit die Gewähr, dass der *Text* den Ansprüchen der Philosophie entspricht. Damit erhöht man die Chancen, dass auch der *Unterricht* diesen Ansprüchen genügt. Dabei besteht aber auch die Gefahr der Überforderung. Gerade klassische Texte der Philosophie können aufgrund der Abstraktheit der Gedanken und exegetischer Schwierigkeiten Gymnasiastinnen und Gymnasiasten überfordern und so zu einem Unterricht führen, bei dem diese sogar weniger lernen, als sie lernen würden, wenn ganz auf Texte verzichtet würde.

Hat man den Text ausgewählt, so stellt sich die Frage: *Wie* soll er eingesetzt werden? Das eigentliche Lesen ist Einzelarbeit. An der Universität wird dies mehrheitlich nicht im Unterricht selbst, sondern in selbstständiger Arbeit geleistet. In der Schule kann man einen

Teil des Lesens als Hausaufgabe geben, aber da das philosophische Lesen erst gelernt werden muss, sollte das Lesen auch im Unterricht stattfinden. Dabei ist zu beachten, dass die Lesegeschwindigkeiten von Schülerinnen und Schülern sehr unterschiedlich sein können. Da das philosophische Lesen ein spezielles Lesen ist, muss man die Schülerinnen und Schüler dazu anleiten. Ein erster Tipp sollte sein: Benützen Sie Bleistift und Leuchtstift! Mit dem Bleistift kann man Notizen an den Rand schreiben, und mit dem Leuchtstift Textstellen hervorheben. Schülerinnen und Schüler machen oftmals den Fehler, dass sie den Leuchtstift bereits bei der ersten Lektüre benützen, sodass manchmal der falsche Ausschnitt oder der ganze Text aufleuchtet. Es ist ratsam, den Leuchtstift erst bei der zweiten Lektüre zu benützen. Dies sind kleine, aber wichtige Ratschläge für angehende Leserinnen und Leser philosophischer Texte. (Soll der Text später kopiert werden, so können die Bleistiftnotizen ausradiert werden. Die gelbe Leuchtfarbe sieht man im Unterschied zu anderen Farben auf der Kopie nicht.)

2.2.2 Genau lesen

Damit die Schülerinnen und Schüler den Text genau lesen, kann man ihnen kleine Arbeiten als Aufträge geben. Zum Beispiel: Unterstreichen Sie alle Fragen, die im Text vorkommen! Welche davon sind für das Verständnis des Textes wichtig? Oder: Schreiben Sie drei Sätze des Textes heraus, die Sie für das Verständnis des Textes für wichtig halten! Oder: Unterstreichen Sie alle Vorkommnisse des Wortes «Soundso» und überlegen Sie sich, ob es jedes Mal in derselben Bedeutung gebraucht wird!

Kleine Arbeiten können auch bereits einen Teil der Herausarbeitung der Hauptthesen sein. Zum Beispiel: Welche Fragen werden im Text gestellt? Und: Wie werden diese Fragen im Text beantwortet? Das genaue Lesen ist nur eine Vorstufe – wenn auch eine notwendige! – dafür, den argumentativen Gedankengang des Textes zu erfassen.

2.2.3 Den Text strukturieren

Es lohnt sich, den Text irgendwie zu strukturieren, weil dies das Nachvollziehen des Gedankengangs des Autors erleichtert. Es ermöglicht auch ein schnelles Wiederfinden von Textstellen, was bei der Diskussion wichtig sein kann, wenn es zu Uneinigkeiten bezüglich der Interpretation kommt.

Wie bringt man Struktur in einen Text? Jeder Text besitzt bereits eine gewisse Struktur, sowohl formaler Art (Absätze, Nummerierungen) als auch inhaltlicher Art (informative Zwischentitel, einleitende Bemerkungen des Autors etc.). Die vorgegebene Struktur reicht jedoch für die Erschließung des Inhalts meistens nicht aus, sodass man zusätzlich eigene Arbeit leisten muss. Dazu kann man beispielsweise Stichworte an den Rand schreiben, selber Untertitel setzen oder auf einem separaten Blatt Stichworte und Paraphrasen der wichtigsten Stellen aufschreiben. Letzteres kann zum Beispiel so aussehen:

1   Einleitung (Zeile 1–5)
    These 1
2   Hauptteil (Zeile 6–25)
    2.1 Erstes Argument (Zeile 6–13)
    2.2 Exkurs (Zeile 14–17)
    2.3 Zweites Argument (Zeile 17–22)
    2.4 Diskussion eines Einwands gegen das erste Argument (Zeile 22–25)
3   Schluss (Zeile 26–28)

Nicht immer lässt sich ein derartig klarer Aufbau feststellen. Durch die Strukturierung erhält man einen Überblick über den Aufbau des Textes.

2.2.4 Hauptthesen herausarbeiten

Hat man den Text einmal strukturiert, ist es einfacher, dessen Inhalt zu erfassen. Die Hauptthesen des Textes müssen dabei herausgearbeitet werden. Dies geschieht am einfachsten dadurch, dass man herausfindet, mit welchen Fragen sich der Autor beschäftigt. Unter diesen Fragen sind die für den Text wichtigsten zu bestimmen. Die Hauptthesen ergeben sich dann fast wie von selbst: Es sind die Antworten des Autors auf diese Fragen.

2.2.5 Argumente rekonstruieren

Hat man einmal die Hauptthesen herausgearbeitet, sollte man nicht haltmachen. Denn jetzt wird es erst richtig spannend: Die Begründungen für diese Thesen müssen herausgearbeitet, d.h. die Argumente rekonstruiert werden. Eine Argumentrekonstruktion sieht so aus:

1. Prämisse 1
2. Prämisse 2
3. ...
K. Konklusion

Oftmals sind Argumente von Philosophinnen und Philosophen unvollständig; dann muss man die fehlenden Prämissen hinzufügen. Manchmal sind dies triviale Aussagen, manchmal steckt mehr dahinter.

Die Argumentrekonstruktion ist nicht selten eine schwierige Angelegenheit. Man sollte die Anforderungen, die sich dabei stellen, nicht unterschätzen. Man kann den Anforderungsgrad senken, indem man den Schülerinnen und Schülern zunächst die Frage stellt, welches die Konklusion des Arguments ist. Das ist in der Regel eine der Hauptthesen des Textes. Dann kann man ihnen die Frage stellen, von welchen Aussagen im Text ausgegangen wird. Anschließend stellt man die Frage, wie diese Aussagen nun in Zusammenhang mit der Konklusion stehen und welche Aussagen man allenfalls weglassen und welche neuen hinzunehmen muss, damit das Argument dem Argument des Textes entspricht und wenn möglich eine gültige Form erhält. Eine alternative Möglichkeit besteht darin, dass man den Schülerinnen und Schülern bereits eine oder mehrere Prämissen vorgibt und sie nach den fehlenden Prämissen suchen lässt. Wenn es sich um ein besonders schwierig herauszuarbeitendes Argument handelt, kann man den Schülerinnen und Schülern das Argument auch vorstellen und ihnen zeigen, wie man es aus dem Text herausarbeiten kann.

Die Argumentrekonstruktion verlangt auch eine Interpretation des Textes. Dass die Argumentrekonstruktionen von verschiedenen Personen in kleineren Punkten abweichen, liegt deshalb in der Natur der Sache. (Manchmal kann es auch sein, dass wesentlich verschiedene Rekonstruktionen mit dem Text vereinbar sind. Dies kann die Grundlage für eine Interpretationsdiskussion bilden. Eine solche Diskussion ist oftmals anspruchsvoll.)

Wenn die Rekonstruktion einer Schülerin oder eines Schülers unvollständig oder falsch ist, so ist es wichtig, die Ursache der Schwierigkeit festzustellen und die Fehler zu korrigieren. In jedem Fall aber muss die richtige Rekonstruktion so erklärt werden, dass die Schülerinnen und Schüler sie verstehen, denn sie bildet die Grundlage für eine Diskussion über den Text (siehe §2.1.3) oder eine Schreibarbeit (siehe §2.3). Merkt man bereits vor dem Unterricht, dass es für die Schülerinnen und Schüler zu schwierig ist, das Argument zu rekonstruieren, so ist auf den Lehrervortrag zurückzugreifen (siehe §1.2.2 und §2.1.1) oder ein anderer Text zu wählen.

2.2.6 Diskussionsfragen formulieren

Hat man die Argumente herausgearbeitet, so kann die Diskussion über den Text beginnen. Als Vorbereitung auf eine solche Diskussion, kann es sinnvoll sein, Diskussionsfragen schriftlich zu formulieren (siehe §2.1.1). Dies kann als Auftrag zu einer Einzel- oder Partnerarbeit gegeben werden.

2.3 Schreiben

Seit Beginn – genauer: fast seit Beginn – des Philosophierens gehört auch das philosophische Schreiben, d.h. das Schreiben philosophischer

Texte, zu den Tätigkeiten von Philosophinnen und Philosophen. Philosophisches Schreiben führt zu einem Produkt, aber es ist auch Mittel zum Klären und Verfertigen von Gedanken. Wer einmal versucht hat, einen philosophischen Text zu schreiben, der weiß: Was man für klar und einfach hielt, ist gar nicht so klar und einfach zu formulieren. Schreiben gehört somit unbedingt in den Philosophieunterricht.[3]

2.3.1 Allgemeines

Privates und öffentliches Schreiben

Ich möchte zunächst zwischen zwei Formen des Schreibens unterscheiden, dem *privaten* und dem *öffentlichen*. Mit «privatem Schreiben» meine ich das Schreiben, das zu einem Produkt führt, das nur für einen selbst gedacht ist. Mit «öffentlichem Schreiben» meine ich das Schreiben, das zu einem Produkt führt, das auch für andere gedacht ist.

Beim privaten Schreiben spielt es keine Rolle, wie genau, wie schön, wie leserlich usw. es geschrieben ist. Zu dieser Art des Schreibens gehören Vortragsnotizen, Tagebucheinträge und Ideen, die man manchmal nur als Stichworte niederschreibt. Philosophinnen und Philosophen tun dies – zuweilen kann man sie beobachten, wie sie im Vorlesungssaal, im Café oder unter einem Baum etwas in ein Heft kritzeln. Was Philosophinnen und Philosophen hier tun, das können auch Schülerinnen und Schüler. Dies kann sowohl der persönlichen als auch der philosophischen Entwicklung dienen. Als Lehrperson kann man sie zu privatem Schreiben anregen, indem man sie zum Beispiel damit beauftragt, sich ein Heft zu diesem Zweck zu besorgen und ihnen eventuell gelegentlich im Unterricht Zeit dazu zur Verfügung stellt. Die Notizen in diesem Heft können im weiteren Verlauf des Unterrichts nutzbar gemacht werden, zum Beispiel indem sie als

---

3 Was man beim Schreiben von Texten im Unterricht allgemein beachten muss, ist unter anderem in der Deutschdidaktik entwickelt worden (siehe Fix 2006; Becker-Mrotzek/Böttcher 2006).

Grundlage für das Schreiben eines philosophischen Essays zugelassen werden. Ist das Heft das einzige Hilfsmittel, das man neben einem Wörterbuch für das Schreiben zulässt, so haben die Schülerinnen und Schüler einen zusätzlichen Anreiz, philosophisch Relevantes in ihr Heft zu schreiben.

Beim öffentlichen Schreiben muss man an die beabsichtigte Leserschaft denken. Diese Leserschaft kann ganz unterschiedlich sein: Es können die Mitschülerinnen und Mitschüler sein, es kann die Lehrperson sein, es kann aber auch eine Leserschaft außerhalb der Klasse oder der Schule sein. Je nach Leserschaft eignet sich ein anderer Stil und muss unter Umständen eine andere Form oder ein anderer Inhalt gewählt werden.

Schreibstift oder Computer?

Heutzutage setzt sich mehr und mehr auch an der Schule der *Computer* als Schreibwerkzeug durch. Das hat viele Vorteile. Aber man muss sich überlegen, ob diese Vorteile auch Vorteile für den Philosophieunterricht sind. Das Schreiben mit dem Computer hat den Vorteil, dass man gleichzeitig denken und schreiben kann: Da man jederzeit löschen und neu schreiben und Abschnitte ausschneiden und an anderer Stelle im Text wieder einsetzen kann, ist man im Vergleich zum Schreiben mit Stift auf Papier weniger auf das Konzipieren des Textes vor dem Schreiben angewiesen. Es bietet auch die Möglichkeit, dass man Rechtschreibung und Grammatik mithilfe entsprechender Programme überprüft. Das Schreiben mit dem Computer hat auch den Vorteil, dass man das Produkt ausdrucken und vervielfältigen kann. Des Weiteren hat der Computer in Verbindung mit dem *Internet* den Vorteil, dass man interaktive Schreibformen im Unterricht einsetzen kann (siehe § 2.3.7; allgemein zum Gebrauch von Computer und Internet im Philosophieunterricht, siehe Tichy 2008 und Schmidt 2008).

Was als Vorteil des Computers gegenüber dem Schreiben *mit Stift auf Papier* genannt wurde, kann auch gerade umgekehrt als Vorteil des Stifts gegenüber dem Computer gesehen werden: Beim Schreiben mit Stift auf Papier ist man gezwungen, *vor* dem Schreiben zu denken, da man nur bedingt und mit Mühe löschen und neu schreiben und einzelne Abschnitte umstellen kann. Das Schreiben mit Stift auf Papier hat auch den Vorteil, dass man nicht auf mehr oder weniger teure Maschinen und Strom angewiesen ist. Ein *Heft* hat den Vorteil, dass die verschiedenen Texte, die im Verlauf eines Schuljahres geschrieben werden, an einem einzigen Ort gesammelt sind, sodass Schülerinnen und Schüler ebenso wie die Lehrperson frühere Texte rasch finden können.

Grundsätze des philosophischen Schreibens

Was muss man beim philosophischen Schreiben berücksichtigen? Dazu gibt es verschiedene Grundsätze und praktische Ratschläge (siehe z.B. Bennett / Gorovitz 1997; Prior o.J.). Die Schülerinnen und Schüler sollten darüber informiert werden, damit sie ihr philosophisches Schreiben nach diesen ausrichten und damit verbessern können. Ich werde im Folgenden eine Reihe von Grundsätzen und praktischen Ratschlägen erläutern.

Ein für das philosophische Schreiben besonders wichtiger und vielleicht der oberste Grundsatz, weil er für jede Textsorte gilt, ist der folgende:

■   **Sei klar!**

Das ist nun einfacher gesagt als getan. Der Grund liegt darin, dass uns, gerade wenn es um Abstraktes geht, oftmals selbst nicht klar ist, was wir genau sagen wollen. Nun kann man sich oder anderen nicht die Anweisung geben: Denke klar! Aber man kann sich oder anderen die Anweisung geben: Versuche, was du denkst, so klar als möglich auszudrücken! Dazu gibt es einige konkrete Ratschläge, an die man sich halten kann. Dies sind im Grunde diejenigen, die auch für einen guten Lehrervortrag gelten (siehe § 1.2.2), d.h. man sollte Fremd- und Fachwörter sofort erklären, komplexe Sachverhalte und abstrakte Begriffe durch Beispiele veranschaulichen, einfache Satzkonstruktionen verwenden, und verbal formulieren statt Nominalkonstruktionen verwenden. Des Weiteren sollte man bei schriftlichen Arbeiten auf Pfeile und andere Zeichen, deren Bedeutung nicht klar ist, verzichten.

Der erste Punkt, dass man Fremd- und Fachwörter sofort erklären sollte, ist noch nicht allgemein genug. In der Philosophie muss man jeden unklaren Ausdruck erklären. Im Prinzip kann das jeder Ausdruck sein, und man muss somit bei jedem Ausdruck, den man verwenden will, prüfen, ob er klar ist. Das heißt natürlich nicht, dass man dies bei jedem Ausdruck *bewusst* denken muss, sondern lediglich, dass man sich bewusst sein muss, dass im Prinzip jeder Ausdruck unklar sein kann, und bereit ist, bei Bedarf den Ausdruck zu klären. Man kann den ersten Punkt also etwas allgemeiner und präziser formulieren:

Ausdrücke, die unklar sind oder deren Verständnis man bei der Leserschaft nicht voraussetzen kann, vermeiden oder sofort erläutern!

Metaphern, d.h. der Gebrauch von Ausdrücken in übertragener Bedeutung, sollten wenn möglich ebenfalls vermieden werden. Denn damit ergibt sich erstens das Problem, dass es unklar sein kann, welche der übertragenen Bedeutungen gemeint ist, und zweitens das Problem, dass die übertragene Bedeutung nicht genau dem entspricht, was man meint. Deshalb gilt:

Wenn möglich, Metaphern vermeiden!

Anführungszeichen werden zuweilen verwendet, um den Gebrauch eines Ausdrucks in unüblicher Bedeutung anzuzeigen. Hier ist ein Beispiel (aus der *Deutschen Rechtschreibung* 2006, § 94):

Sie sprang diesmal «nur» 6,60 Meter.

Was ist hier mit «nur» gemeint?[4] Damit könnte gemeint sein:

- Sie sprang diesmal nur 6,60 Meter, wenngleich diese Weite immer noch zu den zehn besten von ihr je erreichten Werten zählte.
- Sie sprang diesmal nur 6,60 Meter, wenngleich sie damit immer noch um einen Meter weiter sprang als die Zweitbeste der Klasse.
- Sie sprang diesmal nur 6,60 Meter, wenngleich dies für ein siebzehnjähriges Mädchen eine hervorragende Leistung ist.

Das sind nur einige der denkbaren Bedeutungen, welche der Satz im Kontext des Gebrauchs haben könnte. Statt «nur» in Anführungszeichen zu setzen, sollte man das, was man meint, ausformulieren:

Wenn möglich, Anführungszeichen zum Gebrauch eines Ausdrucks in unüblicher Bedeutung vermeiden und stattdessen das Gemeinte ausformulieren!

Anführungszeichen haben eine andere, für die Philosophie wichtige Funktion. Sie zeigen an, dass man über einen Ausdruck reden will: «Mit Anführungszeichen kann man Wörter oder Teile innerhalb eines Textes hervorheben und in bestimmten Fällen deutlich machen, dass man zu ihrer Verwendung Stellung nimmt, sich auf sie bezieht» (*Deutsche Rechtschreibung* 2006, §94).[5] Wenn man nicht anzeigt, dass man über einen Ausdruck spricht, kann dies ebenfalls zu Unklarheiten führen. Man beachte die folgenden zwei Sätze:

---

4 Der Weltrekord im Weitspringen der Frauen lag 1922 bei 5,16 Metern und liegt seit 1988 bei 7,52 Metern; Weltrekordhalterin ist Galina Tschistjakowa. Den Deutschen Rekord hält die frühere Weltrekordhalterin Heike Drechsler mit 7,48 Metern.

5 Die hier verwendeten Anführungszeichen dienen der wörtlichen Wiedergabe. Dazu §89 der *Deutschen Rechtschreibung*: «Mit Anführungszeichen schließt man etwas wörtlich Wiedergegebenes ein.»

- Bern ist die Hauptstadt der Schweiz.
- Bern hat vier Buchstaben.

Offensichtlich hat «Bern» in beiden Sätzen nicht dieselbe Bedeutung, denn sonst müsste man, da das Erste eine Identitätsaussage ist, den Ausdruck «Bern» im zweiten Satz durch «die Hauptstadt der Schweiz» ersetzen können:

- Die Hauptstadt der Schweiz hat vier Buchstaben.

Das kann man aber nicht sagen. Besser ist es deshalb, es klar zu machen, und Anführungszeichen zu verwenden:

- Bern ist die Hauptstadt der Schweiz.
- «Bern» hat vier Buchstaben.

Man kann dies als Grundsatz formulieren:

> *Wenn man über einen Ausdruck spricht, Anführungszeichen verwenden!*

Klarheit in der Sprache ist ein Ideal, das schwierig zu erreichen ist. Aber man kann zumindest zu folgendem Resultat kommen: Was ich denke, kann ich in diesen Worten formulieren; mir scheint dies klar; also kann ich dieses Resultat akzeptieren, bis jemand kommt und mich auf eine Unklarheit hinweist; dann muss ich noch einmal darüber nachdenken.

Der zweite wichtige Grundsatz für das philosophische Schreiben ist derjenige der inhaltlichen Richtigkeit und Genauigkeit:

- **Sei inhaltlich korrekt und genau!**

Der dritte Grundsatz, der philosophisches Schreiben auszeichnet, ist der folgende:

■ Stütze deine Thesen mit guten Argumenten!

Es geht in der Philosophie nicht darum, wie die Sophisten propagierten, in einer Diskussion den anderen zu überreden und als Sieger hervorzutreten, sondern darum, Erkenntnisse zu erlangen. Eine Erkenntnis im anspruchsvollen Sinn ist etwas aber nur, wenn man auch eine Begründung dafür geben kann. Wenn man also einen Essay schreibt, so muss man der Leserin und dem Leser verständlich machen, weshalb die vertretene These wahr ist. Dies macht man, indem man die These mit guten, d.h. stichhaltigen Argumenten begründet. Zu vermeiden sind insbesondere Autoritätsargumente und Glaubwürdigkeitsappelle. Die Formulierung «Wie Aristoteles bereits sagte…» stellt kein Argument dar. Selbst wenn die These von Aristoteles wahr ist, so ist dadurch, dass man sagt, dass er sie vertreten hat, nicht erklärt, *warum* die These wahr ist. Diese philosophische Arbeit muss geleistet werden. Man formuliert auch kein Argument, wenn man schreibt: «Für mich gilt…», «Es ist klar, dass…» oder «Jeder wird zugeben, dass…». Mit solchen Formulierungen möchte man die Leserin oder den Leser für die eigene Position gewinnen, aber es wird damit kein Argument geliefert. Damit eine Argumentation gut ist, muss sie schließlich auch kohärent sein, d.h. zusammenhängend und widerspruchsfrei. Die gemachten Bemerkungen können wie folgt zusammengefasst werden: Thesen mit guten, d.h. stichhaltigen Argumenten begründen, Autoritätsargumente vermeiden, Glaubwürdigkeitsappelle vermeiden und die Argumentation kohärent, d.h. zusammenhängend und widerspruchsfrei gestalten!

Schließlich ist auch noch ein vierter Grundsatz zu beachten:

■ Sei relevant, originell und subtil!

Was als relevant, originell und subtil gilt, ist zumindest zum Teil subjektiv. Man sollte aber nicht den intersubjektiven Aspekt davon unterschätzen. Wir können uns in klaren Fällen sehr schnell einig werden, was als relevant, originell und subtil gilt.

Ich werde nun verschiedene Textsorten vorstellen, die sinnvoll im Philosophieunterricht eingesetzt werden können, und was man dabei besonders beachten kann und sollte.

2.3.2 Zusammenfassung

Die Zusammenfassung ist keine spezifisch philosophische Textsorte, doch eine, die sich auch im Philosophieunterricht gut einsetzen lässt. Sie ist die vielleicht einfachste Textsorte, weil der Inhalt bereits vorgegeben ist. Dennoch ist sie anspruchsvoller, als man zunächst vielleicht vermuten mag. Vor allem aber ist sie eine hervorragende Schreibübung für den Unterricht: Erstens kann die Aufgabe dazu klar und präzise formuliert werden. Zweitens verlangt die Zusammenfassung eine gute Kenntnis des zu resümierenden Textes und eine Herausarbeitung der wesentlichen Aussagen des zu resümierenden Textes. Drittens verlangt die Zusammenfassung, dass man komplexe Sachverhalte in wenigen Worten beschreibt. Dies führt dazu, dass man geneigt ist, komplexe Satzkonstruktionen zu wählen. Genau das steht aber in Konkurrenz zum Wert der Klarheit. Damit ergibt sich die Herausforderung, zugleich komplex und klar zu sein – genau das, was man zur Philosophie braucht! (Das ist natürlich lediglich eine notwendige, keine hinreichende Bedingung.)

Den Auftrag kann man präzisieren, indem man eine Länge angibt. Man kann dies auf verschiedene Arten tun: Anzahl Wörter (zum Beispiel 100–50 oder 200–300), Anzahl Sätze (zum Beispiel 10) oder Anzahl Seiten (zum Beispiel ½–1). Die Angabe in Anzahl Wörter ist, abgesehen von der nur für das Schreiben auf Computer sinnvollen Angabe in Anzahl Zeichen, die genaueste Längenangabe. Dass man sich unter einer Anzahl Wörter zunächst wenig vorstellen kann, ist insofern kein Problem, als man relativ schnell eine entsprechende Vorstellung entwickeln kann. Die Angabe in Sätzen kann eine gewollte Herausforderung an die Satzkonstruktion darstellen: Wenn man zwei Gedanken in einem Satz formulieren will, muss man eine komplexere Konstruktion wählen. Man kann umgekehrt die Schülerinnen und Schüler auch gerade dazu anleiten, einfachere Konstruktionen zu wählen, indem man die Regel aufstellt, dass nur Hauptsätze erlaubt sind. Die Angabe in Seiten ist diejenige Angabe, die man sich am einfachsten vorstellen kann, die aber auch die ungenaueste ist: Manche schreiben groß, andere klein, manchmal schreibt man mit dem Stift auf Papier und manchmal auf dem Computer, und wenn man Letzteres tut, so kann man diese oder jene Schrift und diese oder jene Schriftgröße wählen.

2.3.3 Darstellung

Die Darstellung ist die Wiedergabe in eigenen Worten einer These, einer Theorie oder eines Arguments. Im Unterschied zur Zusammenfassung muss die Darstellung weder den Inhalt eines ganzen Textes wiedergeben, noch muss sie besonders kurz sein. Die Länge kann ganz unterschiedlich sein: Sie kann von wenigen Sätzen bis zu mehreren Tausend Wörtern reichen.

Die Darstellung sollte nicht aus wörtlichen Zitaten, sondern aus Paraphrasen bestehen. Ein wörtliches Zitat kann aber dazu dienen, einen besonders wichtigen Gedanken hervorzuheben. Sparsam eingesetzt, hat es genau diesen Effekt. Im Unterschied zu Paraphrasen werden Zitate in Anführungszeichen gesetzt. Für ein längeres Zitat kann man statt Anführungszeichen auch einen eingerückten Paragrafen verwenden. Wenn zitiert wird, muss selbstverständlich eine Literaturangabe eingefügt werden.

Teil einer Darstellung kann ein rekonstruiertes Argument sein (siehe §2.2.5). Eine Darstellung kann auf der Grundlage von einem Text, aber auch auf der Grundlage von einem Vortrag oder einer Diskussion formuliert werden. Eine Darstellung kann für weitere Zwecke im Unterricht gebraucht werden. Sie kann Grundlage für eine Diskussion sein, und sie kann auch in einen philosophischen Text, zum Beispiel in einen philosophischen Essay (siehe 2.3.8) integriert werden.

2.3.4 Diskussionsprotokoll

Das Diskussionsprotokoll ist eine spezielle Form der Darstellung. Es wird im Anschluss an eine Diskussion geschrieben und soll die Thesen und Argumente wiedergeben, die in der Diskussion formuliert wurden. Somit ist das Diskussionsprotokoll eine Möglichkeit, die Ergebnisse einer Diskussion schriftlich festzuhalten. Dies ist bei Diskussionen mit der ganzen Klasse oftmals ein Bedürfnis von Schülerinnen und Schülern. Das Diskussionsprotokoll kann auch der Lehrperson dienen, unter anderem zur Kontrolle von Gruppenarbeiten und zur weiteren Verarbeitung im Unterricht, zum Beispiel als Grundlage für eine weitere Diskussion.

Man unterscheidet zwischen *Verlaufsprotokoll*, d.h. der Wiedergabe der Diskussionsbeiträge in ihrer zeitlichen Abfolge, und *Ergebnisprotokoll*, d.h. der Wiedergabe der Thesen und Argumente, auf die man sich am Schluss der Diskussion geeinigt hat. Das *Diskussionsprotokoll* ist in der Regel eine Mischung aus Verlaufs- und Ergebnisprotokoll: Die Diskussionsbeiträge werden nicht genau in ihrem zeitlichen Ablauf wiedergegeben, sondern an ihrer Stelle im *Argumentationszusammenhang*. So kann es sein, dass gewisse Beiträge, die zeitlich später formuliert wurden, im Protokoll vor den anderen Beiträgen erscheinen.

Beim Schreiben des Protokolls ist auf sprachliche Korrektheit und auf Klarheit zu achten, ebenso auf inhaltliche Korrektheit und Genauigkeit. Mit «inhaltlicher Korrektheit und Genauigkeit» ist hier aber nicht gemeint, dass die Aussagen in Bezug auf die Sache, über die diskutiert wurde, korrekt und genau sind, sondern in Bezug darauf, *was gesagt wurde*. Man soll möglichst korrekt und genau wiedergeben, was in der Diskussion gesagt wurde. Selbstverständlich muss derjenige, der das Protokoll führt, nicht hinter den Thesen und Argumenten stehen, denn das Protokoll ist ja eine Wiedergabe dessen, was gesagt wurde. Damit das Protokoll eine größere sprachliche und inhaltliche Qualität aufweist und damit den anderen von größerem Nutzen ist, kann man Verschiedenes tun. Man kann zum Beispiel das Protokoll zur Mitarbeitsleistung zählen oder die Protokolle einer Unterrichtssequenz als Grundlage für eine Prüfung zulassen. Man kann auch die Regel einführen, dass das Protokoll in der nächsten Lektion von der Lehrperson laut vorgelesen wird. (Eine solche Regel kann entscheidende Effekte erzielen.)

Das Protokoll kann von einer einzelnen Person verfasst werden, die in dieses Amt bestimmt worden ist, oder von mehreren Personen, auch von allen Schülerinnen und Schülern zugleich. Wenn von verschiedenen Leuten unabhängige Protokolle angefertigt werden, so können sie miteinander verglichen werden. Dies kann der Lehrperson unter Umständen wichtige Informationen über die philosophischen Fähigkeiten von Schülerinnen und Schülern und unter Umständen auch über unterschiedliche Wahrnehmungen desselben Diskussionsbeitrags in der Klasse geben.

Ein Protokoll kann auch vervielfältigt und in der nächsten Lektion allen Teilnehmenden verteilt werden. So haben alle Teilnehmenden einer Diskussion einen Nutzen davon.

2.3.5 Kommentar und Stellungnahme

Im Unterschied zum Diskussionsprotokoll, zur Darstellung und zur Zusammenfassung ist der Zweck des Kommentars und der Stellungnahme nicht, die Gedanken anderer wiederzugeben, sondern eigene Gedanken zu entwickeln und Neues auszuprobieren. Beim Kommentar geht es eher darum, auf Probleme in der Theorie und der Argumentation hinzuweisen und mögliche Einwände vorzustellen. Bei der Stellungnahme geht es darum, Position zu beziehen und eine Frage eindeutig zu beantworten. Im Unterschied zum philosophischen Essay (siehe 2.3.8) muss die Stellungnahme keine Darstellung enthalten und ist im Normalfall viel kürzer als der Essay.

Kommentar und Stellungnahme verlangen nach dem Ausdruck der eigenen Meinung. In dieser Hinsicht sind diese Textformen subjektiver als die Zusammenfassung, die Darstellung oder das Diskussionsprotokoll. Dass man die eigene Meinung darstellen muss, heißt jedoch noch lange nicht, dass jede Meinung gleich gut ist. Vor allem aber kommt es in der Philosophie viel weniger auf die Meinung an als vielmehr auf die Begründung davon. Diese Begründung muss von der Leserschaft nachvollzogen werden können. Autoritätsargumente und Glaubwürdigkeitsappelle sind zu vermeiden (siehe § 3.2.1). Besonders die Formulierung «Für mich...» muss sorgfältig eingesetzt oder besser noch ganz weggelassen werden, da sie zumindest zweideutig ist. Zum einen kann damit gemeint sein, dass *eine bestimmte Eigenschaft auf einen selbst zutrifft*. Zum Beispiel in der Formulierung «Für mich ist das frühmorgendliche Aufstehen anstrengend». Damit wird eine Aussage gemacht, die auf den Sprecher zutrifft und die nicht unbedingt auf andere zutreffen muss. Zum anderen kann mit der Formulierung «Für mich...» auch gemeint sein, dass man *eine bestimmte Meinung oder Überzeugung hat*. Zum Beispiel in der Formulierung «Für mich gibt es eine Seele». Das ist zwar auch etwas, das auf einen selbst zutrifft, aber eine Meinung oder Überzeugung hat einen Inhalt, und dieser Inhalt kann unabhängig davon wahr oder falsch sein, wer die Meinung oder Überzeugung gerade hat oder auch nicht hat. Ob es eine Seele gibt oder nicht, hängt nicht davon ab, wer und ob überhaupt jemand daran glaubt. In einigen Arten von Fällen ist dies nicht so klar, zum Beispiel in der Aussage «Für mich ist dieser Film ein Meisterwerk». Ob der Film ein Meisterwerk ist oder nicht, hängt nicht davon ab, ob der Sprecher ihn für ein solches hält, aber es hängt davon ab, welche Kriterien herangezogen werden, um zu bestimmen, ob ein Film ein Meisterwerk sei oder nicht. Bewertungskriterien sind nicht in der Natur vorhanden, sodass man sie nur entdecken müsste. Vielmehr hängt dies grundsätzlich von der menschlichen Fähigkeit zur Bewertung ab. Ob die Aussage nun eine rein deskriptive Aussage oder eine wertende Aussage ist, wenn damit ein Wahrheitsanspruch erhoben wird, so kann man sich darüber unterhalten, ob die Aussage wahr oder falsch ist. Und damit öffnet sich das Feld für die philosophische Diskussion: Wie wird die Meinung begründet? Ist die Begründung stichhaltig? Wie kann man die Meinung allenfalls anders begründen? Nur wenn die Formulierung «Für mich...» in dieser zweiten Bedeutung verwendet wird, bei der ein Wahrheitsanspruch erhoben wird, kann man über die Aussage philosophieren. Selbst dann, wenn mit der Aussage eine Bewertung ausgedrückt wird, heißt das noch nicht, dass die Aussage nicht wahr oder falsch sein kann und unter Umständen begründet werden muss.

Kommentar und Stellungnahme können an verschiedenen Stellen im Verlauf eines Unterrichts eingesetzt werden: Nach einem Lehrervortrag (siehe § 1.2.2), nach einer Diskussion (siehe § 2.1), nach dem Lesen eines Textes (siehe § 2.2), mit oder ohne Wiedergabe des Inhalts in einer Zusammenfassung oder einer Darstellung.

2.3.6 Dialogische Formen

Zahlreiche Meisterwerke der Philosophie wurden in dialogischer Form geschrieben. Man denkt sofort an die Dialoge von Platon, Hume, Leibniz und anderen. Oder an Werke in dialogischer Briefform aus der Zeit der Aufklärung. Auch Texte von Wittgenstein haben eine Dialogform, die allerdings etwas eigenartig ist: Es wird in der Schwebe gelassen, wer der Sprecher und wer der Adressat ist.

So großartig diese Werke sind und so naheliegend diese die Dialektik der philosophischen Diskussion nachzeichnende Form des Schreibens ist, so wenig darf diese einen darüber hinwegtäuschen, dass sie eine sehr anspruchsvolle Form des Schreibens ist. Sie ist unter anderem deshalb anspruchsvoll, weil andere Aspekte der literarischen Gestaltung hinzukommen, welche linear darstellende Formen nicht haben. Nicht nur deswegen wird dann die Bewertung einer solchen Arbeit schwierig, sondern auch deshalb, weil man Unklarheiten und Argumentationsprobleme schneller dem einen Dialogpartner unterschieben und damit verstecken kann. Zudem ergibt sich das Problem der Einbettung in andere Textsorten: Man kann einen Dialog nicht einfach in einen Essay oder eine längere Arbeit einfügen. Der Dialog ist ein Kunstwerk für sich.

Trotz dieser Probleme: Auch dialogische Formen eignen sich als Schreibarbeiten im Philosophieunterricht. Sie sind gerade deshalb sinnvoll, weil sie mehr Freiraum für literarische Gestaltung zulassen. Damit ergibt sich ein Paradox: Der Dialog ist zugleich eine der anspruchsvollsten Formen des Schreibens und eine, welche den Schülern, die weniger an Philosophie interessiert sind, das philosophische Schreiben erleichtert. Das ist kein Widerspruch, weil sich der philosophische Anspruch im ersten Fall auf das fertige Produkt bezieht, im zweiten Fall auf den Einstieg; der Einstieg in das philosophische Schreiben kann über einen Dialog leichter sein.

2.3.7 Interaktive Formen

Zu den interaktiven Formen des philosophischen Schreibens zählt der philosophische Briefwechsel. Der philosophische Briefwechsel hat eine lange Tradition in der Geschichte der Philosophie. Man denkt sofort an die zum Teil sehr ausgedehnten Briefwechsel, die Philosophinnen und Philosophen untereinander und mit den verschiedensten Gelehrten in der Zeit der Aufklärung geführt haben. Er ist eine Form des interaktiven Schreibens, die zwischen den Schülerinnen und Schülern einer Klasse oder verschiedener Klassen und Schulen eingesetzt werden kann. Man kann im Brief Darstellung, Kommentar und Stellungnahme verbinden und neue Argumente entwickeln. Die Antwort des Briefpartners, die sich vorzugsweise auf die Thesen und Argumente des zu beantwortenden Briefs bezieht und eine Kritik davon enthält, kann sehr anregend auf die Weiterentwicklung der Gedanken wirken. Computer und Internet erlauben heutzutage einen schnellen schriftlichen Austausch per E-Mail mit Menschen, die sich zeitgleich an den verschiedensten Orten befinden. Computer und Internet können somit auch eingesetzt werden, um einen philosophischen Briefwechsel zu führen.

Computer und Internet ermöglichen noch eine andere Form des interaktiven Schreibens, den Beitrag zu einem **Forum**. In einem auf dem Internet befindlichen Forum kann eine ganze Gruppe von Leuten eine Diskussion so führen, dass jeder Teilnehmende seinen Beitrag hinzufügen kann und die Diskussionsstruktur mit allen bisherigen Beiträgen allen Teilnehmenden ersichtlich ist. Solche Foren können entweder allen Internetbenützern oder nur einer definierten, mit Zugangsrechten ausgestatteten Gruppe zugänglich sein. Sollen nur die Schülerinnen und Schüler Zugang zu einem Forum haben, so kann eine entsprechende Internetseite eingerichtet werden. Computer und Internet bieten somit ein interessantes Experimentier- und Übungsfeld für philosophisches Schreiben (siehe Schütze 2008).

2.3.8 Essay

Der philosophische Essay ist so etwas wie die Königsdisziplin unter den hier vorgestellten Textsorten. Hier kommen nicht nur verschiedene Formen des Schreibens zusammen, nämlich Darstellung und die überarbeiteten Kommentare und Stellungnahmen. Diese Formen werden auch zu einem Ganzen zusammengefügt, das für sich selbst steht. Selbst längere Formen des philosophischen Schreibens sind gegenüber dem Essay insofern als weniger vollendet anzusehen, als dass der Essay eine übersichtliche, abgeschlossene Form aufweist, die dem längeren Text fehlt, oder anders gesagt: Da es keine Beschränkung der Länge eines Essays gibt, kann man den längeren Text, sofern er eine übersichtliche, abgeschlossene Form aufweist, auch als «Essay» bezeichnen. Einzig die Textform Dialog kann den Vergleich mit dem philosophischen Essay als Kunstwerk aufnehmen.

Was ist ein philosophischer Essay? Der philosophische Essay ist ein Aufsatz, in welchem eine philosophische These begründet wird. Jay Rosenberg (1942–2008) definiert in seinem Buch *Philosophieren. Ein Handbuch für Anfänger* (1986), einer sehr guten Einführung in das philosophische Schreiben, den philosophischen Essay wie folgt (1986: 81):

> «Im Wesentlichen ist er die begründete Verteidigung einer These. Im Essay muss es einen oder mehrere Punkte geben, die zu beweisen sind, und es sollten Überlegungen vorgebracht werden, die sie stützen – und zwar so, dass auch erkennbar ist, dass die Überlegungen sie stützen».

Wie schreibt man einen philosophischen Essay? Dazu kann man den KKK-Merksatz benützen: *Konzipieren, Komponieren, Korrigieren*. Zuerst geht es darum, den Essay zu planen, dann darum, ihn zu schreiben, und schließlich darum, ihn auszubessern.

Konzipieren: Bei der Konzeption eines Essays ist es hilfreich, eine einfache Dreiteilung vorzunehmen: Einleitung, Hauptteil, Schluss. In der Einleitung des Essays sollte eine Frage stehen, im Schluss eine Antwort, und im Hauptteil soll diese Antwort auf nachvollziehbare Weise begründet werden. Noch etwas ausführlicher formuliert, bestehen die drei Teile aus der Beantwortung folgender Fragen, wobei nur die Beantwortung der fett gedruckten Frage notwendig ist und die anderen lediglich zur Anregung dienen:

1. Einleitung
   Was ist die Frage, die ich beantworten will?
   Weshalb ist diese Frage wichtig?
   Was will ich zeigen?
   Wie werde ich dabei vorgehen?
2. Hauptteil
   Was ist mein Argument für das, was ich zeigen will?
   Weshalb sind die Prämissen in diesem Argument wahr?
   Was kann man gegen das Argument einwenden?
   Weshalb sind diese Einwände nicht stichhaltig?
3. Schluss
   Was habe ich gezeigt?
   Was sind die wichtigsten Schritte in meiner Argumentation?
   Was ist (noch) nicht gezeigt?

Komponieren: Nun geht es ans Komponieren. Dabei sollte man die genannten vier Grundsätze philosophischen Schreibens beachten (siehe § 2.3.1).

Korrigieren: Hat man den Essay geschrieben, so ist es empfehlenswert, ihn zu korrigieren. Wenn möglich liest man ihn nicht nur stumm, sondern laut sich selbst einmal vor. Wenn der Eindruck entsteht, dass ein Satz erklärt werden sollte, so ist es vielleicht sinnvoll, diesen zu streichen und durch die Erklärung zu ersetzen. Wenn der Eindruck entsteht, dass die Antwort nicht aus der Begründung folgt, so ist die Begründung noch einmal zu prüfen.

Noch etwas Letztes ist zum Essay zu sagen: Es gibt Schülerwettbewerbe, bei denen man philosophische Aufsätze einreichen kann. Zum Beispiel die nationalen Ausscheidungen in Deutschland, Österreich und der Schweiz zur Internationalen Philosophie-Olympiade (siehe Teil II, § 2.1.6). Damit kann sich für die Schülerinnen und Schüler ein zusätzlicher Anreiz zum philosophischen Schreiben ergeben.

2.3.9 Längere Arbeiten

Zu den längeren Arbeiten kann man Schülerarbeiten zählen, die in der Regel zwanzig bis dreißig Seiten lang sind und in Deutschland «Facharbeiten», in Österreich «Fachbereichsarbeiten» und in der Schweiz «Maturaarbeiten» genannt werden. Ebenfalls dazuzählen kann man Proseminar-, Seminar-, Bachelor-, Master- und Doktorarbeiten an Hochschulen und Universitäten. Zusätzlich zu den bisher besprochenen Arbeiten enthalten solche längere Arbeiten meistens ein Inhaltsverzeichnis und ein Literaturverzeichnis.

Aus inhaltlicher Sicht spricht nichts dagegen, dass Schülerinnen und Schüler ein philosophisches Thema für eine selbstständige Arbeit wählen. Übernimmt man als Lehrperson die Betreuung einer solchen Arbeit, so sind die Grundsätze zu beachten, die allgemein für solche Arbeiten gelten. Bei einer philosophischen Arbeit ist es wichtig, dass die Frage nicht nur darauf abzielt, was eine Philosophin oder ein Philosoph oder sonst jemand dazu gesagt hat. Die Frage sollte auf die Sache selbst zielen. Das erste ist eine historische oder ideengeschichtliche Frage, keine philosophische Frage im engeren Sinn. Die Frage sollte also zum Beispiel nicht lauten: «Was schreibt Simone de Beauvoir über die Frau?», sondern: «Was ist die Frau?», vielleicht mit dem informativen Untertitel: «Auseinandersetzung mit Gedanken Simone de Beauvoirs». Die Frage sollte auch nicht lauten: «Welche Vorstellung von Gott haben Christen und Muslime in Deutschland heute», sondern: «Lässt sich Gott vorstellen? Eine philosophische Untersuchung anhand von Ansichten zeitgenössischer Christen und Muslime in Deutschland». (Wird die Arbeit interdisziplinär im Austausch mit Fächern wie Geschichte und Deutsch (Literaturgeschichte) oder Religion und Psychologie geschrieben, so gilt diese Einschränkung natürlich nicht.)

3 Prüfen und Bewerten

Zum Unterricht der Philosophie gehört, dass die Leistungen der Schülerinnen und Schüler geprüft und bewertet werden. In der Regel ist es die Lehrperson, die prüft und bewertet, und somit muss sie dies auch können. So wie man das Planen von Unterricht lernen kann, kann man auch das Prüfen und Bewerten lernen. (Kenneth E. Eble (1923–1988) liefert mit seinem Buch *The Craft of Teaching. A Guide to Mastering the Professor's Art* (1988) ein gutes Beispiel dafür.)

3.1 Prüfen

Die Leistung von Schülerinnen und Schülern muss geprüft werden. Doch wozu muss man überhaupt prüfen? Was soll man prüfen? Und wie soll man prüfen? Auf diese Fragen möchte ich kurz eingehen.

3.1.1 Prüfungszweck

Wozu soll man überhaupt prüfen? Der Zweck des Prüfens im Unterricht kann nicht nur die Produktion von Noten sein. Es mag von Gesetzes wegen vorgeschrieben sein, dass man die Leistung von Schülerinnen und Schülern benoten muss. Doch die Note allein trägt nicht zum Lernen bei. Und da das Lernen das wesentliche Ziel des Unterrichts ist, kann der Zweck des Prüfens nicht allein in der Benotung bestehen. Prüfungen müssen somit noch andere Zwecke erfüllen. Zu den sinnvollen Zwecken gehören zumindest die folgenden:

- **Lerneffekt:** Das Ansetzen von Prüfungen hat einen nicht zu unterschätzenden Lerneffekt. Ein Lerneffekt entsteht bereits dadurch, dass sich die Schülerinnen und Schüler auf die Prüfung vorbereiten und oftmals den behandelten Unterrichtsstoff repetieren müssen. Die Prüfung selbst ist eine weitere Form der Repetition und gibt den Lernenden eine Rückmeldung, welche für den weiteren Lernprozess wichtig sein kann.
- **Motivation:** Die Erkenntnis, dass man etwas gelernt hat, wirkt motivierend. Dies kann auch auf die Lehrperson motivierend wirken.
- **Diagnose:** Sowohl jede einzelne Schülerin und jeder Schüler als auch die Lehrperson erhalten durch der Prüfung Informationen darüber, was und wie gut etwas gelernt wurde, sowie darüber, was noch nicht gelernt wurde.
- **Reduktion von Prüfungsangst:** Wiederholtes und spielerisches Prüfen kann dazu führen, dass Prüfungsangst reduziert wird.

3.1.2 Prüfungsgrundsätze

Was soll geprüft werden? Geprüft werden soll, was gelehrt wurde. Mit der Prüfung soll das geprüft werden, was im oder dank dem Unterricht gelernt werden konnte. Man kann auch sagen, dass geprüft werden soll, ob und wie gut die Lernziele erreicht wurden. Im Philosophieunterricht muss entsprechend geprüft werden, wie gut die Schülerinnen und Schüler gelernt haben, zu philosophieren, d.h. zu argumentieren und begriffliche Fragen zu beantworten. Je nachdem, welches Thema mit welchen Methoden gelehrt wurde, muss geprüft werden, ob die Schülerinnen und Schüler zum behandelten Thema philosophisch diskutieren, lesen oder schreiben können.

Wie oft soll geprüft werden? Um die verschiedenen Zwecke des Prüfens für den Unterricht zu nutzen, ist es sinnvoll, nicht nur am Ende eines Kurses oder Semesters, sondern zwischendurch und mehrmals zu prüfen. Die genaue Anzahl der Prüfungen hängt von der Stundendotation und anderen Faktoren ab und ist für Prüfungen, deren Bewertungen die Grundlage der Zeugnisnote bilden, zum Teil auch gesetzlich geregelt.

Prüfungen können schriftlich oder mündlich sein. Für mündliche Prüfungen kann grundsätzlich Unterrichtszeit verwendet werden. Die Schülerinnen und Schüler sollten gleichzeitig einen Einzelarbeitsauftrag erhalten für die Zeit, in der sie nicht selber geprüft werden. Eine mündliche Prüfung muss nicht lange dauern, aber eine gewisse Zeit ist dennoch nötig, wenn sie sinnvoll sein soll. (Aufgrund meiner persönlichen Erfahrung sind mindestens 3 Minuten für das Abfragen von Wissen und mindestens 6 Minuten für Diskussionsfragen nötig.)

3.1.3 Prüfungsfragen

Gute Prüfungsfragen zu formulieren, ist eine anspruchsvolle Arbeit. Man sollte sich deshalb genug Zeit dafür nehmen. Dies kann auch den Vorteil haben, dass die anschließende Korrektur einfacher und schneller zu erledigen ist.

Einige Fragen sind einfacher zu beantworten als andere. Zum Beispiel ist es einfacher, Wissen wiederzugeben, als ein Argument zu diskutieren. Das bedeutet, dass man grundsätzlich Fragen nach Schwierigkeitsgrad ordnen kann. Wie man eine solche Ordnung allgemein formulieren kann, ist nicht einfach zu beantworten.

Man kann die Ordnung nach der Art der geforderten kognitiven Leistung aufbauen und sich dabei an der Taxonomie der Lernziele im kognitiven Bereich von Bloom (siehe § 1.1) orientieren. Eine Möglichkeit der Kategorisierung ist die Aufteilung in die Anforderungsbereiche Reproduktion, Reorganisation und Transfer/Problemlösendes Denken; zum Teil bestanden oder bestehen entsprechende gesetzliche Vorgaben (siehe Weimer 1991 und Teil II, § 3.4). Eine ähnliche Kategorisierung ist die folgende: Wiedergeben von Wissen, Anwenden von

Wissen, Interpretieren, Urteilen und Argumentieren, Urteilen und Argumentieren in einem größeren Zusammenhang. Aber auch dies ist nur eine Möglichkeit. Entsprechende Fragen können zum Beispiel die folgenden sein, die sich mit Ausnahme der letzten sowohl für schriftliche als auch für mündliche Prüfungen eignen.

1. Wiedergeben von Wissen
   - Definieren Sie den Begriff X/die Position Y in einem Satz!
   - Stellen Sie die Position Y in drei Sätzen dar!
   - Formulieren Sie ein bekanntes Argument für Position Y!
   - Formulieren Sie zwei bekannte Einwände gegen Position Y!
2. Anwenden von Wissen
   - Fällt Aussage A unter den Begriff X?
   - Ist Aussage A ein Gegenbeispiel zur Definition D?
   - Veranschaulichen Sie die Position Y an Beispiel B!
   - Ist Aussage A vereinbar mit der Position Y?
3. Interpretieren
   - Welche Frage wird in dem folgenden Text gestellt?
   - Welche Antwort darauf wird gegeben?
   - Wie wird dafür argumentiert? Rekonstruieren Sie das Hauptargument!
4. Urteilen und Argumentieren
   - Argumentieren Sie für/gegen These T/Argument Z!
   - Ist Argument Z stichhaltig?
   - Verteidigen Sie das Argument Z gegen Einwand S!
   - Erscheint Ihnen These T plausibel? Weshalb?
   - Die Aussagen P, Q und R schließen einander aus. Wie reagieren Sie?
5. Urteilen und Argumentieren in einem größeren Zusammenhang
   - Sind Sie eine Vertreterin der These T/Position Y?
   - Wie beantworten Sie die philosophische Frage F?
   - Schreiben Sie einen Essay zur philosophischen Frage F!

In der Regel sind Fragen der ersten Kategorien einfacher zu beantworten als Fragen in den letzten Kategorien, aber dies muss nicht immer so sein. Es kann durchaus sein, dass es schwieriger ist, zwei bekannte, aber komplexe Einwände darzustellen, als ein Argument für die Position zu formulieren, die man vertritt. Dennoch kann eine solche Ordnung bei der Formulierung geeigneter Prüfungsfragen helfen.

Je nach Fähigkeit, die geprüft werden soll, ist auch die Fragestellung verschieden. Man kann in Philosophieprüfungen Fragen der Kategorien eins, zwei und drei stellen, doch sind die Fragen der Kategorien vier und fünf besonders wichtig, da damit die philosophische Fähigkeit zu argumentieren geprüft werden kann. Insofern sind solche Fragen, so anspruchsvoll sie sein mögen, für die Prüfung im Philosophieunterricht essenziell.

Wenn verschiedene Kenntnisse und verschiedene Arten von Fertigkeiten geprüft werden sollen, so müssen entweder verschiedene Fragen gestellt werden oder eine Frage, welche den Einsatz der zu prüfenden Kenntnisse und Fertigkeiten erfordert, d.h. Fragen von der fünften Kategorie. Soll man nun mehrere Fragen oder eine Frage stellen? Man sollte zumindest in den ersten Prüfungen mehrere Fragen stellen, denn wenn man nur eine Frage stellt und diese ist zu einfach, so wird nicht ersichtlich, was die Schülerinnen und Schüler zusätzlich leisten können; ist sie zu schwer, so wird nicht ersichtlich, was diejenigen Schülerinnen und Schüler leisten können, welche diese eine schwierige Frage gar nicht beantworten können, aber einfachere Fragen hätten beantworten können. Wenn man mehrere Fragen und vor allem Fragen von niedrigerem Schwierigkeitsgrad formuliert, können mehr Schülerinnen und Schüler ihre Leistung zeigen. Es ist dann für die Lehrperson auch einfacher, eine gerechte Bewertung der Leistung durchzuführen.

Immer wieder sollte man sich die Zwecke des Prüfens vor Augen führen und sich bei jeder Prüfung überlegen, ob sie diese erfüllt.

Überraschungstests erfüllen keine zusätzliche Funktion im Prozess des Lernens und führen zu kontraproduktivem Stress. Prüfungen sind nicht wesentlich an Noten gebunden; man sollte immer wieder auch Prüfungen durchführen, die nicht benotet werden.

3.2 Bewerten

> *There is a time to encourage and a time to evaluate.*
> *Don't confuse them.*
>
> Merton French (1905–1995), zit. n. Perry (2001: xiii)

Wir bewerten bewusst und unbewusst Entscheidungen und Handlungen anderer, und wir passen unsere Bewertungen kontinuierlich an. Einige dieser Bewertungen machen wir explizit, indem wir unsere Mitmenschen für ihr Verhalten loben und tadeln. Viele unserer bewussten Bewertungen behalten wir aus Gründen der Konvention oder Rationalität für uns. Eine unbestimmbare Anzahl unserer Bewertungen ist uns selbst nicht bewusst. Sie zeigen sich in unserem Verhalten.

Im Unterricht sind die expliziten Formen des Lobes und des Tadels Legion, und das aus einem einfachen Grund: Sie sind Mittel des Unterrichtens (und mehr noch des Erziehens). Negative Bewertungen können Folgen für das Leben von Schülerinnen und Schülern haben, die weit über die Schule hinaus gehen. Wem immer wieder gesagt wird, er sei dumm, der wird beginnen, es selbst zu glauben (siehe Jegge 1972). Positive Bewertungen können hingegen motivierend wirken. Sie verlieren jedoch ihre Wirkung, wenn sie ohne erkennbare Kriterien gesetzt werden, insbesondere dann, wenn sie keine Leistungsunterschiede widerspiegeln.

Bewertungen im Unterricht sind oftmals die Grundlage für Noten oder werden als Noten ausgedrückt. Welche Schülerleistungen für die Bestimmung der Zeugnisnote herangezogen werden dürfen und in welcher Form die Bewertung ausgedrückt wird, ist gesetzlich geregelt. Darauf gehe ich hier nicht ein. Vielmehr will ich hier einige allgemeine Grundsätze des Bewertens und Benotens im Philosophieunterricht vorstellen.

3.2.1 Bewertungsgrundsätze

Was kann überhaupt bewertet werden? Grundsätzlich kann die Schülerleistung in einer Prüfung (schriftlich oder mündlich), einer Mitarbeit im Unterricht (schriftlich oder mündlich) oder einer Arbeit außerhalb des Unterrichts (schriftlich) bewertet werden. Zur Mitarbeit im Unterricht zähle ich jede Leistung, die im Unterricht geleistet wird und keine Prüfung ist.

Wie soll bewertet werden? Wenn es darum geht, Schülerleistung bewusst zu bewerten, so stellt sich die Frage, was eine *gerechte Bewertung* ist. Dies ist eine philosophische Frage. Eine einfache Antwort, mit der alle vorbehaltlos einverstanden sind, wird es wohl nicht geben. Dennoch muss man die Frage irgendwie beantworten, will man sich bei der Bewertung von Schülerleistungen moralisch orientieren. Folgende Vorschläge mögen Teil der Antwort sein:

Die Bewertung einer Schülerleistung ist gerecht, wenn

- jeder seine Leistung zeigen kann,
- die Bewertung der Leistung entspricht,
- diese Leistung aufgrund von objektiv nachvollziehbaren Bewertungskriterien bewertet wird,
- die Bewertungskriterien allen bekannt sind,
- die Leistung von allen Schülerinnen und Schülern nach denselben Bewertungskriterien bewertet wird und
- jeder die gleiche Aufgabe bekommt oder zumindest eine Aufgabe von gleichem Schwierigkeitsgrad.

In der Regel wird in Prüfungen nur die absolute (d.h. nicht relative) Leistung und nicht der Arbeitsaufwand bewertet. (Mit «relativ» meine ich «relativ zu anderen Leistungen», nicht «relativ zu den Bewertungskriterien», denn das sind Bewertungen immer, auch absolute Bewertungen.)

Die Schülerinnen und Schüler sollten nicht nur über die Bewertungskriterien informiert sein, sondern auch über die Bedingungen der Prüfung (Zeit, erlaubte Hilfsmittel) und den genauen Prüfungsstoff (Lernziele). An der Prüfung selbst sollten die Schülerinnen und Schüler auch informiert werden über die Punkteverteilung bezogen auf die verschiedenen Aufgaben (sofern es mehrere sind) oder zumindest den Anteil jeder Aufgabe zur Gesamtbewertung.

3.2.2 Bewertungskriterien

Bei schriftlichen Prüfungen, die eine längere schriftliche Antwort verlangen, und bei schriftlichen Arbeiten, die als Mitarbeit im Unterricht zählen oder als Hausarbeit gemacht wurden, müssen Bewertungskriterien festgelegt werden. Zunächst gibt es ein formales Kriterium: Der Text erfüllt die formalen Bedingungen (bezüglich Aufbau, Länge und dergleichen mehr). Inhaltliche Kriterien lassen sich leicht durch Umformulierung der Grundsätze für schriftliche Arbeiten erhalten (siehe § 2.3.3):

1. Die Sprache ist klar.
2. Der Inhalt ist korrekt und genau.
3. Die Thesen werden mit guten Argumenten gestützt.
4. Die verschiedenen Teile sind für die Beantwortung der Frage relevant, und die formulierten Gedanken sind originell und subtil.

Für die Bewertung eines Essays können zum Beispiel die Kriterien von der Internationalen Philosophie-Olympiade übernommen werden. Diese lauten:

1. Relevanz für das Thema *(relevance to the topic)*.
2. Philosophisches Verständnis des Themas *(philosophical understanding of the topic)*.
3. Güte der Argumentation *(power of argumentation)*.
4. Kohärenz *(coherence)*.
5. Originalität *(originality)*.

Bei Arbeiten, die als Mitarbeit zählen oder die als Hausarbeit gemacht wurden, kann man die relative Leistung oder den Arbeitsaufwand bewerten. Zum Beispiel kann man es als eine gute Leistung bewerten, wenn der Arbeitsaufwand geleistet oder die Aufgabe sinnvoll bearbeitet wurde, und als eine schlechte Leistung, wenn dies nicht zutrifft.

Bei der Bewertung von mündlichen Prüfungen und mündlicher Mitarbeit im Unterricht müssen ebenfalls Bewertungskriterien aufgestellt werden. Da die Lehrperson zum Teil unter Zeitdruck und mit praktikablem Zeitaufwand bewerten muss, sollte die Anzahl der Kriterien überschaubar sein. Drei bis fünf Kriterien scheint ein gutes Mittelmaß zwischen Praktikabilität und Differenzierung zu sein. Kriterien für die Bewertung einer mündlichen Prüfung können ähnlich wie diejenigen für schriftliche Arbeiten formuliert werden. Zum Beispiel so:

Die Schülerin/der Schüler
1. drückt sich klar aus,
2. gibt relevante philosophische Thesen und Argumente korrekt und genau wieder und
3. begründet die eigene Ansicht mit guten Argumenten.

Für die Mitarbeit im Unterricht kann man zum Beispiel die folgenden Kriterien aufstellen:

Die Schülerin/der Schüler
1. beteiligt sich rege am Unterricht,
2. gibt inhaltlich korrekte Antworten auf Fragen,
3. stellt weiterführende Fragen und
4. führt die Gedanken anderer weiter.

3.2.3 Benotungsgrundsätze

Bewertungen von Prüfungen und anderen Arbeiten sind im Unterricht oftmals die Grundlage von Noten. So ist es auch im Philosophieunterricht. Für viele Lehrpersonen ist das Setzen von Noten eine unangenehme Tätigkeit. Weshalb? Wohl deshalb, weil es einerseits anstrengend ist und andererseits nicht dem wesentlichen Ziel des Unterrichts dient, nämlich dem Lernen (siehe § 3.1.1). Wenn man jedoch bedenkt, welche Bedeutung Noten von Schülerseite gegeben wird, so sind Noten durchaus ein Faktor zum Erreichen des Unterrichtsziels: Schülerinnen und Schüler wollen gute Noten, und sie lernen unter anderem dafür, dass sie gute Noten erhalten. Man kann diesen Zustand bedauern und andere Zustände herbeiwünschen, doch entspricht dieser Zustand der Realität, mit der man sich als Lehrperson im öffentlichen Schuldienst abgeben muss. Solange Schülerinnen und Schüler lernen, um unter anderem gute Noten zu bekommen, sollte man dies als Chance wahrnehmen und so gut als möglich nützen, um das Unterrichtsziel zu erreichen.

Noten allein sagen nichts über die tatsächliche Leistungsfähigkeit von Schülerinnen und Schülern aus. Erst wenn man die Noten in Beziehung zu den Lernzielen und Bewertungskriterien setzt, den Notenschlüssel hinzunimmt und beachtet, welche Ziele vom Kandidaten genau erreicht und welche Kriterien erfüllt wurden, erhält die Note einige Aussagekraft. Doch selbst dann müsste geklärt werden, was im konkreten Fall als ein Erreichen des Ziels und was als ein Erfüllen des Kriteriums gilt und was nicht. Die Unterschiede zwischen verschiedenen Prüfenden in der Anwendung von Kriterien auf konkrete Fälle können so groß sein, dass dieselbe Arbeit von der einen Person diese Note und von der anderen eine andere Note erhält. Somit sollte man Noten gegenüber generell misstrauisch sein. Dieses Misstrauen gilt auch für die eigenen Noten, die man setzt. Denn die eigenen Lernziele und Bewertungskriterien können von denen einer anderen Lehrperson in demselben Fach auf derselben Stufe durchaus verschieden sein. Ebenso kann die Anwendung der Kriterien verschieden sein. Schließlich kann es zu Bewertungsfehlern kommen: Die Leistung wird aus irgendeinem Grund besser oder schlechter eingeschätzt, als sie tatsächlich ist. Die Gründe dafür, die von der Psychologie untersucht und zum Teil mit Namen versehen werden, können vielfältig sein, unter anderen der erste Eindruck (Primacy-Effekt), Persönlichkeitsmerkmale (Halo-Effekt), die bisherige Leistung, die Erwartung der zukünftigen Leistung, die Reihenfolge (der Korrektur) der Prüfungen, die Leserlichkeit der Schrift, die (mangelnde) Konzentration. Man sollte deshalb Noten gegenüber misstrauisch sein, ihnen nicht eine Aussagekraft zuschreiben, die sie nicht haben. Das heißt jedoch nicht, dass man das Benoten selbst nicht wichtig nehmen sollte. Im Gegenteil! Gerade weil Noten vonseiten der Schülerinnen und Schüler eine sehr große Bedeutung beigemessen wird, muss man das Benoten selbst wichtig nehmen.

Wie soll man beim Setzen von Noten vorgehen? Noten sollten zuallererst gerecht sein (siehe § 3.2.1). Somit lautet der erste Grundsatz des Benotens:

- **Sei gerecht!**

Aufgrund der geringen Aussagekraft von Noten und der permanenten Gefahr von Beobachtungsfehlern müssen wir auch unseren eigenen Noten gegenüber misstrauisch sein: Unsere Benotungen sind nicht immer gerecht. Noten, die schlechter sind als die gezeigte Leistung, stellen aufgrund der Konsequenzen zumeist ein größeres Unrecht dar als Noten, die besser sind als die gezeigte Leistung. Aus diesem Grund sollte man im Zweifelsfall eine Leistung eher besser als schlechter benoten, d.h. großzügig sein. Es gilt somit als zweiter Grundsatz des Benotens:

- **Sei großzügig!**

Für den Grundsatz spricht auch, dass bessere Noten motivierend wirken können. (Die Befolgung des Grundsatzes hat auch eine angenehme praktische Folge für die Lehrperson: Es gibt weniger Gründe für Notendiskussionen, da die Lehrperson im Zweifelsfall bereits die bessere Note gesetzt hat.) Der Grundsatz impliziert nicht eine geringe Leistungserwartung. Denn der Grundsatz bezieht sich auf die Benotung, nicht auf die Lernziele und Prüfungsfragen: Gegeben diese Lernziele und diese Prüfungsfragen, soll das, was geleistet wird, großzügig benotet werden. Der Grundsatz impliziert auch nicht generell gute Noten. Denn wenn keine gute oder sehr gute Leistung erbracht wird, kann auch keine gute oder sehr gute Note gegeben werden.

Damit man den ersten Grundsatz auch möglichst gut erfüllt, d.h., damit die Bewertung durch die Note der tatsächlichen Leistung entspricht, sollte man sorgfältig vorgehen. Dies ist der dritte Grundsatz des Benotens:

- **Sei sorgfältig!**

Damit ist das Kapitel zum Prüfen und Bewerten von Leistungen im Philosophieunterricht beendet, und ich komme zur Darstellung einiger weiterer Möglichkeiten, wie man Schülerinnen und Schüler zu philosophischem Denken anregen und motivieren kann.

4 Anregen und Motivieren

Es gibt vielleicht Menschen, denen es beim philosophischen Diskutieren, Lesen und Schreiben nie langweilig wird. Doch die meisten Menschen, auch diejenigen, die sich für Philosophie besonders interessieren, brauchen zumindest ab und zu Anregung und Motivation. Wer sich zunächst wenig oder gar nicht für Philosophie interessiert, der braucht diese umso mehr. Ich versuche in diesem Kapitel einige Hinweise dazu zu geben, wie man jemanden zu philosophischem Denken anregen und zur philosophischen Arbeit motivieren kann.

4.1 Anregen

Die Anregung zum philosophischen Denken ist in der Philosophie bereits enthalten. Denn die Philosophie stellt Fragen, und Fragen verlangen nach einer Antwort. Wenn man eine Antwort auf diese Frage gibt, taucht schnell einmal ein Problem und damit eine neue Frage auf: Wie soll das Problem nun gelöst werden?

Nicht immer ist jedoch die philosophische Frage oder das philosophische Problem für Schülerinnen und Schüler anregend genug. Zum Beispiel dann, wenn sie kein Interesse an der Beantwortung der Frage haben. Zur Anregung philosophischen Denkens eignet sich deshalb die Anknüpfung an bereits existierende Interessen. Eine solche Anknüpfung ergibt sich für viele Schülerinnen und Schüler fast von selbst bei Themen der angewandten Ethik. Hier haben viele Schülerinnen und Schüler von sich aus philosophische Fragen oder entwickeln schnell solche: Wie soll ich mich angesichts der Armut in der Welt verhalten? Wie soll ich mich der Natur gegenüber verhalten? Darf ich Fleisch essen? Das Anregungspotenzial solcher Fragen sollte man im Unterricht nützen. Auch bei abstrakteren Themen der praktischen Philosophie und Themen der theoretischen Philosophie lassen sich Anknüpfungspunkte finden. Zum Beispiel kann man die Astrologie bei der Einführung in die Wissenschaftstheorie herbeiziehen (siehe Thaggard / Hausmann 1980) und klassische Paradoxien beim Einstieg in die Metaphysik (siehe z.B. Rosenberg 1986; Cuonzo 2002).

Anknüpfungspunkte an Schülerinteressen können auch Texte bieten, die nicht philosophisch im strengen Sinn sind, ebenso wie Bilder und Filme. Anregung kann auch erreicht werden, indem man das Philosophieren mit künstlerischen Tätigkeiten verbindet oder mit den Schülerinnen und Schülern eine Exkursion durchführt. Einige der Möglichkeiten möchte ich hier kurz vorstellen.

4.1.1 Literarische Texte und Zeitungsartikel

Die Grenze zwischen literarischen und philosophischen Texten lässt sich nicht eindeutig ziehen. So gelten einerseits die platonischen Dialoge auch als Meisterwerke der Weltliteratur. Andererseits werden auch in zahlreichen literarischen Texten philosophische Fragen angesprochen. Hier seien nur einige der zahlreichen Werke genannt, die sich in Auszügen gut im Unterricht einsetzen lassen. (Für eine kommentierte Auswahl verschiedener Textauszüge zum Einsatz auf verschiedenen Schulstufen siehe das Themenheft «Leselust» der Zeitschrift *Ethik und Unterricht* 1/08).

Logik, Sprachphilosophie, und Erkenntnistheorie
Lewis Carroll, *Alice im Wunderland* (siehe Herold 1981; O'Connor 2001), Jonathan Swift, *Gullivers Reisen*.

Metaphysik (von Raum und Zeit)
Jorge Luis Borges, *Erzählungen*, Michael Ende, *Momo – Die unendliche Geschichte*.

Politische Philosophie
George Orwell: *1984*

Ethik, Moralpsychologie und Religionsphilosophie
Fjodor Dostojewskij, *Verbrechen und Strafe* (siehe Cox 2000); Friedrich Nietzsche, *Also sprach Zarathustra*; Hermann Hesse, *Siddharta*; Friedrich Dürrenmatt, *Die Physiker* und *Der Verdacht* (siehe Petersen 1995), Franz Kafka, *Die Verwandlung*.

Zeitungsartikel können den von Schülerseite manchmal erbetenen Aktualitätsbezug herstellen. Insbesondere Fragen der Ethik und der Politischen Philosophie werden in guten Tageszeitungen besprochen. Zeitungsartikel können eine Grundlage für eine Diskussion über ein Thema bieten (siehe §2.1.2). Ist der Artikel philosophisch, kann man darüber wie über jeden anderen philosophischen Text diskutieren (siehe §2.1.3).

4.1.2 Bilder und Filme

In der Philosophie geht es um Grundsätzliches und damit um Abstraktes, und das kann man schlecht in Bildern darstellen. Dennoch können Bilder auch im Philosophieunterricht eingesetzt werden.

- **Zur Visualisierung.** Mit einer Zeichnung kann man zum Beispiel ein Modell von einem Kausalzusammenhang darstellen. Mit einem Bild kann man zum Beispiel die Unterscheidung in primäre und sekundäre Qualitäten veranschaulichen. Mit einem Porträt von einer Philosophin oder einem Philosophen kann man das Schülerinteresse an der Person teilweise befriedigen und anschließend erweitern.
- **Zur Auflockerung.**
- Als **Ausgangspunkt für eine Diskussion** über ein Thema (siehe §2.1.2). Eine besondere Rolle kommt Bildern in der *Ästhetik*, der *Erkenntnistheorie* und der *Ontologie* zu.

Wird ein Bild als Ausgangspunkt für eine Diskussion gewählt, so kann man zum Beispiel zunächst eine oder mehrere der folgenden Fragen stellen: Wovon handelt dieses Bild?, Wer ist der Urheber des Bildes?, Was wird mit diesem Bild ausgedrückt?, Ist das Bild schön?, Ist es hässlich?, In welchem Verhältnis steht dieses Bild zur Natur?, Welche Gefühle löst dieses Bild aus?, Welchen Zweck erfüllt dieses Bild in der Gesellschaft?, In welchem Verhältnis steht diese Künstlerin/dieser Künstler zum Kunstwerk?

Daran anschließend kann man zum Beispiel eine oder mehrere der folgenden philosophischen Fragen diskutieren: Was ist Schönheit?, Was ist Hässlichkeit?, Was unterscheidet ein Bild, das ein Kunstwerk ist, von einem Bild, das kein Kunstwerk ist?, Handelt ein Bild immer von etwas? Hat ein Bild eine Bedeutung?, Was heißt es, dass ein Bild Bedeutung hat?, Kann man ein Bild verstehen?, Was heißt es, ein Bild zu verstehen?, Kann man mit einem Bild etwas ausdrücken?, Was kann man mit einem Bild ausdrücken?, Was kann man mit einem Bild nicht ausdrücken?, Was heißt es, mit einem Bild etwas auszudrücken?, Kann man mit einem Bild etwas zeigen?, Wie zeigt man etwas? (Zur Bildtheorie siehe Scholz 2002; für eine Unterrichtseinheit zur Kunstphilosophie siehe Wilkes 2004)).

Was für Bilder gilt, gilt grundsätzlich auch für bewegte Bilder. Die meisten Filme sind keine Stummfilme, und mit der Sprache kommen Abstraktion und damit alle Möglichkeiten des Philosophierens ins Spiel. Es gibt zahlreiche Filme, die zumindest zum Teil ein philosophisches Thema haben und sich somit als Ausgangspunkt für philosophische Fragen und Diskussionen eignen (siehe Gill 1977; Peters/Peters/Rolf 2006). Dazu zählen neben Verfilmungen von bereits genannten literarischen Werken die folgenden:

Erkenntnistheorie
Blade Runner (1982, von Ridley Scott), *The Matrix* (*Matrix*, 1998, von Andy Wachowski und Larry Wachowski) und *The Truman Show* (*Die Truman-Show*, 1998, von Peter Weir).

Politische Philosophie
Lord of the Flies (*Der Herr der Fliegen*, 1988, von Harry Hook).

Ethik und Moralpsychologie
M – Eine Stadt sucht einen Mörder (1931, von Fritz Lang), *One Flew Over The Cuckoo's Nest* (*Einer flog über das Kuckucksnest*, 1975, von Miloš Forman), *Monty Python's The Meaning of Life* (*Monty Python: Der Sinn des Lebens*, 1982, von Terry Jones), *Dead Poets Society* (*Der Club der Toten Dichter*, 1988, von Peter Weir); *Gandhi* (1981, von Richard Attenborough).

4.1.3 Künstlerische Tätigkeiten

Das Schreiben von einem Tagebucheintrag oder von einem philosophischen Essay ist zum Teil auch eine künstlerische Tätigkeit, denn es erfordert Können und Kreativität. Man kann den Umfang der Arten von Schreibaufträgen erweitern, indem man **literarische Textsorten** mit einbezieht: Erzählungen, Kurzgeschichten, Theaterszenen, Gedichte und viele mehr. Auch im Philosophieunterricht kann das Schreiben solcher Texte sinnvoll sein.

Eine andere Möglichkeit der künstlerischen Tätigkeit sind **Zeichnungen**. Eine bekannte und gute Aufgabe ist das Zeichnen der Höhle von Platons Höhlengleichnis auf der Grundlage des Textes. Die Aufgabe ist deshalb so gut, weil sie Anfänger zum genauen Lesen zwingt.

Eine weitere Möglichkeit der künstlerischen Betätigung sind **szenische Aufführungen**. Man kann zum Beispiel einen Auszug aus einem Dialog von Platon von Schülerinnen und Schülern aufführen lassen. Auch dies führt dazu, dass Anfänger genau lesen müssen, und es fördert die Gedächtnisleistung und vieles mehr (siehe Maurer 2005).

4.1.4 Exkursionen

Man könnte meinen, dass sich das Fach Philosophie nicht zu Exkursionen eignet. Aber dem ist nicht so. Insbesondere Themen der praktischen Philosophie lassen sich durch Exkursionen sehr gut veranschaulichen und vertiefen. Beispiele in der politischen Philosophie sind die Darstellung von politischer Macht und die Ausübung staatlicher Macht im Gericht, im Gefängnis und in der Schule. Beispiele in der Ethik sind Tierhaltung und die Behandlung von Menschen im Spital, Altersheim, Behindertenheim und Hospiz. Beispiele in der Ästhetik sind Architektur und Kunst.

Eine Darstellung von politischer Macht kann das *Rathaus* einer Stadt sein. Dazu kann man zum Beispiel zunächst folgende Fragen stellen: Welche Wirkung übt das Gebäude auf die Betrachter aus?, Welche Symbole der Macht sind zu erkennen?, Welche Bedeutung haben diese Symbole?, Wie wird mit diesen Symbolen die Macht gerechtfertigt? Daran anschließend kann man zum Beispiel folgende philosophische Fragen diskutieren: Was ist ein Symbol der Macht?, Was ist überhaupt ein Symbol?, Was ist überhaupt Macht?, Was ist staatliche Macht?, Wie lässt sich staatliche Macht rechtfertigen?

Ein Besuch in einem *Spital* kann zur Beantwortung folgender Fragen Anregung bieten: Wer behandelt wen?, Wie wird behandelt?, Welche alternativen Behandlungen gibt es?, Weshalb werden diese alternativen Behandlungen nicht eingesetzt?, Wie gehen Menschen im Spital miteinander um? Daran anschließend kann man zum Beispiel folgende philosophische Fragen diskutieren: Wie sollte behandelt werden?, Wie lässt sich eine Antwort auf diese Frage begründen?, Wie sollten die Menschen im Spital miteinander umgehen?, Wie lässt sich eine Antwort auf diese Frage begründen?

4.2 Motivieren

Ein Ziel des Unterrichts ist es, Schülerinnen und Schüler zum Lernen des Philosophierens zu motivieren. Hier möchte ich kurz darauf eingehen, was man berücksichtigen kann, wenn man darüber nachdenkt, wie man Schülerinnen und Schüler zum Lernen des Philosophierens motivieren kann, ohne jedoch in die umfangreiche psychologische Fachliteratur vorzustoßen. Anschließend gehe ich auf die Motivation der Lehrperson im Philosophieunterricht ein.

4.2.1 Zur Schülermotivation

Wenn man sich überlegt, warum Schülerinnen und Schüler motiviert – oder nicht motiviert oder gar demotiviert – sind, so muss man sich zunächst die Frage stellen, was grundsätzlich motivierend bzw. demotivierend wirkt. Die Motivation von Schülerinnen und Schülern hängt von vielen Faktoren ab; zum einen von Faktoren, welche die Lehrperson mehr oder weniger stark beeinflussen kann, das Auftreten der Lehrperson, ihre Art des Unterrichtens, ihre Motivation für das Fach, ihre Fachkenntnisse und dergleichen mehr; zum anderen von Faktoren, welche die Lehrperson nur minimal oder gar nicht beeinflussen kann, das elterliche Umfeld, das Umfeld der Gleichaltrigen, der Stellenwert des Fachs innerhalb des Curriculums, die Konkurrenz zu anderen schulischen und außerschulischen Tätigkeiten und dergleichen mehr. Einige dieser Faktoren sind den Schülerinnen und Schülern als *Ziele* mehr oder weniger bewusst; sie haben eine Ahnung davon, wozu sie dieses oder jenes tun wollen. Auch die Ziele können sehr vielfältig sein. Eines der Ziele kann sein, dass man Philosophieren lernt um des Lernens willen, weil es Freude und Befriedigung bereitet. Ein anderes Ziel kann sein, dass man lernt, um gute Noten zu haben oder einen guten Abschluss, oder um in der Klasse angesehen zu sein. Diese alle können durchaus vernünftige Ziele sein.

Wenn es stimmt, dass Ziele wichtig für die Motivation und den Lernerfolg sind, so kann es für die Lehrperson hilfreich sein, die Ziele der einzelnen Schülerinnen und Schüler zu kennen. Im jugendlichen Alter sind solche Ziele vergleichsweise stark beeinflussbar. Die Lehrperson kann indirekt darauf einwirken, indem sie die Ziele des Unterrichts und deren Relevanz deutlich macht. Dies gilt auch für jede einzelne Stunde und jedes einzelne Lernziel. Somit ist ein wichtiger Motivationsfaktor, den die Lehrperson beeinflussen kann, die Formulierung der Unterrichtsziele und Lernziele:

Allgemeine Unterrichtsziele und Lernziele klar formulieren und deren Relevanz deutlich machen!

Wenn es stimmt, dass Erfolg motivierend wirkt, so sind alle Lernziele so zu formulieren, dass die Schülerinnen und Schüler sie erreichen können; zugleich dürfen sie aber nicht zu einfach sein, sodass für die Schülerinnen und Schüler keine Herausforderung mehr entsteht. Das richtige Maß zu treffen, ist keine leichte Aufgabe, dennoch kann als Leitidee dienen:

Erreichbare und dennoch herausfordernde Lernziele formulieren!

Wenn es weiter stimmt, dass die Schülerinnen und Schüler sich gegenseitig untereinander motivieren und dies ein wichtiger Faktor der Motivation ist, so ist auch Folgendes zu beachten:

Die Möglichkeiten der Kooperation zwischen Schülerinnen und Schülern erhöhen!

Die Motivation hängt entscheidend davon ab, dass man weiß, wann man mehr fordern und wann weniger fordern muss. Deshalb ist Folgendes wichtig:

Das Auf und Ab der Leistung der einzelnen Schülerinnen und Schüler und der Klasse beachten!

Schließlich gilt es das zu bedenken, was vielleicht für viele Lehrpersonen das Wichtigste ist, nämlich die Motivation, die sich aus dem Fach ergibt, die Neugierde, die durch die Konfrontation mit ungelösten Problemen entsteht, die Freude, die sich beim Erleben der erfolgreichen Lösung eines Problems ergibt, die Anziehungskraft, welche das Vorzeigen einer Technik ausübt und dergleichen mehr:

Fachliche Motivationspotenziale ausschöpfen!

Wenn man sich an diesen Leitideen (siehe Eble 1988: 188–189) orientiert und wenn man die Schülerinnen und Schüler und ihre Leistung respektiert, so motiviert man sie zum Lernen.

4.2.2 Zur Lehrermotivation

Das Unterrichten der Philosophie kann spannend und befriedigend sein. Es kann aber auch langweilig oder frustrierend sein. Dann ist es Zeit, sich der eigenen Interessen wieder bewusst zu werden. Was bedeutet einem dieser Beruf? Wer Philosophie am Gymnasium einmal mit Freude unterrichtete, der hat Interesse sowohl an der Philosophie als auch an der Arbeit mit Jugendlichen. Was fehlt nun? Ist es die Philosophie? Ist es so, dass im Unterricht keine Philosophie stattfindet? Dann gibt es Möglichkeiten, dies zu ändern. Ist es so, dass man gewisse philosophische Fragen weiter diskutieren möchte, als dies mit Anfängerinnen und Anfängern möglich ist? Dann sollte man dieses Interesse außerhalb des Unterrichts verfolgen. Oder mangelt es an der Freude am Umgang mit Jugendlichen? Was hat sich im Vergleich zu früher verändert? Betrifft die Veränderung einen selbst oder die Jugendlichen? Kann man diese Veränderung beeinflussen? Die Gründe des Motivationsmangels können auch tiefer liegen. Jedenfalls liegen sie aber nicht bei den Schülerinnen und Schülern. Diese haben Fragen und wollen etwas lernen.

5 Zusammenfassung

1. Setze dir ein Unterrichtsziel. Beachte dazu das allgemeine Bildungsziel und den Fachlehrplan.
2. Formuliere Lernziele zu diesem Unterrichtsziel.
3. Überlege dir, wie du diese Lernziele erreichen willst.
4. Überlege dir, wie du das Denken der Schülerinnen und Schüler anregen willst. Anregung liefert bereits die Philosophie mit ihren Fragen und Problemen. Bei weniger leicht zugänglichen Themen können Schülerinteressen zum Beispiel mit nichtphilosophischen Texten, Bildern und Filmen sowie künstlerischen Tätigkeiten angesprochen werden.
5. Wenn du mit einem Text arbeiten willst, wähle einen aus, der die Formulierung sinnvoller Lernziele erlaubt bzw. zur Erreichung der bereits formulierten Lernziele dient und der den Kenntnissen und Fähigkeiten der Schülerinnen und Schüler angepasst ist.
6. Wähle sinnvolle Arbeitsformen zum Erreichen der Lernziele, zum Beispiel Lesen und Textarbeit (den Text strukturieren, die Hauptthesen herausarbeiten, die Argumente rekonstruieren), Diskutieren (Interpretieren, Argumentieren), Schreiben (in der Form von Zusammenfassung, Darstellung, Diskussionsprotokoll, Stellungnahme, Essay und anderen).
7. Wähle sinnvolle Sozialformen zu den Arbeitsformen. Lesen im engeren Sinn ist Einzelarbeit; die dazugehörige Textarbeit ist Einzel- oder Partnerarbeit; Diskutieren ist Partner-, Gruppen- oder Klassenarbeit; Schreiben ist Einzelarbeit.

8. Formuliere Arbeitsaufträge zum Erreichen der Lernziele.
9. Füge die Teile zu einem Ganzen zusammen. Bedenke dabei folgenden Grundaufbau: 1) Begrüßung, 2) informierender Unterrichtseinstieg, 3) Informationsinput, 4) Anleitung zu selbstständiger Arbeit, 5) Selbstständige Arbeit, 6) Lernkontrolle, 7) Abschluss und Ausblick.
10. Führe den Unterricht durch. Achte dabei auf Präsentations- und Gesprächstechniken. Setze Medien sinnvoll ein.
11 Formuliere Prüfungsfragen zu deinem Unterricht. Prüfe, was im oder dank des Unterrichts gelernt werden konnte.
12 Korrigiere und bewerte die Prüfungen. Sei dabei gerecht, großzügig und sorgfältig.
13 Evaluiere deinen Unterricht. Was war gut? Was war nicht gut? Wie kann es verbessert werden?

Teil II:
Grundlagen der Fachdidaktik

1 Was ist Fachdidaktik?

Was ist Fachdidaktik? Fachdidaktik ist Didaktik bezogen auf ein bestimmtes Fach. Damit stellt sich zunächst die Frage, was Didaktik ist. Darauf gehe ich im Folgenden als Erstes ein. Ich formuliere einige grundsätzliche didaktische Fragen (§ 1.1) und stelle anschließend einige didaktische Modelle (§ 1.2) vor. Sodann stellt sich die Frage, in welchem Verhältnis die Fachdidaktik zur allgemeinen Didaktik steht (§ 1.3) und in welchem Verhältnis die Fachdidaktik zum Fach steht (§ 1.4). Den eingeführten didaktischen Fragen entsprechend lassen sich auch einige grundsätzliche fachdidaktische Fragen formulieren (§ 1.5).

1.1 Didaktische Fragen

Der Gegenstand der Didaktik ist in einem engeren Sinn der Unterricht – und in einem noch engeren Sinn der Schulunterricht – und in einem weiteren Sinn jegliche Form des Lehrens und Lernens. Im weiteren Sinn sind somit auch autodidaktische Prozesse mit eingeschlossen. Die Didaktik als Lehre des Lehrens und Lernens ist eine Teildisziplin der Pädagogik oder Erziehungswissenschaft. Wie diese lässt sich auch die Didaktik nicht eindeutig von anderen Wissenschaften abgrenzen, da Lehren und Lernen aus verschiedenen Blickwinkeln von verschiedenen Wissenschaften untersucht werden.

Hier ist zunächst die Psychologie zu nennen. Dazu gehören insbesondere die der Allgemeinen Psychologie zugeordnete Lernpsychologie, welche den kognitiven Prozess des Lernens, die Entwicklungspsychologie, welche die kognitive Entwicklung des Menschen, und die Sozialpsychologie, welche Handlungen und deren Auswirkungen innerhalb sozialer Gruppen untersucht. Die pädagogische Psychologie, die als ein Bereich der angewandten Psychologie angesehen wird, studiert das Organisieren von Lernen und somit das Lehren. Sodann ist die Soziologie zu nennen, genauer die pädagogische Soziologie und die Bildungssoziologie. Die pädagogische Soziologie beschäftigt sich mit dem Unterricht und der Erziehung aus soziologischer Perspektive, d.h. es werden die Prozesse innerhalb der Gruppe im Verhältnis zu dieser oder einer anderen Gruppe oder zu einer Gesellschaft sowie die Prozesse zwischen den Gruppen untersucht. Die Bildungssoziologie studiert die gesellschaftlichen, ökonomischen und kulturellen Grundlagen der Bildung und der Bildungsinstitutionen.

Des Weiteren ist die Geschichtswissenschaft zu nennen, genauer der Gebrauch geschichtswissenschaftlicher Methoden in der historischen Pädagogik. Die historische Pädagogik untersucht, wie Unterricht in der Vergangenheit gestaltet wurde und wie Unterricht in der Vergangenheit gedacht wurde, d.h., welche Bedeutung dem Unterricht beigemessen und welche Ziele und Methoden damit verbunden wurden. Schließlich ist auch die Philosophie zu nennen, genauer die Philosophie der Bildung und Erziehung. Sie stellt grundlegende Fragen, hauptsächlich die Bedeutungsfrage, was Bildung und Erziehung überhaupt ist, und die Begründungsfrage, welche Bildung und Erziehung gerechtfertigt ist. Diese Wissenschaftszweige, die sich in der einen oder anderen Weise mit dem Lehren und Lernen beschäftigen, bilden zusammen die Didaktik.

Die zentralen Fragen der Didaktik lassen sich zum Beispiel wie folgt formulieren und kategorisieren:

1. Begrifflich
   - Was ist Lehren und Lernen?
   - Was ist (schulischer) Unterricht?

2. Normativ
   - Wozu soll gelehrt und gelernt werden?
   - Was soll gelehrt und gelernt werden?
   - Wie soll gelehrt und gelernt werden?
   - Wie soll geprüft werden, ob das Gelehrte gelernt wurde?
3. Deskriptiv
   - Wie kann gelehrt werden, damit das Gelehrte (am besten) gelernt wird?
   - Wie lernt man (am besten)?
4. Historisch-deskriptiv
   - Wie werden die normativen Fragen beantwortet?
   - Gemäß welchen Antworten auf die normativen Fragen wird unterrichtet?

Diese Formulierungen und diese Kategorisierung sind weder kanonisch noch abschließend. Sie sollen hier lediglich der Orientierung dienen. Zu beachten ist, dass diese Fragen allgemein formuliert sind, dass man sie aber auch auf ein bestimmtes Fach oder einen Studiengang oder eine Unterrichtseinheit anwenden kann. Je kleiner die Einheit ist, desto mehr spielen kontextuelle Faktoren bei der Beantwortung der Frage eine Rolle.

Die historischen Fragen werden von der historischen Pädagogik und zum Teil auch von der Geschichte der Philosophie oder der Ideengeschichte bearbeitet sowie von der pädagogischen Soziologie und der Bildungssoziologie, sofern sich die Fragen auf die Gegenwart beziehen. Die deskriptiven Fragen werden in erster Linie von der Psychologie bearbeitet, zuweilen in Zusammenarbeit mit der Soziologie. Die begrifflichen und die normativen Fragen können unter anderem als philosophische Fragen verstanden werden und sind deshalb für Philosophinnen und Philosophen von besonderem Interesse.

Bei der Beantwortung der begrifflichen Frage, was Lehren sei, müssen einige handlungstheoretische Unterscheidungen berücksichtigt werden. Wir verwenden «lehren» in der Alltagssprache oftmals als Erfolgsverb: Wenn man sagt «Sie hat ihn schwimmen gelehrt», dann meint man damit auch, dass er jetzt schwimmen kann. Nun kann es aber auch sein, dass der Lernende jetzt die Fähigkeit zu schwimmen noch nicht erlangt hat, die Lehrende jedoch genau dasselbe wie im ersten Fall getan hat. Sollen wir nun sagen, sie hätte ihn nicht schwimmen *gelehrt*, sie hätte es nur *versucht*? Hier scheint es sinnvoll, zwischen zwei Begriffen zu unterscheiden; einem Begriff, wonach der Erfolg für den Vollzug des Lehrens notwendig ist, und einem Begriff, wonach der Erfolg für den Vollzug des Lehrens nicht notwendig ist (siehe Terhart 1977; Oelkers 1985). Verwendet man den ersten Begriff, so ist es nicht sinnvoll, die weitere Frage zu stellen, ob das Gelehrte auch gelernt wurde, denn diese Frage wird ja bereits implizit beantwortet. Man kann auch sagen: Die Vollzugsbedingungen der Handlung fallen bei diesem Begriff mit den Erfolgsbedingungen der Handlung zusammen. Verwendet man den zweiten Begriff, so ist es sinnvoll zu fragen, ob das Gelehrte auch gelernt wurde. Man kann auch sagen: Die Vollzugsbedingungen fallen bei diesem Begriff nicht mit den Erfolgsbedingungen zusammen. Genau deshalb ist dieser zweite Begriff für die Didaktik wichtiger als der erste. Beim Vollzug kann man weiter unterscheiden, ob die Handlung absichtlich oder unabsichtlich vollzogen wird. Man kann jemanden absichtlich oder unabsichtlich verletzen, aber man kann jemanden nicht unabsichtlich grüßen. Wenn die Bewegung unabsichtlich war, dann war es auch kein Grüßen. Ebenso wie Grüßen immer absichtlich ist, so ist auch Lehren immer absichtlich: «Man kann lehren, ohne Erfolg zu haben, aber man kann nicht lehren, ohne es zu intendieren» (Oelkers 1985: 211).

Lernen ist der Erwerb von Wissen, d.h. von Kenntnissen und Fertigkeiten. Zu den Kenntnissen gehört zum Beispiel, dass man weiß, wann und wo Platon gelebt hat, was seine Ideenlehre besagt und welche Einwände man dagegen vorbringen kann. Zu den Fertigkeiten gehören zum Beispiel diejenige, die *Politeia* von Platon (im griechischen Original oder in der deutschen Übersetzung) zu lesen, eine Interpretation des Höhlengleichnisses zu schreiben und an einer philosophischen Diskussion über die Ideenlehre teilzunehmen.

Kenntnisse und Fertigkeiten sind eng miteinander verbunden, sodass es kaum Kenntnisse gibt, die nicht auch Fertigkeiten erfordern, und kaum Fertigkeiten, die nicht auch Kenntnisse erfordern würden. Zuweilen wird die Auffassung vertreten, man könne auch Haltungen (Einstellungen) lernen. Jedenfalls gehört die Erziehung zu gewissen Haltungen zu der in den Lehrplänen in Deutschland, Österreich, der Schweiz und anderen Ländern festgeschriebenen Aufgaben der Lehrkraft. Die Fächer Philosophie und Ethik spielen dabei eine wichtige Rolle (siehe § 2.1.4).

Die normativen Fragen können als philosophische Fragen verstanden werden. Wenn jedoch mit der Beantwortung der Fragen rechtliche Grundlagen geschaffen werden sollen, so sind die Fragen nicht philosophisch, sondern politisch, d.h. Fragen, die von einer dafür autorisierten Instanz beantwortet werden müssen. Man muss somit eine philosophische und eine politische Interpretation der normativen Fragen unterscheiden. Bei den philosophischen Fragen ist zudem zu beachten, dass sie sich unabhängig von der Beantwortung der deskriptiven Fragen nicht sinnvoll beantworten lassen.

Zum Zweck der einfacheren Bezugnahme können den verschiedenen normativen Fragen Namen gegeben werden: Begründungsfrage (Wozu?), Inhaltsfrage (Was?), Methodenfrage (Wie?), Prüfungsmethodenfrage (Wie prüfen?). Zuweilen werden die Begründungsfrage und die Inhaltsfrage der Didaktik in einem engen Sinn zugeordnet, die Methoden und die Prüfungsmethodenfrage der sogenannten Methodik – wobei die Prüfungsmethodenfrage leider oftmals nicht im Detail behandelt wird. Zu beachten ist, dass alle diese Fragen miteinander zusammenhängen, und insbesondere, dass man die Methodenfragen nicht unabhängig von der Begründungs- und der Inhaltsfrage beantworten kann. Genau deshalb ist die Prüfungsmethodenfrage wichtig; sie verbindet die Methodenfrage mit der Inhaltsfrage. Zur Didaktik im weiten Sinn gehören nicht nur alle genannten normativen Fragen, sondern auch die genannten deskriptiven und historisch-deskriptiven Fragen.

Angesichts dieser Aufteilung der Arbeit bei der Beantwortung der Fragen könnte man die These vertreten, dass die Didaktik gar keine *eigenständige* Disziplin sei. Die Didaktik muss in ihren Untersuchungen auf die Psychologie, die Soziologie, die Geschichtswissenschaft und die Philosophie zurückgreifen. Deshalb aber der Didaktik den Stand einer eigenständigen Disziplin abzusprechen, scheint nicht gerechtfertigt. Die Einteilung in verschiedene Wissenschaften wird ja zu einem bestimmten Zweck vorgenommen. Wenn es sinnvoll erscheint, einen eigenständigen Wissenschaftszweig zu institutionalisieren, der sich mit allen Fragen befasst, die sich im Zusammenhang mit dem Lehren und Lernen stellen – und dies ist angesichts der Wichtigkeit des Unterrichts in unserer Gesellschaft durchaus der Fall –, so ist es auch sinnvoll, die Didaktik als eigene Disziplin aufzuführen. Dabei ist zudem zu berücksichtigen, dass die Didaktik nicht nur eine Wissenschaft ist, sondern auch der Ausbildung von angehenden Lehrkräften dienen kann und in vielen Ländern auch entsprechend institutionell verankert ist.

Angesichts der normativen Frage könnte man auch die These vertreten, dass die Didaktik gar keine *Wissenschaft* sei, denn Wissenschaft beschäftige sich nur mit dem, was ist, nicht mit dem, wie etwas sein soll. Dagegen ist jedoch zu sagen, dass die Didaktik die normativen Fragen nur in Zusammenhang mit den deskriptiven oder historischen Fragen zu beantworten versucht. Somit könnte man zumindest die deskriptiven Teile «Didaktik» nennen. Darüber hinaus ist es nicht von vornherein klar, dass Wissenschaft nicht auch die Frage untersuchen kann, wie etwas sein soll. Wenn sie es nicht kann, so dürfte auch die Philosophie nicht zu den Wissenschaften gezählt werden. Doch wie auch immer man diese Fragen beantwortet: Solange es das Lehren und das Lernen gibt, wird es auch die Lehre vom Lehren und Lernen geben.

Zuweilen wird in der Didaktik, zum Beispiel von Hilbert Meyer (2004), die Frage gestellt: «Was ist guter Unterricht?» (Für eine Zusammenstellung verschiedener Studien, siehe Terhart 2009: 109.)

Diese Frage mag oberflächlich einfach und klar scheinen, sie ist es jedoch bei näherem Hinsehen nicht. Mit «gut» ist hier gemeint «gut, um ein bestimmtes Ziel zu erreichen». In der didaktischen Diskussion wird zwischen der «guten» und der «erfolgreichen» Lehrperson unterschieden (Fenstermacher/Richardson 2005; Berliner 2001). Eine Lehrperson ist gut, wenn sie ihre Schülerinnen und Schüler unterrichtet, wenn sie diese fördert und berät, wenn sie mit den Eltern kommuniziert und mit Kolleginnen und Kollegen kooperiert, wenn sie sich weiterbildet und bei der Schulentwicklung mitwirkt, und dergleichen mehr. Eine Lehrperson ist erfolgreich, wenn ihre Schülerinnen und Schüler das lernen, was sie sie lehren will (oder gemäß Lehrplan lehren sollte). Diese beiden Begriffe sind nicht synonym: Eine gute Lehrperson kann auch eine erfolglose sein, und eine schlechte Lehrperson kann auch eine erfolgreiche sein. Die Unterscheidung lässt sich auf den Begriff des Unterrichts übertragen: Ein guter Unterricht ist einer, der bestimmte Bedingungen erfüllt, und ein erfolgreicher Unterricht ist einer, bei dem die Schülerinnen und Schüler das Gelehrte lernen. Auch diese beiden Begriffe sind nicht synonym: Ein guter Unterricht kann ein erfolgloser sein, und ein schlechter Unterricht kann ein erfolgreicher sein. Wenn Meyer mit «gut» meint «gut, um ein bestimmtes Ziel zu erreichen», so meint er damit «erfolgreich» in dem hier erläuterten Sinn. Die Frage müsste demnach lauten: «Was ist erfolgreicher Unterricht?» Die triviale Antwort auf diese Frage ergibt sich aus der Definition: Der erfolgreiche Unterricht ist der Unterricht, in dem die Schülerinnen und Schüler das Gelehrte lernen. Meyer meint jedoch die Frage: «Wie kann man unterrichten, damit das Gelehrte gelernt wird?» Dies entspricht der oben genannten ersten deskriptiven Frage. Lässt sich die deskriptive Frage unabhängig davon beantworten, was das Gelehrte ist? Meyer scheint dieser Ansicht zu sein. Er schreibt: «Die Kriterien sollen helfen, einen Unterricht hinzubekommen, in dem sowohl das kognitive wie auch das affektive und soziale Lernen der Schülerinnen und Schüler gefördert wird» (Meyer 2004: 12). Ziel des Unterrichts soll also sein, «das Lernen zu fördern». Was damit gemeint ist, bleibt jedoch unklar. Die deskriptive Frage, wie man unterrichten kann, damit das Gelehrte gelernt wird, darf nicht mit der normativen Frage gleichgesetzt werden, wie etwas gelehrt und gelernt werden soll, und die normative Frage darf nicht auf die deskriptive Frage reduziert werden. All dies gilt es zu berücksichtigen, wenn man die Resultate empirischer Studien zur Frage des erfolgreichen Unterrichts interpretiert.

1.2 Didaktische Modelle

Die Beantwortung didaktischer Fragen kann zu einem sogenannten didaktischen Modell führen. Didaktische Modelle können als Produkt der didaktischen Forschung angesehen werden. In Anschluss an Herwig Blankertz (1969) definieren Werner Jank und Hilbert Meyer das didaktische Modell als ein «auf Vollständigkeit zielendes Theoriegebäude zur Analyse und Planung didaktischen Handelns in schulischen und anderen Lehr- und Lernsituationen» (Jank/Meyer 1991: 17). Dabei gilt es zu beachten, dass der Begriff des Modells einen normativen Aspekt aufweist (das Modell als Vorbild) ebenso wie einen analytischen Aspekt (das Modell als eine vereinfachende Darstellung komplexer Sachverhalte und Zusammenhänge; vgl. Terhart 2009: 130). Spricht man also in diesem Zusammenhang von «Theorie», so ist zu beachten, dass damit auch normative Aspekte gemeint sind.

Ich stelle im Folgenden vier allgemeindidaktische Modelle vor: das bildungstheoretische Modell, das lehrtheoretische Modell, das kommunikative Modell und das konstruktivistische Modell. Es gibt weitere didaktische Modelle (siehe Terhart 2009; Lehner 2009; und ausführlicher Jank/Meyer 1991; Peterßen 1996; Krohn 1993), doch sind diese vier besonders wichtig und einflussreich und können bei der Verortung philosophiedidaktischer Ansätze helfen (siehe §4).

Die **bildungstheoretische Didaktik,** die von Wolfgang Klafki (geb. 1927) entwickelt wurde, sieht den Unterricht als einen Prozess der Begegnung der neuen Generation mit ausgewählten bestehenden

Bildungsgütern (Klafki 1958; 1959). Während materiale Bildungstheorien einseitig die Bildung über das Verfügen von Wissen definieren und formale Bildungstheorien auf die Entwicklung der Anlagen des Schülers zielen, versucht das Konzept der kategorialen Bildung diese Einseitigkeiten zu beheben, indem es den materialen, objektbezogenen Zugang und den formalen, subjektbezogenen Zugang miteinander verbindet. Ziel ist die Bildung der jungen Menschen durch deren Begegnung mit Kultur. Dazu hat Klafki fünf grundlegende Fragen der Didaktischen Analyse formuliert (Klafki 1959):

1 Welchen größeren bzw. allgemeinen Sinn- oder Sachzusammenhang vertritt oder erschließt dieser Inhalt? Welches Urphänomen oder Grundprinzip, welches Gesetz, Kriterium, Problem, welche Methode, Technik oder Handlung lässt sich in der Auseinandersetzung mit ihm «exemplarisch» erfassen?

2 Welche Bedeutung hat der betreffende Inhalt bzw. die an diesem Thema zu gewinnende Erfahrung, Erkenntnis, Fähigkeit oder Fertigkeit bereits im geistigen Leben der Kinder meiner Klasse, welche Bedeutung sollte er – vom pädagogischen Gesichtspunkt aus gesehen – darin haben?

3 Worin liegt die Bedeutung des Themas für die Zukunft der Kinder?

4 Welches ist die Struktur des (durch die Fragen 1–3 in die spezifisch pädagogische Sicht gerückten) Inhalts?

5 Welches sind die besonderen Fälle, Phänomene, Situationen, Versuche, Personen, Ereignisse, Formelemente, in oder an denen die Struktur des jeweiligen Inhalts den Kindern dieser Bildungsstufe, dieser Klasse interessant, fragwürdig, zugänglich, begreiflich, «anschaulich» werden kann?

Die ersten drei Fragen beziehen sich auf die Begründung des Unterrichts, die vierte auf die allgemeine Strukturierung des Themas im Unterricht und die fünfte auf die Darstellbarkeit und Zugänglichkeit des Themas im Unterricht. Die Fragen beziehen sich also nicht auf methodische Strukturierung und Planung der konkreten Unterrichtseinheit. In den 1980er-Jahren hat Klafki (1985) das Modell aktualisiert und weiterentwickelt, unter anderem durch den Einbezug von Erkenntnissen aus der Lernpsychologie und Elementen aus der lehrtheoretischen Didaktik.

Die **lehrtheoretische Didaktik,** deren wichtigster Begründer Paul Heimann (1901–1967) ist, wurde in Auseinandersetzung mit dem bildungstheoretischen Modell entwickelt (Heimann/Otto/Schulz 1965; Schulz 1965; Heimann 1976; Schulz 1981). Heimann warf der bildungstheoretischen Didaktik «Stratosphärendenken» vor und entwickelte stattdessen ein Modell, das eine praktische Entscheidungshilfe für die Unterrichtsplanung bieten sollte. Das sogenannte «Berliner Modell» umfasst vier Entscheidungsfaktoren: Ziele, Inhalte, Methoden und Medien. Diese vier Faktoren sind interdependent, d.h. beeinflussen sich gegenseitig. Unterricht ist nicht bildende Begegnung, sondern «zweckrationale und erfolgskontrollierte Organisation von Lehr-Lern-Prozessen» (Terhart 2009: 137). In den 1980er-Jahren wurde das Berliner Modell von Wolfgang Schulz zum «Hamburger Modell» weiterentwickelt, wonach die Planung Unterrichtsziele, Ausgangslage, Vermittlungsvariablen und Erfolgskontrolle umfasst (Schulz 1981).

Die **kommunikative Didaktik,** als deren Begründer Karl-Hermann Schäfer und Klaus Schaller gelten (Schäfer/Schaller 1971; Popp 1976), wurde in Auseinandersetzung mit der bildungstheoretischen und der lehrtheoretischen Didaktik entwickelt. Nicht Inhalte und nicht Lehr- und Lernprozesse stehen in der kommunikativen Didaktik im Vordergrund, sondern der Prozess und die Auswirkungen der sozialen Interaktion im Klassenzimmer. In diesen Prozess bringen die Beteiligten ihre je persönlichen Vor-Erfahrungen ein. Die kommunikative Didaktik orientiert sich zudem am Ziel möglichst herrschaftsfreier Kommunikation im Klassenzimmer. In der Praxis hat die kommunikative Didaktik zu einer Fülle an methodischen Gestaltungsformen geführt, die sich am Schüler, seiner Erfahrung und seinem Handeln ausrichten.

Die normative Frage, warum und was gelehrt und gelernt werden soll, tritt dagegen in den Hintergrund (Terhart 1989: 6).

Die **konstruktivistische Didaktik** ist kein einheitliches Modell, sondern eine Sammlung verschiedener Modelle, die sich auf die konstruktivistische Lerntheorie beziehen, die von Jean Piaget (1896–1980) entwickelt wurde (Piaget 1950; 1961). Die Grundidee der konstruktivistischen Lerntheorie ist, dass Lernen nicht ein passiver, sondern ein konstruktiver Prozess ist, bei dem neues Wissen durch Verbindung bisheriger Erfahrung mit neuer Erfahrung erschaffen wird. Wissen wird nicht einfach vermittelt, sondern muss vom Lernenden selbst erschaffen werden. Die konstruktivistische Didaktik ist der Auffassung, dass es im Unterricht genau darum geht, den Lernenden die Möglichkeit zu geben, Wissen zu erschaffen. Damit stellt sie sich stärker als die anderen genannten Modelle in die Tradition der Reformpädagogik, einer Bewegung seit der Wende zum 20. Jahrhundert, der es darum geht, das eigenständige Lernen, die Selbsttätigkeit und Entdeckerfreude, die natürliche Neugierde, das gegenseitige Helfen und ein möglichst notenfreies Lernen ohne Druck und Lehrerwillkür zu ermöglichen und zu fördern. Als Forum der Reformpädagogik wurde 1921 die *New Education Fellowship* auf Initiative von Beatrice Ensor, Elisabeth Rotten und Adolphe Ferrière gegründet. Zu den Mitbegründern gehörten neben Jean Piaget auch John Dewey (1859–1952), Maria Montessori (1870–1952) und A. S. Neill (1883–1973). Letzterer gründete einige Monate später die unter dem Namen «Summerhill» berühmt gewordene sogenannt «demokratische Schule». Die lernpsychologischen Arbeiten von Piaget bildeten die Grundlagen für didaktische Weiterentwicklungen. Hans Aebli (1923–1990), Schüler von Piaget, führte die kognitionspsychologische Grundlegung des Unterrichts weiter und entwickelte die Methode des operativen Lernens (Aebli 1951; 1976). Ein anderer Schüler von Piaget, Seymour Papert (geb. 1928), entwickelte den Konstruktionismus. Der Konstruktionismus besagt, dass Lernen am effektivsten ist, wenn es Teil von einer Aktivität ist, die der Lernende als die Erschaffung eines sinnvollen Produkts erlebt (Papert 1980; 1987). Wichtige Beiträge zur konstruktivistischen Lerntheorie lieferten Jerôme Bruner (geb. 1915) und David Ausubel (geb. 1918). Bruner (1960; 1966) befürwortet das «entdeckende Lernen», während Ausubel (1963) das rezeptive Lernen in der Anleitung durch den Lehrer höher bewertet.

Die vier Modelle setzen unterschiedliche Schwerpunkte. Elemente des einen Modells können, wie bereits in der Weiterentwicklung der bildungstheoretischen Didaktik geschehen, in ein anderes integriert oder zu einem neuen Modell zusammengefügt werden.

1.3 Fachdidaktik und Allgemeine Didaktik

In welcher Beziehung steht die Fachdidaktik zur Allgemeinen Didaktik? Fachdidaktik und Allgemeine Didaktik unterscheiden sich nicht im pädagogischen Wert ihrer Aussagen, sondern im unterschiedlich weiten Umfang des Geltungsanspruchs (Klafki 1994: 50). Die Allgemeine Didaktik macht Aussagen, die für das Lehren und Lernen im Allgemeinen gelten sollen, die Fachdidaktik hingegen macht Aussagen, die für den Unterricht in einem bestimmten Fach gelten sollen. Somit kann man festhalten: Was als allgemeindidaktisches Prinzip gilt, muss auch als fachdidaktisches Prinzip gelten.

Man könnte nun die Ansicht vertreten, es gebe gar keine Prinzipien, welche für das Lehren und Lernen im Allgemeinen gelten. Doch was bedeutet dies? Man kann in dieser Hinsicht zwei Auffassungen unterscheiden, je nachdem, ob sich die These auf normative oder auf deskriptive Prinzipien bezieht. Wenn sich die These auf normative Prinzipien bezieht, so ist zu prüfen, wie die These allgemein mit dem Skeptizismus normativer Prinzipien zusammenhängt. Wenn sich die These auf deskriptive Prinzipien bezieht, so ist weiter zu unterscheiden, ob damit Prinzipien des Lehrens oder des Lernens gemeint sind. Für das Lehren hat die empirische Forschung gezeigt:

Es gibt nicht eine einzige und immer erfolgreiche Methode, sondern Methoden sind immer unter bestimmten Bedingungen und hinsichtlich bestimmter Ziele mehr oder weniger erfolgreich oder gar hinderlich (Helmke 2003). Für das Lernen konnte die Hirnforschung zumindest Tendenzen feststellen: Lernen wird gefördert durch eine angstfreie Atmosphäre ohne Stress und Druck, durch die Möglichkeit, erkannte Muster an vorhandenes Wissen anzuschließen, durch Einsicht in den Sinn des Lernens, durch zeitlichen Rhythmus und Pausen, durch Eintreffen von Informationen über mehrere Sinne, durch unmittelbare Übung und Anwendung, und dergleichen mehr (siehe Arnold 2002; Herrmann 2006).

Fachdidaktische Prinzipien sind nicht bloß die Anwendung allgemeindidaktischer Prinzipien. Die Bedingungen des Fachs müssen mitberücksichtigt werden, denn je nach Fach sind unterschiedliche Unterrichtsmethoden erforderlich. In der Chemie werden einmal Experimente im Labor durchgeführt, in der Informatik Programmiersprachen gelernt und eingesetzt und in der Philosophie Texte philosophisch gelesen. Die Eigenheiten solcher Tätigkeiten verlangen eigene Arten von Arbeitsformen und somit von Unterrichtsmethoden.

1.4 Fachdidaktik und Philosophie

Im Normalfall sind Fachdidaktik und Fach verschieden. Es ist eines, sich in Mathematik, Biologie oder im Sport auszukennen, und es ist etwas anderes, sich darin auszukennen, wie man Mathematik, Biologie und Sport lehrt. Und dasselbe könnte man auch von der Philosophie sagen: Es ist eines, sich in der Philosophie auszukennen, etwas anderes hingegen, sich darin auszukennen, wie man Philosophie unterrichtet. Dem ist jedoch in der Philosophiedidaktik widersprochen worden: Es bestehe zwischen der Philosophie und der Philosophiedidaktik ein begrifflicher Zusammenhang, den es bei anderen Fächern nicht gebe. Ist die Philosophiedidaktik somit ein Sonderfall?

Wenn die Ansicht vertreten wird, es gebe zwischen der Philosophie und der Philosophiedidaktik einen begrifflichen Zusammenhang, so ist nicht immer klar, was damit gemeint ist. Es sind zumindest zwei Thesen zu unterscheiden:

1. Die Philosophie ist bereits didaktisch.
2. Die Didaktik der Philosophie ist ausschließlich eine Angelegenheit der Philosophie.

Die erste These wird von zwei einander entgegengesetzten Richtungen vertreten. Auf der einen Seite wird sie von Philosophielehrern vertreten, die sich am traditionellen Philosophieunterricht orientieren, auf der anderen Seite von Philosophiedidaktikern, die sich im Rahmen der kommunikativen Didaktik bewegen (siehe §1.2). Die Philosophieauffassungen dieser zwei Richtungen sind derart verschieden, dass man die These als zwei verschiedene Thesen lesen muss.

Gemäß der traditionellen Auffassung besteht der Philosophieunterricht in der Lektüre und Auslegung philosophischer Texte und im Lehrervortrag. Die daran sich orientierenden Philosophielehrer, wie zum Beispiel Jürgen Hengelbrock (1986: 87) und Jacques Muglioni (1992), der ehemalige Generalinspektor der nationalen Bildung in Frankreich, sind der Ansicht, dass die Philosophie Didaktik sei, «weil sie immer schon auf Vermittlung eines Denkprozesses aus ist» (Hengelbrock 1980: 5). Deshalb bedürfe die Philosophie auch gar keiner Didaktik und die Philosophielehrer keiner pädagogisch-didaktischen Ausbildung. Der Philosophielehrer bildet sich stattdessen allein durch die Lektüre philosophischer Werke. Eine pädagogisch-didaktische Ausbildung ist überflüssig, ja sogar von der Art, dass man von einem Glück reden muss, wenn die Lehrkraft keine solche absolviert hat (Muglioni 1992). Die damit vertretene These kann wie folgt formuliert werden:

1a. Die Philosophie im traditionellen Sinn, d.h. das Lesen und Auslegen philosophischer Texte und der philosophische Vortrag, ist bereits didaktisch, weil sie einen Denkprozess vermitteln will.

Die Philosophieauffassung der anderen Richtung ist sehr verschieden davon. Die kommunikative Didaktik setzt das Gespräch zwischen Lehrern und Schülern ins Zentrum des Unterrichts. Philosophiedidaktiker, die sich im Rahmen der kommunikativen Didaktik bewegen, sind der Ansicht, dass die Philosophie bereits Didaktik sei, weil die Philosophie bereits auf die Vermittlung im Dialog aus sei. Die auf Ekkehard Martens zurückgehende «Konstituierungsthese» besagt, dass die Philosophie sich erst im Prozess des Philosophierens konstituiere: «Philosophie bestimmt sich erst im didaktischen Prozess. Philosophie und Didaktik stehen [...] in einem wechselseitigen Beziehungsverhältnis zueinander, sie sind wechselseitig *konstitutiv* als Philosophie-Didaktik» (Martens 1983: 15). Der Prozess des Philosophierens bestehe im wechselseitigen argumentativen Überzeugungsprozess. Philosophie sei deshalb immer schon Didaktik, weil derjenige, der philosophiert, den Gesprächspartner durch Argumente zu überzeugen versuche und auf dessen Zustimmung angewiesen sei: «Philosophie ist didaktisch, insofern sie einen gemeinsamen Lehr- und Lern-Prozess darstellt» (Martens 1979: 11; 1983: 9; siehe auch Heintel 1979: 9; Raupach-Strey 1977: 2). Man kann die vertretene These wie folgt formulieren:

1b. Die Philosophie im Sinne der kommunikativen Didaktik, d.h. der wechselseitige argumentative Überzeugungsprozess, ist bereits didaktisch, weil der Prozess bereits einen gemeinsamen Lehr- und Lernprozess darstellt.

Beide Thesen scheinen auf einer verkürzten Auffassung des Philosophieunterrichts zu beruhen. Die erste berücksichtigt die Eigenheiten von Lernprozessen nicht, die zweite die Eigenheiten der Philosophie nicht. (Lernprozesse finden im Lernenden, nicht im Lehrenden statt, und sie verlangen somit die Berücksichtigung der kognitiven Situation der Lernenden; Philosophie ist die Suche nach Antworten auf philosophische Fragen und somit nicht notwendigerweise ein Überzeugungsprozess.) (Zur Konstituierungsthese von Martens siehe Patzig 1982; Heintel/Macho 1983; Rehfus 1986; Lönz 1986.)

Die zweite These, dass die Didaktik der Philosophie ausschließlich eine Angelegenheit der Philosophie sei, folgt aus der ersten These, dass die Philosophie bereits Didaktik sei, aber nicht umgekehrt. Die zweite These wird von verschiedenen Fachdidaktikern vertreten, im deutschsprachigen Raum unter anderen von Josef Derbolav (1912–1987), der «die didaktische Frage organisch aus der Sinnbestimmung der Philosophie zu entwickeln» versucht (Derbolav 1970: 211; Derbolav 1964), von Wulff Rehfus (1980; 1986a: 98), Josef Schmucker-Hartmann (1980; 1986: 133) und Roland Henke (1989: 16–17), die je unterschiedliche philosophiedidaktische Ansätze vertreten (siehe § 4); in Frankreich ist die These in den Arbeiten der Philosophiedidaktikerinnen Françoise Raffin (Raffin et al. 1994) und Jacqueline Russ (1992; 1998) enthalten; in Italien wird die These von vielen Philosophiedidaktikern vertreten (De Pasquale 1999). Dagegen wenden sich unter anderen Jörg Ruhloff (1986), in Frankreich France Rollin (1982) und Michel Tozzi (1992; 2006), und in Holland Karel van der Leeuw und Pieter Mostert (1988).

Wie lässt sich die These begründen, dass die Didaktik der Philosophie ausschließlich eine Angelegenheit der Philosophie sei? Wulff Rehfus schreibt, dass angesichts des Fehlens einer Theorie des Gymnasiums der Philosophieunterricht von der Philosophiedidaktik gerechtfertigt werden müsse, und weiter (Rehfus 1986a: 98):

«Als Grundlage kann ihr dazu nur die Philosophie dienen. Da es nun «die» Philosophie nicht mehr gibt, bleibt dem Philosophiedidaktiker nichts anderes übrig, als sich entweder einer philosophischen Richtung anzuschließen oder selbst zu rekonstruieren, was Philosophie sein soll. Somit muss die Didaktik der Philosophie notwendig philosophisch sein. Diese Behauptung ist mein erster didaktischer Grundsatz. Was soll er heißen? Dies, dass Philosophiedidaktik nicht nur Techniken bereitstellt, um universitäre Forschungsergebnisse Schülern der gymnasialen Oberstufe lehrbar zu machen. Vielmehr ist Philosophiedidaktik ein selbständiger, philosophisch-systematischer Begründungszusammenhang von Erziehungszielen, Inhalten, Methoden, Lernvorgängen und Lernkontrollverfahren des Philosophieunterrichts».

Dagegen ist einzuwenden, dass der Begründungszusammenhang nicht unabhängig von Erkenntnissen der Lernpsychologie ist. Die Philosophie kann bei der Beantwortung begrifflicher und normativer Fragen der Philosophiedidaktik behilflich sein, zumal diese Fragen als philosophische Fragen verstanden werden können (siehe § 1.1). Dass man diese Fragen aber unabhängig von der deskriptiven Fragen beantworten könnte, d.h. unabhängig von der Frage, wie Lernende lernen und welche Lehrmethoden erfolgreich sind, ist unplausibel. Die Philosophiedidaktik ist kein Sonderfall. Sie teilt mit den anderen Fachdidaktiken dieselbe allgemeine Problematik (Ruhloff 1986: 222).

1.5 Fachdidaktische Fragen

Was sind die Fragen der Fachdidaktik Philosophie? Die Fragen der allgemeinen Didaktik (siehe § 1.1) kann man als Fragen formulieren, die auf den Philosophieunterricht bezogen sind. Also:

1.	Begrifflich
	■ Was ist Lehren und Lernen der Philosophie?
	■ Was ist (schulischer) Unterricht der Philosophie?
2.	Normativ
	■ Wozu soll das Fach Philosophie gelehrt werden?
	■ Was soll im Fach Philosophie gelehrt und gelernt werden?
	■ Wie soll im Fach Philosophie gelehrt und gelernt werden?
	■ Wie soll im Fach Philosophie geprüft werden, ob das Gelehrte gelernt wurde?
3.	Deskriptiv
	■ Wie kann im Fach Philosophie gelehrt werden, damit das Gelehrte (am besten) gelernt wird?
	■ Wie lernt man im Fach Philosophie (am besten)?
4.	Historisch-deskriptiv
	■ Wie werden für das Fach Philosophie die normativen Fragen beantwortet?
	■ Gemäß welchen Antworten auf die normativen Fragen wird das Fach Philosophie unterrichtet?

Wenn man diese allgemeinen Fragen auf einen Studiengang oder eine Unterrichtseinheit anwendet, so sind verschiedene kontextuelle Faktoren zu berücksichtigen. Einer dieser Faktoren ist das Geschlecht. In der philosophiedidaktischen Diskussion ist dieser Faktor bislang kaum untersucht worden – eine bemerkenswerte Ausnahme ist Roland Henke (1998). Dass die Philosophie in ihrer Geschichte eine männerdominierte Angelegenheit ist, muss nicht näher gezeigt werden. Dass sie es aber noch heute ist, bedarf einer Erklärung. Dies ist nicht Aufgabe der Philosophiedidaktik, aber sie ist von dem genannten Umstand betroffen. Allgemein zeigen empirische Studien, dass die Wahrnehmung der Leistung von Frauen oftmals nicht der tatsächlichen Leistung entspricht (Valian 1998). Das führt sowohl zu Ungerechtigkeiten gegenüber Frauen als auch dazu, dass sich die Leistungsmöglichkeiten von Frauen nicht vollumfänglich und zum Nutzen aller entfalten können. Als Lehrperson kann man zumindest Folgendes tun. Erstens, sich der Genderfrage bei der Auswahl der Inhalte und Methoden des Unterrichts bewusst sein und diese dann geschlechtergerecht gestalten. Zweitens, sich der Genderfrage bei der Reflexion über das eigene Verhalten im Unterricht bewusst sein und das eigene Verhalten dann geschlechtergerecht gestalten. Drittens, wo immer möglich weibliche Stimmen zu Wort kommen lassen: alte und neue Philosophinnen ebenso wie Schülerinnen bzw. Studentinnen. (Das Thema «Geschlecht» kann selbst Teil des Unterrichts sein; siehe dazu z.B. Krah-Schulte 1995; Wolf-Devine 2004.)

Ich gehe als Nächstes auf die historischen Fragen ein und skizziere sowohl die Geschichte des Schulfachs als auch der Fachdidaktik (§ 2). Auf die deskriptiven Fragen gehe ich nicht näher ein und verweise hier lediglich auf die Forschung in der allgemeinen Didaktik (siehe § 1.3). Die normativen Fragen diskutiere ich, indem ich die Fragen einzeln vorstelle (§ 3) und auf die wichtigsten fachdidaktischen Ansätze eingehe (§ 4).

2 Geschichte

Ich stelle zuerst die Grundzüge des Fachunterrichts dar, wobei ich mich auf die Geschichte des Schulfachs Philosophie konzentriere, aber auch auf außerschulische Entwicklungen eingehe (§ 2.1). Danach stelle ich die Gründzüge der Geschichte der Fachdidaktik dar (§ 2.2).

2.1 Geschichte des Fachunterrichts

2.1.1 Von den Anfängen zum modernen Gymnasium

Seit es Philosophie gibt, wird Philosophie unterrichtet. Und seit der Antike gibt es philosophische Schulen, zum Beispiel Platons Akademie, Aristoteles' peripatetische Schule oder Epikurs Garten. Im Mittelalter wird Philosophie in Klosterschulen gelehrt, ab dem 11. Jahrhundert in den neu gegründeten Universitäten. Philosophie wird auch in den auf die Universität vorbereitenden «Lateinschulen» unterrichtet, die später auch «Gelehrtenschule», «Gymnasium» und «Lyzeum» genannt werden. Von einem Gymnasium im modernen Sinn und damit von einem Unterricht der Philosophie als Schulfach im modernen Sinn kann man jedoch erst ab der Wende zum 19. Jahrhundert sprechen. Das Gymnasium im modernen Sinn unterscheidet sich vom alten Gymnasium dadurch, dass der Bildungszweck nicht darin besteht, hauptsächlich das Bibelstudium, sondern das Studium verschiedener Fächer zu ermöglichen, und dass der gesellschaftliche Zweck nicht darin besteht, die durch Geburt bestimmte Standeszugehörigkeit zu erhalten und zu festigen, sondern die Zugehörigkeit zu einer bestimmten sozialen Schicht über das Leistungsprinzip zu bestimmen. Die moderne Schule orientiert sich daran, dass die individuelle Leistung gefördert und honoriert werden soll, im Prinzip unabhängig davon, von welchen Eltern der Lernende stammt. Die prinzipielle Unabhängigkeit der Leistungsbewertung von der sozialen Schicht bedeutet nicht, dass Schüler aus sozial niedrigeren Schichten mit gleicher statistischer Wahrscheinlichkeit gute Leistungen erzielen; auch heute ist die statistische Wahrscheinlichkeit, dass jemand, der in einem Akademikerhaushalt aufwächst, später ins Gymnasium gehen wird, höher als diejenige, dass jemand, der nicht in einem Akademikerhaushalt aufwächst, später ins Gymnasium gehen wird (siehe z.B. Kronig 2007). Dies ändert jedoch nichts daran, dass das Prinzip der Leistung gilt.

Für die Philosophie als Schulfach ist noch eine andere Entwicklung prägend. Umfasst die Philosophie als Wissenschaft in der Zeit von der Antike bis ins Mittelalter und in die Neuzeit hinein die meisten anderen Wissenschaften jener Epochen, entstehen in der Neuzeit neue Wissenschaften, die sich nicht zur Philosophie zählen. Die Philosophie wird damit immer mehr zu einer Wissenschaft und auch zu einem Fach unter vielen. Parallel dazu kommt es zwischen 1750 und 1820, wie Ingrid Stiegler (1984; 1986) gezeigt hat, zu einer Neubestimmung der Funktion der Philosophie an der Schule. Die traditionelle didaktische Position, wonach Dialektik und Rhetorik instrumentell der sprachlichen Bildung und wissenschaftlicher Propädeutik dienen, wird durch die Öffnung zu allen Teildisziplinen der Philosophie aufgelöst und geht in eine didaktische Position über, wonach die Philosophie ein didaktisch-methodisches Prinzip des wissenschaftlichen Unterrichts ist.

2.1.2 Das moderne Gymnasium im 19. Jahrhundert

Im deutschsprachigen Raum werden ab 1800 neuhumanistische Reformen eingeleitet. In Bayern erhält 1807 Friedrich Immanuel Niethammer (1766–1848) den Auftrag, ein Reformprogramm für das gesamte Schulwesen im Königreich zu konzipieren. 1808 veröffentlicht er die theoretische Schrift *Der Streit des Philanthropinismus und Humanismus in der Theorie des Erziehungsunterrichts unsrer Zeit* und das *Allgemeine Normativ der Einrichtung der öffentlichen Unterrichtsanstalten in dem Königreiche*. Im *Streit* fasst Niethammer zum Zweck der Argumentation vereinfachend all jene pädagogischen Ansätze unter dem Schlagwort «Philanthropinismus» zusammen, die das Erlernen von berufsbezogenen Fertigkeiten als die zentrale Aufgabe der Schule betrachten, und all jene Ansätze unter dem Schlagwort «Humanismus», die stattdessen die allgemeine Bildung des sprachlich-logischen Intellekts als zentrale Aufgabe der Schule betrachten, und versucht dann, die Einseitigkeiten der beiden Positionen aufzuheben, indem er die Positionen miteinander verbindet (Schauer 2005). Im *Normativ*, das die rechtliche Grundlage für die Durchführung der Reformen bis 1816 bildet, setzt Niethammer seine theoretischen Erkenntnisse in Richtlinien um. Eine «wesentliche Aufgabe» des Gymnasiums besteht demgemäß darin, «die Schüler zum *speculativen* Denken anzuleiten, und sie darinn durch stufenweise Übung bis zu dem Punkte zu führen, auf dem sie für das systematische Studium der Philosophie, womit der Universitäts-Unterricht beginnt, reif seyn sollen». Niethammers Freund, Georg Wilhelm Friedrich Hegel (1770–1831), der von 1808 bis 1816 als Lehrer am Nürnberger Gymnasium tätig ist, begrüßt das *Normativ*. In einem Brief an Niethammer vom 14.12.1808 dankt er Niethammer «drei-, sieben- und neunmal» für die darin vorgesehene «Emporhebung des Studiums der Griechen» und die «Ausmerzung aller der Schnurrpfeifereien von Technologie, Oekonomie, Papillonfangen u.s.f». 1812 verfasst er im Auftrag von Niethammer ein Privatgutachten. (Für eine Darstellung von Hegels Konzeption des Philosophieunterrichts siehe § 2.2.1).

Im Königreich Preußen übernimmt ab 1808 Wilhelm von Humboldt (1767–1835) im Rahmen der Bildungsreform die Leitung der «Sektion des Kultus und des öffentlichen Unterrichts». Damit hat Humboldt in Preußen eine analoge Stellung wie Niethammer in

Bayern inne. 1809 legt er zwei Schulentwürfe vor, den *Königsberger Schulplan* und den *Litauischen Schulplan*, 1810 führt er das Lehramtexamen ein, vereinheitlicht die Abiturprüfung ab 1812 und formuliert 1816 einen «Plan der Unterrichtsverfassung» für einen zehnjährigen Gymnasialkurs. In diesem Lehrplan, der allerdings nie vollständig umgesetzt wird, findet der Philosophieunterricht keinen Platz. Philosophie wird zum didaktisch-methodischen Prinzip, welches die Wissenschaftlichkeit des Unterrichts garantieren soll (Stiegler 1986).

1825 wird mit der zu großen Kluft, die zwischen Gymnasium und Universität bestehe, die Wiedereinführung von ein bis zwei Wochenstunden im Unterricht der *Logik* und der *empirischen Psychologie* begründet. Die Aufgabe dieses Propädeutikunterrichts ist nicht mehr allgemeine Wissenschaftspropädeutik, sondern fachbezogene Studienpropädeutik (Stiegler 1986: 27–30).

1837 wird die philosophische Propädeutik als obligatorisches Fach in die Oberstufe des Gymnasiums in Preußen aufgenommen. Im Verlauf des 19. Jahrhunderts wird es immer schwieriger, Logik und empirische Psychologie als Mittelpunkt der Allgemeinbildung zu begründen und an die zuerst christlichen, dann deutsch-nationalen Bewusstseinsbildungsaufträge anzupassen (Stiegler 1986: 32–33). Bis 1856 besteht diese philosophische Propädeutik als Schulfach, danach verliert sie den Status als eigenständiges Schulfach und soll nun im Rahmen des Deutschunterrichts gelehrt werden. 1892 wird die Propädeutik aus dem gymnasialen Lehrplan ausgeschlossen (Vogel 1980: 253).

Wie im deutschsprachigen Raum kommt es auch in Frankreich zu Beginn des 19. Jahrhunderts, im Ersten Reich (*Premier Empire*, 1804–1814), zu einer Bildungsreform. Die Philosophie ist seither (mit einem Unterbruch 1852–1863) obligatorischer Bestandteil des gymnasialen Unterrichts.

2.1.3 Weitere Entwicklung

Nach dem Ausschluss des Philosophieunterrichts 1892 aus dem gymnasialen Lehrplan in Deutschland kommt es zu einer fachdidaktischen Diskussion über die Begründung des Philosophieunterrichts. Dabei besteht die Grundrichtung der Argumente darin, dass echte Bildung philosophischer Besinnung bedürfe, wobei diese nicht durch die traditionellen Gegenstände Logik und Psychologie zu leisten sei, sondern durch philosophischer Vertiefung der Unterrichtsfächer oder durch ein eigenständiges Fach Philosophie (Vogel 1980; Vogel/Stiegler 1980; Stiegler 1986). Ab 1923 versucht Heinrich Richert, Ministerialrat im preußischen Kultusministerium, den obligatorischen Philosophieunterricht wieder einzuführen, indem die Idee des Bildungseinheitsideals zur Begründung angeführt wird – die Philosophie «soll keine Zersplitterung, sondern innerste Konzentration bringen» (Richert 1924: 25). Der Versuch scheitert teils am «Widerstand kirchlicher Kreise», teils wegen des Fehlens geeigneter Philosophielehrer (Richert 1931: 34; Schreckenberg 1986). Im Rahmen der Gymnasialreform von 1925 werden freiwillige Arbeitsgemeinschaften an Gymnasien eingerichtet. Diese bestehen bis zur nationalsozialistischen Machtübernahme.

Nach dem Zweiten Weltkrieg wird in der *Bundesrepublik Deutschland* Philosophie in verschiedenen Bundesländern und verschiedenen Gymnasiumstypen als Pflichtfach oder als Wahlpflichtfach eingeführt. Mit der Reform der gymnasialen Oberstufe 1972 wird die Philosophie als ordentliches Fach am Gymnasium in allen Bundesländern verankert. In vielen Bundesländern ist Philosophie Wahlpflichtfach in der gymnasialen Oberstufe und kann als Grund- oder Leistungskurs als Abiturfach gewählt werden; in einigen Bundesländern (zum Beispiel in Baden-Württemberg) ist Philosophie Wahlfach in den Stufen 12 und 13. In der *Deutschen Demokratischen Republik* (DDR) wird das Fach Staatsbürgerkunde eingeführt und bleibt bis zur Wiedervereinigung bestehen. Inhalt des Fachs ist marxistisch-leninistische Gesellschaftstheorie:

«Die marxistische Geschichte der Philosophie verfolgt die Geschichte der materialistischen Philosophie, ihren Kampf gegen den Idealismus und die Ablösung einer Form des Materialismus durch die andere, bis zur höchsten Stufe des dialektischen und historischen Materialismus» (*Geschichte der Philosophie*, hrsg. v. der Akademie der Wissenschaften der UdSSR, aus dem Russischen übersetzt, Berlin 1959, Band 1, S. 6; zit. nach Rohbeck 1992: 138)».

In *Österreich* hat der Philosophieunterricht eine lange Tradition. Seit der Schulreform von Leo von Thun-Hohenstein 1849 ist Philosophie obligatorisches Fach am Gymnasium. Der Inhalt der «Philosophischen Propädeutik» besteht entsprechend der Auffassung von Hegel hauptsächlich aus Psychologie und Logik. (Zum Logikunterricht in Österreich siehe Macho 1980.) Später wird das Fach «Philosophischer Einführungsunterricht» (PE) und nun «Psychologie und Philosophie» (PP oder PuP) genannt (Hölzl 2006). Psychologie wird in der vorletzten, 7. Klasse und Philosophie in der letzten, 8. Klasse unterrichtet. (Zur Reform des Lehrplans zu Beginn der 1980er-Jahren siehe Liessman 1981).

In der *Schweiz* steht die Schulbildung unter der Hoheit der Kantone. Dies hat zu unterschiedlichen Schulsystemen geführt. Somit ist auch die Stellung des Philosophieunterrichts von Kanton zu Kanton verschieden (Senti 1979). Es gibt jedoch auch Abkommen, welche die verschiedenen Schulsysteme aufeinander abstimmen und gewisse verbindliche Grundsätze festlegen. Das alte Reglement von 1928 sieht Philosophie lediglich als Zusatzfach der katholischen Kantone vor (Dejung 2001). Mit der Reform des Gymnasiums von 1994 wurde ein neues Maturitätsanerkennungsreglement (MAR) verabschiedet, welches einen für alle Kantone verbindlichen Rahmenlehrplan mit einer Aufteilung in sogenannte Grundlagenfächer, Schwerpunktfächer und Ergänzungsfächer vorsieht. Darin wird die Philosophie als gymnasiales Fach in allen Kantonen anerkannt. Es ergibt sich damit folgende Situation: In vielen Kantonen – vorwiegend französischer Sprache und/oder katholischer Religion –, in denen Philosophie traditionell ein obligatorisches Schulfach war, ist Philosophie seit der Reform nun kantonales Grundlagenfach; in einigen Kantonen ist Philosophie Teil des neu geschaffenen Schwerpunktfachs Psychologie/Pädagogik/Philosophie (PPP) und Ergänzungsfach; in einigen Kantonen (und Schulen) ist Philosophie lediglich Ergänzungsfach, Wahlpflichtfach oder wird als Wahlfach angeboten (Dejung 2001; Bleisch 2001; Pfister 2005). (Für weitere Länder siehe § 2.1.8)

2.1.4 Einführung des Schulfachs Ethik

Nach dem Zweiten Weltkrieg besteht in der Bundesrepublik Deutschland ein gesellschaftlicher Konsens darüber, dass der christliche Glaube wieder die Norm der Bildung werden sollte. Eine Konsequenz davon ist die Einführung eines obligatorischen Religionsunterrichts. Gesellschaftliche Wandlungen, insbesondere der Rückgang des Einflusses der Kirche und die Vergrößerung der Vielfalt der Religionsgemeinschaften aufgrund von Einwanderung und Neuorientierung, führen dazu, dass der Konsens und die gesellschaftliche Akzeptanz des obligatorischen Religionsunterrichts mit der Zeit nicht mehr gegeben ist, zumal das religiöse Bekenntnis zunehmend als etwas Persönliches angesehen wird. Um der Zunahme der Zahl der Abmeldungen vom Religionsunterricht Einhalt zu gebieten, wird in verschiedenen Bundesländern ab 1972 ein sogenanntes «Ersatzfach» für den Religionsunterricht eingeführt (Schmidt 1983; Treml 1994; Franzen 1994; Czermak 1994). Daraufhin konnte die Zahl der Abmeldungen vom Religionsunterricht verkleinert und stabilisiert werden (Bucher et al. 2001).

Je nach Bundesland und den kultur- und parteipolitischen Zielen der entsprechenden Landesregierung kommt es bei der Einführung des Ersatzfachs zu unterschiedlichen inhaltlichen Ausgestaltungen und Namensgebungen. *Bayern* und *Rheinland-Pfalz* beginnen bereits 1972 mit dem Einsatz des Ersatzfachs «Ethik». In *Baden-Württemberg* wird

1984 unter demselben Namen ein Ersatzfach an allen allgemeinbildenden und beruflichen Gymnasien eingeführt und später bis auf die Jahrgangsstufe 8 ausgedehnt. Denselben Namen hat das Ersatzfach auch in *Hessen* und in *Hamburg*. Im *Saarland* heißt es «Allgemeine Ethik». In *Nordrhein-Westfalen* wird 1991 das Ersatzfach «Philosophie» an Gymnasien eingeführt. Später wird nach einem Schulversuch das Ersatzfach «Praktische Philosophie» auf der Sekundarstufe I eingesetzt, ab 2003 für die Klassen 9 und 10, ab 2007 auch für die Klassen 5 bis 8. In *Schleswig-Holstein* heißt auch das Ersatzfach für die Sekundarstufe I «Philosophie». In *Bremen* und *Berlin* wird es «Philosophie/ Ethik» genannt. In *Niedersachsen* trägt es den kuriosen Namen «Werte und Normen». Im Gebiet der ehemaligen DDR kommt es nach der Wiedervereinigung 1991 zur Frage, was allenfalls anstelle des Fachs Staatsbürgerkunde eingeführt werden sollte (Rohbeck 1992b). Auch hier bietet sich die Philosophie an. In *Sachsen*, *Sachsen-Anhalt* und *Thüringen* wird das Fach «Ethik» eingeführt. In *Mecklenburg-Vorpommern* wird das Fach «Philosophieren mit Kindern» für die Jahrgangsstufen 1 bis 10 eingeführt. In *Brandenburg* wird ein Fach mit dem Namen «Lebensgestaltung – Ethik – Religionskunde» (L-E-R) geschaffen. Mehr als andere hat die Einführung von L-E-R politische Auseinandersetzungen (Ellinghaus 1996) und philosophische Diskussionen ausgelöst (Lohmann 1998; Schneider 1998). Seit dem Urteil des deutschen Bundesverwaltungsgerichts vom 17.6.1998 wird der Ethikunterricht nicht mehr als «Ersatzfach», sondern als gleichwertiges «Komplementärfach» angesehen.

In Österreich wird seit 1997 an zahlreichen österreichischen Schulen ein Ersatzpflichtgegenstand als Schulversuch geführt (Bucher et al. 2001). In den Zielsetzungen steht:

> «Der Ethikunterricht orientiert sich an den aus der Aufklärung hervorgegangenen Grund- und Menschenrechten, auf denen auch die österreichische Bundesverfassung und unser Bildungswesen basieren. Er ist daher weder wertneutral noch wertrelativistisch, ohne aber einer bestimmten Weltanschauung verpflichtet zu sein. Er versteht sich nicht als Kompensationsfach für gesellschaftliche Probleme und Defizite, sondern unterstützt Schülerinnen und Schüler, in Fragen von Weltanschauungen, Werten und Normen zu differenzierten Beurteilungen und Handlungsmodellen zu gelangen.»

In der Schweiz ist der Religionsunterricht aus verfassungsrechtlichen Gründen nicht obligatorisch. Je nach Kanton bestehen unterschiedliche Modelle. Es gibt Bestrebungen, einen überkonfessionellen Unterricht anzubieten, zum Beispiel im Kanton Zürich das Fach «Religion und Kultur». In einigen Kantonen gibt es auch einen Ersatzunterricht Ethik, zum Beispiel im Kanton Solothurn. Im Kanton Bern ist in der Primarschule Ethik ein kleiner Teil des Fachs, das den kuriosen Namen «Natur – Mensch – Mitwelt» (NMM) trägt.

Was soll das Schulfach Ethik sein? Da es hier nicht um Fachdidaktik Ethik im Speziellen, sondern um Fachdidaktik Philosophie geht, ist hier nicht der Ort, diese Frage ausführlich zu diskutieren. Dennoch sei hier kurz auf ein Spannungsfeld hingewiesen, in dem sich das Fach befindet. Auf der einen Seite ist es als ein Ersatz für den Religionsunterricht gedacht, von dem angenommen wird, dass er der sogenannten «Wertevermittlung» dient. Mit «Wertevermittlung» ist die Erziehung zu einem bestimmten, von Werten geleiteten gesellschaftlichen Verhalten gemeint. Auf der anderen Seite ist «Ethik» der Name für ein Teilgebiet der Philosophie, bekanntlich für dasjenige, das sich mit grundsätzlichen Fragen zu moralischen Werten und Normen auseinandersetzt. Der Ethik als Teilgebiet der Philosophie geht es nun aber gerade nicht darum, ein bestimmtes moralisches Verhalten zu lehren. Im Gegenteil geht es ihr gerade darum, moralisches Verhalten und die Werte, die dahinter stehen mögen, *infrage zu stellen*. Wenn es jedoch so ist, dass sich gerade durch das Infragestellen von

Werten, Normen, Weltanschauungen, und allgemein von Überzeugungen, die gewünschten Werte einstellen, so ist die Philosophie das ideale Fach der Wertevermittlung. Jedenfalls bietet sich die Philosophie als grundlegende Auseinandersetzung mit ethischen Werten und Normen oder als Mittel zur Entwicklung von Lebensorientierung an, Inhalt des Ethikunterrichts zu sein. Dass die Philosophie die primäre Bezugsdisziplin des Schulfachs Ethik ist, wird von Philosophen als einzig überzeugende Lösung angesehen (Tichy 1998: 83).

2.1.5 Philosophieren mit Kindern

In den 1970er-Jahren begann in den USA eine Bewegung, welche zum Ziel hat, die Fertigkeiten des Nachdenkens *(reasoning)* und des Argumentierens bei Kindern zu fördern. Diese Bewegung wird «Philosophieren mit Kindern» genannt (zuweilen abgekürzt als PMK, oder auf Englisch P4C, *Philosophy for Children*). Die Literatur dazu ist mittlerweile unüberschaubar (siehe dazu Themenhefte der Zeitschrift *Metaphilosophy* 1976 und der *Zeitschrift für Didaktik der Philosophie und Ethik* 1984, 1991 und 2008), sodass eine angemessene Auseinandersetzung damit ein eigenes Buch erfordern würde. Ich werde mich hier auf einen kurzen Einblick beschränken, zumal das Philosophieren mit Kindern für den Unterricht am Gymnasium nicht zentral ist.

Als Begründer des Philosophierens mit Kindern gilt Matthew Lipman (geb. 1922). Die Grundlagen schafft er zu Beginn der 1970er-Jahre, als er beginnt, an öffentlichen Schulen in New Jersey (USA) mit Kindern zu philosophieren und 1974 das Buch *Harry Stottlemeier's Discovery* veröffentlicht. Lipmans Idee besteht darin, dass man die argumentativen Fähigkeiten bereits im Kindesalter fördern kann und sollte. Ursprünglich geht es ihm nur um die Förderung argumentativer und logischer Fähigkeiten, später erweitert er seine Ziele. Lipmans Methode besteht vereinfacht darin, dass die Kinder eine Erzählung lesen (oder vorgelesen bekommen), in der ein philosophisches Problem dargestellt ist, und im Anschluss daran im Gespräch mit der Lehrperson darüber diskutieren. Im Unterschied zum Buch *Sofies Welt* von Jostein Gaarder geht es hier nicht darum, die Kinder und Jugendlichen in die Geschichte der Philosophie und der philosophischen Probleme einzuführen, sondern das argumentative Denken zu fördern (Pritchard 2006).

In Auseinandersetzung mit der Entwicklungspsychologie von Piaget zeigt Gareth Matthews (geb. 1929), dass Kinder bereits in einem früheren Alter über die nötigen kognitiven Fähigkeiten verfügen, um philosophische Fragen zu stellen und darüber nachzudenken. Er entwickelt eine eigene Methode, die sich von der ursprünglichen Methode von Lipman unterscheidet. Der Unterschied besteht hauptsächlich darin, dass Matthews das zu diskutierende philosophische Problem nicht unbedingt selber vorgeben will, sondern die philosophischen Fragen der Kinder ernst nehmen und davon ausgehend das Gespräch führen will. Zu zeigen, dass Kinder oftmals interessante philosophische Gedanken und Fragen formulieren, ist Ziel seines ersten Buchs, *Philosophy and the Young Child*. In seinem zweiten Buch *Dialogues With Children* will er zeigen, dass man philosophische Gespräche mit Kindern bewusst zustande bringen kann (Steenblock 2000: 71–72).

Welche Rolle spielt beim Philosophieren mit Kindern die erwachsene Person, welche die Diskussion leitet? Diese Frage wird nach wie vor kontrovers diskutiert. Auf der einen Seite soll der Diskussionsleiter im Anschluss an das Konzept des neo-sokratischen Gesprächs von Nelson und Heckman (siehe Teil I, § 2.1.5) nicht in den inhaltlichen Verlauf des Gesprächs eingreifen, andererseits muss der Leiter gerade zu Beginn fast in der Art eines «Diktators» von den Kindern Exzellenz fordern und das Gespräch führen (Gardner 1995; Šimenc 2008).

Das Philosophieren mit Kindern ist mittlerweile zu einer weltweiten Bewegung geworden, die seit 1999 auch von der UNESCO unterstützt wird. An einigen Orten ist Philosophieren mit Kindern als Schulfach institutionalisiert, zum Beispiel im Bundesland Mecklenburg-Vorpommern als Pflichtfach in den Stufen 1 bis 10. Lipman gründete bereits 1974 in New Jersey ein Institut für das Philosophieren mit Kindern, das *Institute for the Advancement of Philosophy for Children* (IAPC). Aufgrund des weltweiten Erfolgs der Bewegung wurde 1985 der *International Council for Philosophical Inquiry with Children* (ICPIC) gegründet. Der ICPIC organisiert jedes zweite Jahr eine Konferenz in den verschiedensten Ländern und bietet eine Plattform für den Austausch der mittlerweile Hunderten von Zentren weltweit. Hier seien nur einige der Pioniere in verschiedenen Ländern genannt: Seit den 1980er-Jahren Michel Sasseville im französischsprachigen Kanada, Ekkehard Martens (Martens 1980; Glatzel/Martens 1982) und Barbara Brüning (1985) in Deutschland, Daniela Camhy (1983; 1984) in Österreich, Felix Garcia Moryón in Spanien, seit den 1990er-Jahren Eva Zoller (1991) in der Schweiz, Antonio Cosentino und Maria Santi in Italien (Cosentino 2006), Alenka Hladnik und Marjan Šimenc in Slowenien, Karel van der Leeuw und Pieter Mostert in Holland, die Gruppe AGSAS um Jacques Lévine und die Gruppe AGORA um Michel Tozzi in Frankreich, und viele mehr.

2.1.6 Internationale Philosophie-Olympiade

Die Internationale Philosophie-Olympiade (IPO) ist ein Wettbewerb zur Förderung des philosophischen Austausches unter jungen Menschen und allgemein des philosophischen Unterrichts. 1988 wird in Bulgarien die erste nationale Philosophie-Olympiade organisiert. Nach dem Zusammenbruch des kommunistischen Systems und damit auch des Schulfachs Kommunistische Wissenschaft kann unter anderem dank der Existenz dieses Wettbewerbs die Philosophie als Fach weitergeführt werden. Die Olympiade wird sodann zu einem internationalen Wettbewerb erweitert: 1993 gründen Vertreter aus den Ländern Bulgarien, Rumänien, Polen, der Türkei und Deutschland die Internationale Philosophie-Olympiade. Seither findet der Wettbewerb alljährlich mit Teilnehmenden aus mittlerweile über 20 Ländern statt. In den teilnehmenden Ländern werden nationale

Ausscheidungen durchgeführt, so auch seit dem Gründungsjahr in Deutschland, seit 2005 in Österreich und seit 2006 in der Schweiz. In diesen drei Ländern wird wie in anderen jeweils eine ausgewählte Gruppe von Schülerinnen und Schülern zu einer zweiten Runde eingeladen, die mehrere Tage dauert und an der philosophische Workshops und Diskussionsrunden angeboten werden. Die Olympiade bietet somit nicht nur eine Bereicherung für den Unterricht und einen Anreiz zum philosophischen Schreiben (siehe Teil I, § 2.3.8), sondern auch eine Möglichkeit für philosophieinteressierte Jugendliche, sich philosophisch auszutauschen (siehe Pfister 2009).

2.1.7 Philosophische Praxis und Café Philosophique

In den letzten dreißig Jahren sind Orte des Philosophierens außerhalb der Schule entstanden. Zu nennen sind hier insbesondere die Philosophische Praxis und das *Café Philosophique*.

Die Philosophische Praxis geht auf eine Idee von Gerd B. Achenbach (geb. 1947) zurück. Achenbach gründet die erste philosophische Praxis 1981 in Bergisch Gladbach mit dem Ziel, ein philosophische Lebensberatung als Alternative zur psychotherapeutischen Beratung anzubieten. Wer Beratung in einer philosophischen Praxis sucht, der wird auf einen philosophisch geschulten Gesprächspartner treffen, der einem dabei hilft, Fragen der Lebensführung durch Nachdenken zu beantworten. Die Idee der philosophischen Praxis wurde seither weiterentwickelt (siehe z.B. Lahav/Tillmanns 1995; Schuster 1999). Philosophische Praxen bieten mittlerweile nicht nur Lebensberatung an, sondern auch philosophische Weiterbildung in Seminaren, Kursen und Reisen, philosophische Unternehmensberatung und philosophisches Coaching. Zahlreiche philosophische Praxen bestehen vor allem im deutschsprachigen und skandinavischen Raum, aber auch in Frankreich (Brenifier 1999) und anderen Ländern. (Eine spezielle Verbindung von Erziehung und Beratung ergibt sich beim Einsatz der Philosophie mit Jugendlichen im Strafvollzug, siehe Albus 2006.)

Das *Café Philosophique* basiert auf einer Idee des französichen Philosophen Marc Sautet (1947–1998), das sich seit der ersten Ausgabe 1992 im Pariser *Café des Phares* bewährt hat. Das Prinzip des Café Philo, das Sautet in seinem Buch *Un café pour Socrate* (1995) beschreibt, besteht darin, dass im öffentlichen Raum eine philosophische Diskussion stattfindet, die von einer philosophisch kompetenten Person geleitet wird. Der Ort muss nicht unbedingt ein Café sein, es kann auch zum Beispiel eine Bibliothek oder eine Aula sein. Teilnehmen kann grundsätzlich jeder; Vorkenntnisse sind keinerlei verlangt. Das Café Philo ist zugleich Ausdruck des demokratischen Geistes und Förderung desselben.

Seit der Gründung durch Sautet zu Beginn der 1990er-Jahre hat sich das Café Philo als eine Art des philosophischen Diskutierens im öffentlichen Raum in vielen Teilen der Welt verbreitet. 1997 wird das erste deutsche Café Philo in Düsseldorf gegründet. Solche Cafés lassen sich auch gut an Schulen einführen, wie das Beispiel des Campus Muristalden in Bern zeigt. (Diese und andere Arten des Philosophierens können auch den Unterricht und die Lehrerausbildung beeinflussen; siehe dazu Frieden 2009.)

2.1.8 Entwicklung in anderen Ländern

Neben Deutschland hat *Frankreich* die wohl längste Tradition des Philosophieunterrichts am Gymnasium (siehe § 2.1.2). Der obligatorische Unterricht ist beschränkt auf die letzte Klasse *(terminale)*, weist jedoch für alle Zweige des allgemeinbildenden Gymnasiums eine beträchtliche Stundendotation auf (z.B. 8 Wochenlektionen im literarischen Zweig, 4 Wochenlektionen im sozial- und wirtschaftswissenschaftlichen Zweig; siehe Sherringham 2006). Es bestehen seit vielen Jahren Projekte, den Unterricht auf jüngere Klassen – vgl. dazu bereits die Ideen des GREPH (siehe § 2.2.4) – und auf berufliche Gymnasien *(lycées professionels)* auszuweiten, bislang jedoch ohne institutionellen Erfolg (Tozzi 2009).

Der Vortrag des Lehrers *(cours magistral)* ist der zentrale Teil des Unterrichts (Souriau 1986; Fromm-Fischer 1990). Der Vortrag ist nicht in erster Linie als Wissensvermittlung gedacht, sondern als Vormachen durch den bereits Initiierten (Knipping 1997: 53). Die großen Texte der Philosophiegeschichte sollen dabei als Modell des Philosophierens gelten (Tozzi 2006). Der Zweck des Unterrichts ist nicht die Förderung der argumentativen Kompetenz, sondern der «organisierte Ausdruck der persönlichen Reflexion», wobei diese auf einen philosophischen Inhalt gerichtet sein muss, andernfalls die Philosophie zur bloßen Rhetorik oder Sophistik würde, wie es Mark Sherringham formuliert, der gegenwärtige Generalinspekteur der nationalen Bildung (Sherringham 2006: 64).

Wichtiger Bestandteil des Unterrichts allgemein ist der französische Schulaufsatz *(dissertation),* und im Speziellen der philosophische Aufsatz *(dissertation philosophique).* Der Schulaufsatz als philosophische Arbeit wird seit 1864 im Gymnasium eingesetzt, die literarische Form seit 1885, und seit 1955 gilt er als Grundlage für die Einstiegswettbewerbe für verschiedene Höhere Schulen (z.B. *Ecole Nationale Superieure*) und die Lehrerausbildung (*C.A.P.E.S.* und *Agrégation*). Thema des Aufsatzes kann eine Frage sein (freier Aufsatz) oder ein Text *(commentaire de texte).*

Eine Eigenheit des französischen Schulaufsatzes ist es, dass er sowohl in seiner freien als auch in seiner textgebundenen Form strengen Regeln der formalen und inhaltlichen Konzipierung zu folgen hat. Dies geht so weit, dass es «Lösungsaufsätze» *(corrigés du sujet)* gibt, korrigierte Fassungen, die als Modelle des perfekten Aufsatzes zu einem bestimmten Thema das Schreiben leiten können (Fromm-Fischer 1990). Alljährlich wird das Thema des Aufsatzes, der im ganzen Land am selben Tag stattfindet, in der Zeitung veröffentlicht, was das Ansehen unterstreicht, welches der Philosophieunterricht auch in der Öffentlichkeit genießt (Knipping 1997).

Aufgrund der strikten Trennung von Staat und Religion ist die Schule laizistisch. Somit gibt es in den öffentlichen Schulen Frankreichs keinen Religionsunterricht, der durch einen Ethikunterricht ersetzt werden könnte.

In *Italien* hat der Philosophieunterricht am Gymnasium ebenfalls eine lange Tradition. Seit der Reform des idealistischen Philosophen Giovanni Gentile 1923 ist der Unterricht der Philosophie historisch ausgerichtet: Zweck des Philosophieunterrichts ist die Bildung durch Kenntnis der Ideengeschichte (Rohbeck 1992a: 139). Daran haben weder die faschistische Reform von 1936 noch diejenige der Alliierten 1945 etwas geändert. 1988 wird die Kommission Brocca – benannt nach ihrem Vorsitzenden – zwecks Erarbeitung von Reformvorschlägen eingerichtet. Die zu Beginn der 1990er-Jahre veröffentlichten Vorschläge sahen für den Philosophieunterricht grundsätzliche Änderungen vor hin zu einem mehr problemorientierten Unterricht, der auch die (für Italien neuen) Arbeitsformen der Arbeit am und mit dem Text, der Argumentation und des Schreibens beinhalten sollte. Diese Vorschläge haben sich in der Praxis bis heute nicht durchgesetzt (Frieden 2006). Nach wie vor ist der Unterricht der Philosophie in Italien, der in den letzten drei Jahren des Gymnasiums obligatorisch ist, historisch ausgerichtet.

In den meisten europäischen Ländern gibt es Philosophieunterricht entweder als Teil des obligatorischen Fächerkanons oder als Teil des Wahlbereichs. Obligatorisch ist der Unterricht zum Beispiel in Spanien, wo auch während der Diktatur von Franco das Fach Philosophie am Gymnasium obligatorisch war. Die inhaltliche und methodische Ausrichtung des Unterrichts ist eine Mischung aus dem französischen und dem italienischen Modell: Im vorletzten Jahr ist der Unterricht thematisch ausgerichtet, im letzten historisch (Vasquez 2007). Obligatorisch ist er zum Beispiel auch in Portugal und Polen. In Norwegen ist vor wenigen Jahren das Fach «Geschichte und Philosophie» eingeführt worden. Schließlich ist zu bemerken, dass in Großbritannien (wie allgemein in angelsächsischen Ländern) kaum Philosophieunterricht an Gymnasien angeboten wird. In Großbritannien kann man jedoch sogenannte A-Levels in Philosophie abschließen, und an der Universität ist der argumentative Essay zentraler Bestandteil des geisteswissenschaftlichen Unterrichts. (Für einen Überblick über den Philosophieunterricht in verschiedenen europäischen Ländern siehe Fey 1978, für eine Bibliografie dazu Ritz 1990, und einen neueren europäischen Überblick Gründer et al. 1997). Größere Bedeutung hat die Philosophie in der Schule in den USA, wenn man das Philosophieren mit Kindern (siehe § 2.1.5) und die Erziehung zum sogenannten «kritischen Denken» *(critical thinking)* dazu zählt, d.h. zur Fähigkeit, bewusst und rational zu urteilen, was man glauben und wofür man sich entscheiden soll (siehe McPeck 1981; 1990; Moore / Parker 1989; Facione 1990; Fisher / Scriven 1997; siehe auch § 3.1).

2.1.9 Unterrichtsparadigmen

Der Unterricht zu verschiedenen Zeiten und in verschiedenen Ländern erweist sich als sehr unterschiedlich. Trotz der erkenntnistheoretischen und methodologischen Probleme – z.B. die je nach Land unterschiedlichen Begriffe von Philosophie, Bildung und Schule – lassen sich verschiedene Paradigmen des Unterrichts unterscheiden. In Bezug auf den traditionellen Unterricht in Italien, Frankreich und Deutschland unterscheidet Johannes Rohbeck (1984) den historischen, problemorientierten und den an den Schülerinteressen orientierten Unterricht. Karel van der Leeuw und Pieter Mostert (1993) unterscheiden den historischen, den problemorientierten und den personenorientierten Unterricht. Aufgrund einer empirischen Untersuchung unterscheidet Michel Tozzi (2005/2006) fünf Unterrichtsparadigmen, den dogmatisch-ideologischen, den historisch-patrimonialen, den problemorientierten, den demokratisch-diskutierenden und den praxeologisch-ethischen Unterricht:

1. **Dogmatisch-ideologisch:** Zweck des Unterrichts ist es, die «Staatsphilosophie» als Doktrin zu vermitteln. Diese Doktrin liefert die einzig anerkannte Antwort auf grundsätzliche Fragen des menschlichen Lebens und Zusammenlebens. Der Unterricht ist dogmatisch, d.h. die Doktrin darf nicht infrage gestellt werden. Beispiele für die (teilweise) Realisierung dieses Paradigmas sind der Unterricht des Marxismus-Leninismus in der ehemaligen UdSSR und den ehemaligen Staaten des Ostblocks, der Unterricht der Philosophie in Spanien unter der Diktatur von Franco und der Unterricht der religiösen Philosophie in einigen muslimischen Staaten, z.B. Tunesien, für das zu diesem Thema eine Studie vorliegt (siehe Tozzi 2005/2006).
2. **Historisch-patrimonial:** Zweck des Unterrichts ist die Vermittlung der Philosophiegeschichte als Teil des kulturellen Erbes. Gelehrt werden die großen Namen und deren Doktrinen; die Schülerinnen und Schüler sollen diese unhinterfragt als Kulturgut übernehmen. Der Unterricht ist somit hauptsächlich Ideengeschichte. Beispiel für die Realisierung dieses Paradigmas ist der gymnasiale Unterricht in Italien.
3. **Problemorientiert:** Zweck des Unterrichts ist die Entwicklung des eigenen philosophischen Denkens. Ausgehend von philosophischen Texten werden philosophische Probleme und mögliche Antworten darauf erarbeitet. Beispiel für die Realisierung dieses Paradigmas ist der traditionelle Unterricht im Gymnasium in Frankreich. (Dies ist auch das Paradigma des traditionellen Unterrichts in der Bundesrepublik Deutschland, Österreich und der Schweiz.)
4. **Demokratisch-diskutierend:** Zweck des Unterrichts ist die Erziehung zum mündigen Bürger *(citoyenneté)* oder zur Demokratie. Die von Philosophen entwickelten Begriffe und Argumente stehen hier nicht im Vordergrund. Vielmehr geht es darum, einen kritischen Geist zu entwickeln, um den Gefahren der Demokratie (Sophistik, Demagogie) entgegentreten

zu können. Beispiele für dieses Paradigma findet man zum Teil im Ansatz von Tozzi (siehe § 4.4), in der von Matthew Lipman entwickelten Philosophie für Kinder und in den von Claude Sautet initiierten Cafés Philo (siehe § 2.1.7). (Dazu gehört auch der von Ekkehard Martens entwickelte dialogisch-pragmatische Ansatz, siehe § 4.2).

5. **Praxeologisch-ethisch:** Zweck des Unterrichts ist das Handeln gemäß gewissen Werten. Philosophieren heißt hier, dass man bewusst eine bestimmte ethische Lebensform annimmt. Beispiele für die Realisierung dieses Paradigmas findet man in Schulen als Fach Ethik in Belgien, im frankophonen Kanada (Québec), Deutschland und anderen Ländern.

2.2 Geschichte der Fachdidaktik

Nach der Darstellung der Geschichte des Fachs komme ich nun zu einer Darstellung der Geschichte der Fachdidaktik. Ich stelle zuerst Gedanken von Kant und Hegel zum Philosophieunterricht dar, die noch heute Bezugspunkte der fachdidaktischen Diskussion sind (§ 2.2.1). Dann stelle ich die Erneuerung der Fachdidaktik dar, die in Deutschland seit der Reform der gymnasialen Oberstufe 1972 stattfindet (§ 2.2.2). Schließlich gehe ich auf Entwicklungen in der Fachdidaktik in anderen Ländern ein (§ 2.2.3).

2.2.1 Kant und Hegel

Wichtiger Bezugspunkt nicht nur der Philosophiedidaktik, sondern der Allgemeinen Didaktik und der Pädagogik, sind nach wie vor die Gedanken von Immanuel Kant (1724–1804) zum Begriff der Aufklärung, insbesondere seine berühmte Definition (Kant 1784):

> «Aufklärung ist der Ausgang des Menschen aus seiner selbst verschuldeten Unmündigkeit. Unmündigkeit ist das Unvermögen, sich seines Verstandes ohne Anleitung eines anderen zu bedienen. Selbst verschuldet ist diese Unmündigkeit, wenn die Ursache derselben nicht am Mangel des Verstandes, sondern der Entschließung und des Muthes liegt, sich seiner ohne Leitung eines anderen zu bedienen. Sapere aude! Habe Muth, dich deines eigenen Verstandes zu bedienen! ist also der Wahlspruch der Aufklärung.»

Der Begriff der Aufklärung dient noch heute als Leitidee für die Begründung des Gymnasiums und des Philosophieunterrichts (siehe § 3).

Zur Frage, ob man Philosophie lernen könne, schreibt Kant in der *Kritik der reinen Vernunft* Folgendes (B 865):

> «Man kann also unter allen Vernunftwissenschaften (a priori) nur allein Mathematik, niemals aber Philosophie (es sei denn historisch), sondern, was die Vernunft betrifft, höchstens nur philosophieren lernen.»

Die Philosophie als ein System von Erkenntnissen sei eine bloße Idee von einer möglichen Wissenschaft, die nirgendwo gegeben sei, der man sich zu nähern versucht und die es vielleicht einmal zu erlangen gelingt; und Kant fährt weiter (B 866):

> «Bis dahin kann man keine Philosophie lernen; denn, wo ist sie, wer hat sie im Besitze, und woran lässt sie sich erkennen? Man kann nur philosophieren lernen, d. i. das Talent der Vernunft in der Befolgung ihrer allgemeinen Prinzipien an gewissen vorhandenen Versuchen üben, doch immer mit Vorbehalt des Rechts der Vernunft, jene selbst in ihren Quellen zu untersuchen und zu bestätigen, oder zu verwerfen.»

Kant wendet sich somit nicht gegen den Unterricht der Philosophie, sondern gegen ein bestimmtes Verständnis von Philosophie. Dies wird auch im «Bruchstück eines moralischen Katechismus» gegen Ende der *Metaphysik der Sitten* ersichtlich. Darin stellt Kant einen Lehrer dar, der den Schüler dasjenige abfragen lässt, was er ihn lehren will, «und wenn dieser etwa nicht die Frage zu beantworten wüsste = 0, so legt er sie ihm (seine Vernunft leitend) in den Mund» (A 168).

Hegel (1803–06: 559) bemerkt:

> «Kant wird mit Bewunderung angeführt, dass er Philosophieren, nicht Philosophie lehre; als ob jemand Tischlern lehrte, aber nicht, einen Tisch, Stuhl, Tür, Schrank, usf. zu machen.»

Hegel wendet sich damit nicht gegen Kant, sondern gegen eine missverstehende Rezeption von Kant, welche die Philosophie zu einem beliebigen Geschwätz macht, gegen die «moderne Sucht, besonders der Pädagogik, […] dass man ohne Inhalt philosophieren lernen soll». Der Philosophieunterricht habe nicht «zum Selbstdenken und eigenen Produciren zu erziehen», nicht weil Hegel etwas gegen das Selbstdenken einzuwenden hätte, sondern weil er ein vom Inhalt losgelöstes Denken für eine Illusion hält; das Denken muss durch die Rezeption von Inhalt geschult werden, denn allein dadurch trete die Wahrheit an die Stelle von «Meinung, Wahn, Halbheit, Schiefheit, Unbestimmtheit» (Hegel 1812: 410). Somit folgt laut Hegel (1812: 411):

> «Die Philosophie muss gelehrt und gelernt werden, so gut als jede andere Wissenschaft.»

Hegel, der von 1808 bis 1816 in einem Gymnasium in Nürnberg Philosophie unterrichtete (siehe §2.1.2), formuliert seine Überlegungen zum Philosophieunterricht am Gymnasium unter anderem in der für Niethammer verfassten Schrift *Über den Vortrag der Philosophie auf Gymnasien. Privatgutachten für den Königlich Bayerischen Oberschulrat*. In einem dem Gutachten beigelegten Brief vom 23.10.1812 fügt Hegel eine «Schlussanmerkung» an, über die er mit sich selbst noch uneins sei: «nämlich dass vielleicht aller philosophische Unterricht am Gymnasium überflüssig scheinen könnte, dass das Studium der Alten das der Gymnasialjugend angemessenste und seiner Substanz nach die wahrhafte Einleitung in die Philosophie sei». Aus zwei Gründen habe er dies nicht in das Gutachten einbezogen. Zum einen wolle er sich als Professor der philosophischen Propädeutik nicht «selbst das eigene

Brot und Wasser abgraben», zum anderen befürchte er, dass die «zur Wortweisheit tendierende Philologie» die Philosophie «ziemlich leer ausgehen» lasse.

Zum Verständnis von Hegels Gedanken zum Philosophieunterricht, ist es nötig, auch einige Teile seiner Philosophie zu kennen. Hegel unterscheidet das Logische, d.h. die philosophische Methode (Henke 2000: 117), der Form nach in drei Seiten: «a) die abstrakte oder verständige, b) die dialektische oder negativ-vernünftige, c) die spekulative oder positiv-vernünftige» (Hegel 1830, §79). Das Abstrakte ist eine «feste Bestimmtheit» (§80), das Dialektische ist «das eigene Sichaufheben solcher endlichen Bestimmungen und ihr Übergehen in ihre entgegengesetzten» (§81), und das Spekulative ist das Auffassen der «Einheit der Bestimmungen in ihrer Entgegensetzung» (§82). Das Dialektische macht den Skeptizismus aus – die Negation des Abstrakten –, bleibt aber nicht wie dieser dabei stehen. Das Dialektische ist nicht eine durch Willkür hervorgebrachte «Verwirrung von Begriffen» und ein «bloßer Schein von Widersprüchen». Sie ist vielmehr die «eigene, wahrhafte Natur der Verstandesbestimmungen, der Dinge und des Endlichen überhaupt»; somit gilt (§81):

> «Das Dialektische macht daher die bewegende Seele des wissenschaftlichen Fortgehens aus und ist das Prinzip, wodurch allein immanenter Zusammenhang und Notwendigkeit in den Inhalt der Wissenschaft kommt.»

Hegel ist der Auffassung, dass am Gymnasium die abstrakte Form gelehrt werden sollte (1812: 413):

> «Was den Vortrag der Philosophie auf Gymnasien betrifft, so ist erstens die abstrakte Form zunächst die Hauptsache. Der Jugend muss zuerst das Hören und Sehen vergehen, sie muss vom konkreten Vorstellen abgezogen, in die innere Nacht der Seele zurückgezogen werden, auf diesem Boden sehen, Bestimmungen festhalten und unterscheiden lernen.»

Mit der Dialektik könne man «allenthalben den Versuch» machen (Hegel 1812: 415). Die spekulative Seite gehört nach Hegel nicht in

den Unterricht am Gymnasium. Dieser soll eine Propädeutik sein, d.h. eine Vorbereitung auf das Studium der Philosophie, welche «die Erkenntnis der Totalität in ihren Stufen eines Systems» erfordere (so Hegel in einem Brief an Niethammer vom 23.10.1812).
Hegels Konzeption des Philosophieunterrichts lässt sich nicht einfach auf die Gegenwart übertragen, denn erstens gibt es kein Hegelsches System als System der Wahrheit, und zweitens gibt es kein neuhumanistisches Gymnasium mehr, welches einen ausgesuchten Stoff, die *humaniora*, einer ausgesuchten Elite lehrte (Henke 1989). Der hegelsche Ansatz bleibt jedoch nach wie vor eine wichtige Inspirationsquelle für zeitgenössische philosophiedidaktische Ansätze, namentlich die von Rehfus (siehe § 4.1) und Henke (siehe § 4.3). Er dient auch als Kontrast für andere Ansätze, zum Beispiel für denjenigen von Martens (siehe § 4.2). Martens kritisiert an Hegels Konzeption des Philosophieunterrichts, dass dieser unzeitgemäß sei, weil sie «dem Selbstdenken von jedermann […] so gut wie nichts zu[traue]» und philosophische Didaktik nur als eine «Frage sekundärer Vermittlung ohne Einfluss auf Ziele und Inhalte der Vermittlung» begreife (Martens 1979: 96–97).

2.2.2 Der lange Weg der Legitimationsdiskussion

Seit Beginn des modernen Gymnasiums im 19. Jahrhundert bis zu den 1970er-Jahren war die fachdidaktische Diskussion hauptsächlich geprägt von der Diskussion der Legitimation der Philosophie als Unterrichtsfach. Ingrid Stiegler (1986) unterscheidet drei Phasen. Erstens, die Entstehung der modernen fachdidaktischen Diskussion (ca. 1750 bis 1820). In dieser Phase wird die traditionelle didaktische Position, wonach Dialektik und Rhetorik instrumentell der sprachlichen Bildung und wissenschaftlichen Propädeutik dienen, durch die Öffnung zu allen Teildisziplinen der Philosophie aufgelöst und geht dann in eine didaktische Position über, wonach die Philosophie ein didaktisch-methodisches Prinzip des wissenschaftlichen Unterrichts ist. Zweitens, die Konsolidierung der Fachdidaktik Philosophie (1820 bis ca. 1850). Die Philosophie wird einerseits begründet als philosophische Propädeutik mit den Lehrgegenständen Logik und empirische Psychologie, andererseits mit der Funktion, die innere Einheit der gymnasialen Bildung zu gewährleisten. Drittens, die Auslegung und Modifikation des konsolidierten Selbstverständnisses (ab ca. 1850). Der traditionelle «Reduktionsmodus», dass der Philosophieunterricht «Bildungssynthese» zu leisten habe, der dazu führt, dass diese Aufgabe je nach vorherrschender Bildungsauffassung anderen Fächern wie Deutsch, Geschichte und Religion zugewiesen wird, erweist sich als über Jahrzehnte hinweg beständig. Der gymnasiale Philosophieunterricht habe die Funktion der Vertiefung, der Konzentration und Synthese des Bildungsstoffs. Diese Reduktionsmodi bleiben auch nach 1945 beständiger Bestandteil der fachdidaktischen Diskussion (für verschiedene Beispiele siehe Stiegler 1986: 34–36).

Seit den 1950er-Jahren werden scheinbar eigenständige pädagogische Reduktionsmodi der Philosophie entworfen, die aber laut Stiegler (1986: 36) «mehr die unterschiedlichen Bildungs- und Pädagogikauffassungen der Verfasser demonstrieren, zu deren Verwirklichung die Philosophie ihren Beitrag leisten soll, als dass sie sich auf Fragen der schulischen Vermittlung des wissenschaftlichen philosophischen Wissens- und Problembestandes einließen (vgl. Ballauf 1956/1975; Derbolav 1964; Hahne 1959; Heintel 1972; Lassahn 1972; Püllen 1958).»

2.2.3 Erneuerung seit den 1970er-Jahren

Nach der Reform der gymnasialen Oberstufe von 1972, welche die Philosophie als ordentliches Fach am Gymnasium in allen Bundesländern verankert (siehe §2.1.3), kommt es in Deutschland zu einer Erneuerung der Fachdidaktik. Nicht nur wird dadurch das Interesse an der didaktischen Auseinandersetzung mit dem Fach erhöht und die Legitimationsdiskussion weitergeführt (siehe Renda 1981; Vogel

1980; Hengelbrock 1992), sondern es kommt auch zum ersten Mal zur Entwicklung von Unterrichtsmethoden und umfassenden fachdidaktischen Ansätzen. Die Entwicklung der Fachdidaktik lässt sich an der Geschichte der Fachzeitschriften nachzeichnen.

1969 wird die Zeitschrift *Aufgaben und Wege des Philosophieunterrichts* gegründet. Diese einmal jährlich erscheinende Zeitschrift ist Ort verschiedener philosophiedidaktischer Diskussionen. Darin wird 1972 der Aufsatz «Zum Philosophieunterricht an Gymnasien. Einige Anmerkungen und Thesen» von Rudolf Lassahn publiziert, in welchem er unter anderem den Inhalt des Philosophieunterrichts neu bestimmen will, ebenso wie die Antwort darauf von Wolfgang Deppe (siehe §3.2). In dieser Zeitschrift werden 1974 auch der frühe Aufsatz von Ekkehard Martens «Diskussion und Wahrheit. Konsenstheoretische Philosophiedidaktik am Modell eines Einführungskurses» und 1976 der Aufsatz «Thesen zur Legitimierung von Philosophie als Unterrichtsfach am Gymnasium» von Wulff Rehfus publiziert. Martens und Rehfus entwickeln die zwei ersten umfassenden fachdidaktischen Ansätze, den bildungstheoretisch-identitätstheoretischen Ansatz und den dialogisch-pragmatischen Ansatz (siehe §4). Beide Ansätze haben die philosophiedidaktische Debatte maßgeblich über Jahrzehnte hinweg geprägt (Kledzik 1999; Henke 2000).

Als die Zeitschrift 1979 eingestellt wird, erscheint im selben Verlag (Hirschgraben) eine neue, die Zeitschrift *Philosophie. Anregungen für die Unterrichtspraxis* (1987 wurde sie in *Philosophie. Beiträge zur Unterrichtspraxis* unbenannt und 1997 schließlich eingestellt). Der Titel macht deutlich, dass es nun um die Praxis des Unterrichts geht. Jedes Heft ist thematisch aufgebaut und enthält philosophische und fachdidaktische Beiträge.

Im selben Jahr, 1979, wird auch die neue *Zeitschrift für Didaktik der Philosophie* (ZDP) von einer Gruppe von Deutschen und Österreichern gegründet, namentlich von Ekkehard Martens und Wolf Deicke aus Hamburg, Thomas Macho und Jakob Huber aus Klagenfurt, Elisabeth List aus Graz, Ludwig Nagl aus Wien, Ekkehard Nordhofen aus

Frankfurt a.M. und Gisela Raupach-Strey aus Hannover. Die Zeitschrift, die ab 1993 als *Zeitschrift für Didaktik der Philosophie und Ethik* geführt wird, um der Wichtigkeit des neuen Schulfachs «Ethik» Rechnung zu tragen, erscheint nicht wie ihre Vorgänger einmal im Jahr, sondern viermal. Jedes Heft ist thematisch aufgebaut und enthält fachphilosophische und fachdidaktische Aufsätze dazu, sowie Aufsätze zur fachdidaktischen Diskussion, Praxisberichte und Buchrezensionen. Die Anzahl und geografische Verbreitung der Gründungsmitglieder, die Erscheinungsfrequenz und vor allem die inhaltliche Ausrichtung der Zeitschrift zeigt an, dass sich die Fachdidaktik Philosophie etabliert hat.

In den 1980er-Jahren werden philosophiespezifische Unterrichtsmethoden entwickelt. Zum Beispiel die siebenteilige Lernorganisation von Rehfus (siehe §4.1) und die dreiteilige Unterrichtsorganisation von Martens (siehe §4.2). Als Höhepunkt dieser Arbeiten kann das von Rehfus und Horst Becker herausgegebene *Handbuch des Philosophie-Unterrichts* (1986) angesehen werden. Darin wird zum ersten Mal die philosophiedidaktische Diskussion in ihrer ganzen Breite dargestellt (vgl. jedoch Trinks 1987). Noch heute ist das *Handbuch* der Bezugspunkt für jede Diskussion über die Grundlagen der Fachdidaktik.

Als 1984 das Fach «Ethik» als «Ersatzfach» für Religionslehre in Baden-Württemberg eingeführt wird (siehe §2.1.4), gibt es keine Ausbildung für Ethiklehrer. Deshalb treffen sich mehrere Lehrer, Fachberater und ein Pädagoge, um über Fortbildung für Ethiklehrer zu beraten. Auf Initiative von Konrad Heydenreich gründen 1987 in Stuttgart Wolfgang Schaufler, Erika Schilling, Christine Ehrlenspiel, Gerd Jäckle, Hans-Peter Mahnke und Alfred Treml die Zeitschrift *Ethik und Unterricht* (EU). Die Zeitschrift erscheint vierteljährlich. Jede Ausgabe ist thematisch geordnet und veröffentlicht philosophische, didaktische und unterrichtspraktische Beiträge (vom Philosophieren mit Kindern bis zur Sekundarstufe II) sowie Buchrezensionen. Mit «Ethik und Unterricht» besteht somit eine zweite fachdidaktische Zeitschrift, die zudem spezifisch auf das Fach «Ethik» ausgerichtet ist.

Für den fachlichen und fachdidaktischen Austausch wichtig ist die Vereinigung der Philosophielehrer. Für Deutschland ist dies der *Fachverband Philosophie*, der bereits 1957 gegründet wurde und aus den Vereinigungen der einzelnen Bundesländer besteht. Für die Schweiz ist dies der *Schweizerische Verband der Philosophielehrerinnen und Philosophielehrer an Mittelschulen* (VSPM). In Österreich gibt es die *Bundesarbeitsgemeinschaft der Psychologie- und PhilosophielehrerInnen* (Bundes-ARGE PuP).

Als ein weiterer wichtiger Fortschritt ist die Institutionalisierung der fachdidaktischen Ausbildung zu nennen. An zahlreichen Universitäten werden mittlerweile Kurse zur Fachdidaktik Philosophie angeboten. 1999 findet an der Technischen Universität Dresden die erste deutsche Fachtagung zur Philosophie- und Ethikdidaktik statt. Anlässlich dieser Tagung wird das *Forum für Didaktik der Philosophie und Ethik* gegründet, dessen Ziel darin besteht, «eine Bestandesaufnahme der fachdidaktischen Lehre und Forschung in Deutschland zu ermöglichen und neue Impulse für weitergehende Projekte auf diesem Gebiet zu geben». Im Anschluss daran wird auch eine neue Zeitschrift gegründet, das *Jahrbuch für Didaktik der Philosophie und Ethik*. Diese von Johannes Rohbeck herausgegebene Zeitschrift soll «ausführliche und fundierende Beiträge zur Didaktik der Philosophie und Ethik» publizieren. Seit 2004 gehört das Forum zur *Deutschen Gesellschaft für Philosophie* (DGPhil), der größten deutschen philosophischen Vereinigung. Solche Vereinigungen sind der Ort, um Erklärungen zu formulieren, z.B. die Konstanzer Erklärung der *Allgemeinen Gesellschaft für Philosophie* und der *Fachverbände Philosophie und Ethik* zum Philosophie- und Ethikunterricht an allgemeinbildenden Schulen sowie zur Lehrerausbildung an deutschen Hochschulen vom 4. Oktober 1999 und die Bonner Erklärung der *Deutschen Gesellschaft für Philosophie* zum Philosophie- und Ethikunterricht vom 25. Februar 2002.

Nach vierzig Jahren Arbeit von Fachdidaktikerinnen und Fachdidaktikern und Lehrerinnen und Lehrern ist die Situation der

Fachdidaktik Philosophie heute wie folgt: Es existieren drei etablierte Fachzeitschriften, verschiedene fachdidaktische Ansätze und Unterrichtsmethoden, ein gemeinsames Forum für Philosophie- und Ethiklehrer, eine institutionalisierte fachdidaktische Ausbildung und zahlreiche Lehrmittel, Textsammlungen und andere Unterrichtsmaterialien.

2.2.4 Erneuerung in anderen Ländern

In Frankreich erweist sich die Situation des Philosophieunterrichts und damit der Philosophiedidaktik als eine andere als in Deutschland. Traditionell ist hier der Unterricht der Philosophie im Lehrplan als obligatorisches Fach des letzten Jahres des Gymnasiums verankert (siehe §2.1.8). Dies mag erklären, weshalb es in Frankreich keine ähnlich lange und umfangreiche Debatte zur Legitimation des Philosophieunterrichts wie in Deutschland gibt (siehe §2.2.2). Ziel des Philosophieunterrichts ist in der republikanischen Tradition die Entwicklung des eigenständigen Denkens, wie es Anatole de Monzie 1925 in den Richtlinien schreibt (Monzie 1925; siehe dazu Knipping 1997: 53). Dies ist bis heute Konsens (Muglioni 1992; Tozzi 2006).

Auch in Frankreich ist es seit den 1970er-Jahren zu einer Erneuerung der Philosophiedidaktik gekommen. 1975 wurde auf der Grundlage eines Textes von Jacques Derrida (1930–2004) die GREPH *(Groupe de recherches sur l'enseignement philosophique)* gegründet. Die GREPH hatte hauptsächlich zwei reformatorische Ziele. Erstens sollte das Fach Philosophie aus der als Isolation empfundenen Konzentration auf das eigene Fach befreit und mit anderen Fächern in Verbindung gebracht werden. Zweitens sollte aufgrund der Annahme, dass jeder Mann und jede Frau ein «Recht auf Philosophie» habe (Derrida 1990; 1991/1998), der Unterricht der Philosophie am Gymnasium *(lycée)* von der letzten Jahrgangsstufe *(terminale)* auf mindestens die zwei Jahre davor ausgeweitet werden *(première und seconde),* wenn nicht bis in die Sekundarstufe I und Primarschule. 1977 wurde unter dem Autorennamen «GREPH» das Buch *Qui a peur de la philosophie?* veröffentlicht (GREPH 1977). Die Generalversammlung der Philosophie *(Les Etats Généraux de la Philosophie),* die 1979 an der Sorbonne in Paris abgehalten wurde, stimmte den Grundprinzipien der GREPH zu. Vier Jahre später wurde ein entsprechender Vorschlag formuliert *(Proposition pour l'institution de l'enseignement philosophique dans le second cycle de l'enseignement secondaire).* Zum Zweck des Austausches zwischen verschiedenen philosophischen Richtungen aus verschiedenen Ländern wurde im selben Jahr das *Collège international de philosophie* gegründet (Châtelet et al. 1998). Obwohl die GREPH die genannten Ziele nicht erreichte, beeinflusste ihre Arbeit dennoch die fachdidaktische Diskussion.

Man kann in Frankreich vereinfachend zwei fachdidaktische Richtungen unterscheiden. Auf der einen Seite diejenige, die versucht innerhalb des traditionellen Verständnisses den Philosophieunterricht weiterzuentwickeln, und auf der anderen Seite diejenige, die versucht dem traditionellen Verständnis ein neues entgegenzustellen. Zur ersten Richtung, die vom Inspektorat und der Philosophielehrervereinigung APPEP geteilt wird, sind die Arbeiten am *Institut National de la Recherche pédagogique* (INRP) unter der Leitung von Françoise Raffin zu zählen. Diese Arbeiten haben zu einer Reihe von Veröffentlichungen zum Aufsatzschreiben und zur Lektüre klassischer Texte geführt (Raffin et al. 1994; 1995; 2002). Zu dieser Richtung gehören auch die Arbeiten zu denselben Themen von Jacqueline Russ (1992; 1998). Zur zweiten, mehr reformatorischen Richtung sind drei verschiedene Stränge zu zählen. Erstens, die Arbeiten von France Rollin (1982) und später die Arbeiten von Michel Tozzi (Tozzi 1992; 1994; 1998; Tozzi et al. 1992; siehe § 4.4). Zweitens, die Arbeiten seit den 1990er-Jahren der Sektion Philosophie der französischen Vereinigung für Reformpädagogik (*Groupe français pour l'éducation nouvelle,* GFEN). Seit 1997 gibt diese Sektion der GFEN unter der Leitung von Nicole Grataloup zudem die Zeitschrift *Pratiques de la philosophie* mit fachdidaktischen Beiträgen vor allem zu alternativen und neuen Formen des Philosophieunterrichts heraus (siehe auch Grataloup/Guinchard 2005). Drittens, die Arbeiten der 1998 gegründeten ACIREPh *(Association pour la Création d'Instituts de Recherche pour l'Enseignement de la Philosophie)*. Die ACIREPh, die auch ein Manifest zum Philosophieunterricht veröffentlichte *(Manifeste pour l'enseignement de la philosophie)*, beeinflusst die fachdidaktische Diskussion durch die Veranstaltung jährlicher Konferenzen und seit 2001 mit der Herausgabe der Zeitschrift *Côté Philo: Journal de l'enseignement de la philosophie*. Ein Resultat der Bemühungen ist auch eine grundsätzliche Debatte zum Schüleraufsatz (siehe Rosat 2001; Guinchard 2002; Engel 2003).

Diese verschiedenen Gruppierungen der mehr traditionellen oder mehr reformatorischen Richtung sind zwischen 1999 und 2001 auf Initiative von Philippe Meirieu zu Diskussionen an den runden Tisch zusammengekommen. Aus dieser Arbeit sind keine Publikationen entstanden, und es scheint, als würden die verschiedenen Gruppierungen ihre Arbeit nach wie vor je für sich weiterführen.

Zu erwähnen ist schließlich die international vielleicht wichtigste Neuerung, die Gründung 1999 der fachdidaktischen Zeitschrift *L'Agora/DIOTIME revue internationale de didactique de la philosophie* durch Michel Tozzi. Zunächst nur auf Französisch und seit 2007 auch auf Englisch und Spanisch (und seit 2003 nur noch online), veröffentlicht die Zeitschrift sowohl theoretische Beiträge zur Fachdidaktik als auch Praxisberichte aus Frankreich und anderen Ländern. Darin haben auch Fachdidaktiker aus Deutschland (Kledzik, Martens, Rohbeck), der Schweiz (Frieden) und Autoren aus Italien, Spanien und anderen Ländern Beiträge veröffentlicht, sodass die Zeitung zu einer Plattform des internationalen Austausches geworden ist.

In Italien, wo der Unterricht der Philosophie historisch ausgerichtet ist, kommt es in den 1990er-Jahren unter anderem dank der Kommission Brocca zu einem Erneuerungsversuch (siehe §2.1.8 und §2.1.9). Dies hat jedoch nicht zu einem tief greifenden Wandel vom historischen zum problemorientierten Unterricht geführt. Stattdessen scheint der bereits zuvor vorhandene Graben zwischen den traditionell an der Philosophiegeschichte ausgerichteten und den für den problemorientierten Unterricht plädierenden Lehrenden weiterhin zu bestehen (Cosentino 2006). Dennoch gibt es auch in Italien Erneuerungsbewegungen. Dazu sind insbesondere die Arbeiten von Enzo Ruffaldi (1999; Ruffaldi/Trombino 2004) und Mario Trombino (1999; 2000) zu zählen (siehe Frieden 2006). Bemerkenswert ist schließlich, dass verschiedene Fachzeitschriften bestehen, in denen Beiträge zur Didaktik und zum Unterricht der Philosophie publiziert werden.

In Spanien ist die didaktische Ausbildung von Lehrkräften insgesamt minimal. Dennoch gibt es philosophiedidaktische Arbeiten und Bewegungen. Da ist die Gründung der spanischen Gesellschaft der Philosophielehrer (*Sociedad Española de Profesores de Filosofía* SEPFI) 1980 auf Initiative von Ángel López Herrerías, Antonio Aróstegui Megías, Félix Garcia Moriyón und Pedro Ortega Campos zu nennen. Diese gibt auch die Zeitschrift *Paideia* heraus. Als erster wichtiger didaktischer Beitrag gilt derjenige von C. Tejedor Campomames (1984). Des Weiteren sind die für Spanien innovativen Beiträge von Ignacio Izuzquiza (1982) und von Domínguez Reboiras und Orio de Miguel (1985) zu erwähnen. Der nach wie vor mehrheitlich lehrerorientierte Unterricht scheint davon nicht entscheidend beeinflusst worden zu sein (Vasquez 2007).

In angelsächsischen Ländern, wo das Fach Philosophie an den Mittelschulen relativ geringe Bedeutung hat, setzt sich die Didaktik der Philosophie – mit Ausnahme des Philosophierens mit Kindern und des *kritischen Denkens* (siehe § 2.1.8.) – hauptsächlich mit dem Unterricht an der Hochschule *(College)* auseinander. Mindestens seit 1958 und dem Grundsatzdokument der Amerikanischen Philosophischen Gesellschaft (*American Philosophical Association* APA) zum Unterricht der Philosophie an Schulen aller Stufen (Shepard 1978) und noch stärker seit 1976 und der Gründung der Amerikanischen Vereinigung der Philosophielehrer (*American Association of Philosophy Teachers* AAPT) zum Zweck der Förderung des Philosophieunterrichts auf allen Stufen ist das Unterrichten der Philosophie in den USA Gegenstand der Aufmerksamkeit von Philosophinnen und Philosophen. Dies zeigt sich unter anderem an verschiedenen Veröffentlichungen. So publiziert die APA seit 1974 Informationen zum Philosophieunterricht, seit 1979 als *Newsletter*, in welchem fachdidaktische Aufsätze und Buchrezensionen veröffentlicht werden. Die Zeitschrift *Metaphilosophy*, angeregt durch eine Idee von Michael Scriven, publizierte von 1971 bis 1986 Beiträge zum Unterrichten der Philosophie. Seit 1975 existiert eine spezialisierte Fachzeitschrift, *Teaching Philosophy*. (Zu den Anfängen der Philosophiedidaktik in den USA siehe Fischer 1979; Nagl 1979; zur Entwicklung siehe Leeuw/Mostert 1988.) Mindestens seit 1987 werden, wenn auch nur vereinzelt, universitäre Kurse zum Unterrichten der Philosophie angeboten (siehe Benjamin 2003; Kasachkoff 2004).

3 Fragen

Zu den grundsätzlichen Fragen der Philosophiedidaktik gehören die Begründungsfrage, die Inhaltsfrage, die Methodenfrage und die Prüfungsmethodenfrage (siehe § 1.5). Hier werde ich versuchen, auf diese Fragen näher einzugehen.

3.1 Begründung

Wozu soll das Fach Philosophie gelehrt werden? Diese Frage hat eine triviale Antwort, die sich aus dem Begriff des Philosophieunterrichts ergibt: Das Fach Philosophie soll gelehrt werden, damit Philosophieren gelernt wird. Nun kann man die Frage stellen, wozu man Philosophieren lernen soll. Dies führt zur Frage, worum man überhaupt philosophieren soll. Auf diese philosophische Frage gehe ich in dieser fachdidaktischen Einführung nicht näher ein.

Die Frage, wozu das Fach Philosophie gelehrt werden soll, kann aber auch als Frage verstanden werden, wozu das Fach *an der Schule* unterrichtet werden soll. Diese Frage muss man noch genauer hinsichtlich der Schulstufe und der Art der Schule präzisieren. In diesem Buch steht das *Gymnasium* im Vordergrund. Die Frage ist also: *Wozu sollen Gymnasiastinnen und Gymnasiasten Philosophieren lernen?*

3.1.1 Philosophie als Aufklärung

Als Orientierungspunkt der Philosophie kann der Aufklärungsgedanke von Kant dienen (siehe § 2.2.1). Gymnasiastinnen und Gymnasiasten sollen Philosophieren lernen, um der selbstverschuldeten Unmündigkeit zu entkommen und eigenständiges Denken zu entwickeln und zu verbessern. Dem kann wohl nur zugestimmt werden – wobei lange nicht alle zustimmen, wie ein Blick auf verschiedene Paradigmen des Philosophieunterrichts zeigt (siehe § 2.1.9) –, doch gilt diese Begründung nicht speziell für die Philosophie, sondern mehr oder weniger für alle Fächer, in denen es um die Schulung des Intellekts geht. Die Philosophie als Fach steht in Konkurrenz zu diesen Fächern, und wenn es keine guten Gründe gibt, die speziell für die Philosophie sprechen, so ist es schwierig, dafür zu argumentieren, dass Philosophie Teil des gymnasialen Curriculums sein soll.

3.1.2 Wissenschaftspropädeutik vs. die innere Einheit der Bildung

Seit Einführung des neuhumanistischen Gymnasiums zu Beginn des 19. Jahrhunderts in Deutschland ist die Frage der Begründung des Philosophieunterrichts am Gymnasium lange diskutiert worden (siehe § 2.2.2). Wie Ingrid Stiegler (1986) gezeigt hat, war die Diskussion bis in die 1970er-Jahre von zwei Gründen geprägt: Einerseits wurde argumentiert, der Philosophieunterricht am Gymnasium diene der allgemeinen *Wissenschaftspropädeutik*, andererseits wurde argumentiert, er diene dazu, die *innere Einheit* der gymnasialen Bildung zu garantieren.

Die Wissenschaftspropädeutik wird bereits seit Langem von den einzelnen wissenschaftlichen Fächern übernommen. Die innere Einheit, sofern sie überhaupt als wichtig erachtet wird, kann auch von anderen Fächern übernommen werden, wie Religion, Deutsch und Geschichte.

An der Idee, dass die Philosophie eine Integration verschiedener Wissenschaften herbeiführen könne, übt Rudolf Lassahn (1972: 13) folgende Kritik:

«Kein Philosoph verfügt heute über derart umfangreiches Einzelwissen, dass er auch nur die Voraussetzungen von drei Fachdisziplinen bedenken könnte. [...] Es wird mit derart spezialisierten und verfeinerten Methoden gearbeitet, dass der ‹Integrationswissenschaftler› immer nur am Rande stehen und der Empfangende sein kann, meistens jedoch der ‹staunende Laie› bleibt. Die Philosophie bringt eben jene Kraft zur Integration gar nicht mehr mit.»

Wenn die Philosophie eine «Integration» leisten soll, so muss sie dies anders tun, zum Beispiel indem sie allgemeine erkenntnis- und wissenschaftstheoretische oder ethische Fragen und Antwortmöglichkeiten aufzeigt (siehe Deppe 1973).

3.1.3 Wissenschaftspropädeutik vs. Alltagsorientierung

An der Wissenschaftspropädeutik, noch allgemeiner an der Ausrichtung des gymnasialen Philosophieunterrichts richtet Ekkehard Martens (1979: 141) folgende Kritik:

«Die Erwartung der Schüler an die Philosophie, sie solle bei der Lösung von ‹Lebensproblemen› helfen, sollte ihnen nicht als naiv ausgeredet, sondern als Herausforderung an eine ‹bloß akademische› Philosophie ernst genommen werden, will man nicht ihre Heils-Leere einer Heils-Lehre überlassen.»

Dabei stellt sich sogleich die Frage: Haben die Schülerinnen und Schüler diese Erwartung (noch) an die Philosophie? Und es stellt sich auch die Frage: Kann die Philosophie diese Erwartung überhaupt befriedigen?

Wulff Rehfus ist der Ansicht, dass es gar nicht um die Beantwortung von Lebensproblemen geht, sondern darum, eine grundlegende Identitätskrise zu beheben. Er schreibt (Rehfus 1976: 9):

«Das Schulfach Philosophie unterscheidet sich in seiner Bildungsfunktion spezifisch dadurch von anderen Fächern, dass es die Voraussetzung schafft, welche Wissen und Kritikfähigkeit erst ermöglicht: die Konstituierung von Selbstbewusstsein qua Ich-Identität.»

Dabei stellen sich sogleich Verständnisfragen: Was bedeutet hier «Wissen», «Kritikfähigkeit», «Konstituierung», «Selbstbewusstsein» und «Ich-Identität»? Die These, dass die Philosophie notwendig dafür ist, dass jemand fähig ist, etwas zu wissen und etwas zu kritisieren, ist falsch, denn wir verstehen uns als selbstbewusste Wesen, bevor wir philosophieren (Tichy 1998: 224). (Damit stellte sich die Frage: Welche Art von Wissen und Kritikfähigkeit lässt sich nur mit Philosophie erlangen?)

3.1.4 Kompetenzen und Bildungsstandards

Im heutigen bildungspolitischen Jargon ist viel von «Kompetenzen» oder «Bildungsstandards» die Rede. Im Rahmenlehrplan Gymnasium, der von der Schweizerischen Konferenz der Erziehungsdirektoren (EDK) am 9. Juni 1994 verabschiedet wurde, werden die allgemeinen Ziele der Maturitätsbildung in folgende fünf Kompetenzbereiche eingeteilt: Kompetenzen im sozialen, ethischen und politischen Bereich; im intellektuellen, wissenschaftlichen und erkenntnistheoretischen Bereich; im kommunikativen, kulturellen und ästhetischen Bereich; in den Bereichen der Persönlichkeitsentwicklung und der Gesundheit; in den Bereichen der persönlichen Lern- und Arbeitstechniken, der Wissensbeschaffung und der Informationstechnologien. Die Philosophie kann sicherlich zur Förderung von Kompetenzen im intellektuellen, wissenschaftlichen und erkenntnistheoretischen Bereich eingesetzt werden, und sie kann auch positive Effekte für die Entwicklung der Kompetenzen im sozialen und kommunikativen Bereich und im Bereich der Persönlichkeitsentwicklung haben. Doch notwendig ist die Philosophie für die Entwicklung keiner dieser Kompetenzen; auch andere Fächer können diese Aufgabe übernehmen.

Die *Deutsche Gesellschaft für Philosophie* kategorisiert in ihrer Bonner Erklärung zum Philosophie- und Ethikunterricht vom 25. Februar 2002 die zu lehrenden Kompetenzen wie folgt: Textkompetenz, Soziale Kompetenz, Interkulturelle Kompetenz, Urteilskompetenz,

Orientierungskompetenz und Interdisziplinäre Methodenkompetenz. Auch diese Einteilung zeigt die Notwendigkeit der Fächer Philosophie und Ethik nicht auf, denn all die genannten Kompetenzen können auch in anderen Fächern entwickelt werden. Die Lehrpläne von Deutsch, Fremdsprachen, Geschichte, Psychologie, Geografie und Biologie könnten so formuliert werden, dass all die genannten Kompetenzen berücksichtigt würden.

Man könnte nun daraus folgern, dass das, was die Philosophie lehrt, auch in anderen Fächern gelehrt werden kann und es somit keinen Grund für ein spezielles Fach Philosophie gibt. Man könnte die Argumentation aber auch gerade umdrehen: Weil die Philosophie alle diese verschiedenen Kompetenzen fördern kann, gibt es keinen Grund, ihr ein anderes Fach vorzuziehen. Doch ein solcher Schachzug verspricht kaum Erfolg: Jedes Fach wird etwas vorzubringen wissen, was die Philosophie nicht zu bieten vermag. Was also zeichnet die Philosophie gegenüber anderen Fächern aus?

3.1.5 Kritisches Denken

Als Zweck des Philosophieunterrichts wird von verschiedener Seite die Schulung des «kritischen Denkens» (*critical thinking*, siehe §2.1.8) angeführt. Vielfach wird dies in Zusammenhang mit der Erziehung zu einem verantwortungsbewussten Bürger im demokratischen Staat gesehen (z.B. Martens 1986a; Henke 1987; Droit 1995; Tozzi 1998a).

Die Philosophie kann jedoch keinen Anspruch auf das Monopol der Schulung des kritischen Denkens erheben, denn auch andere Fächer, z.B. Deutsch oder Psychologie, können – und vielleicht sogar noch besser als die Philosophie – diese Aufgabe übernehmen (Rollin 1982: 23). Die Schulung des kritischen Denkens bleibt notwendiger Teil des Philosophieunterrichts. Wird nämlich nicht das eigenständige Denken der Schülerinnen und Schüler gefördert, sondern das Nachvollziehen (oder gar nur Nachsprechen) dessen, was andere gesagt haben, so ist es mit der Philosophie bald zu Ende. Einen entsprechenden

Missstand stellte Friedrich Nietzsche (1874: 357–358) im universitären Philosophiestudium im 19. Jahrhundert fest:

> «Und nun denke man sich einen jugendlichen Kopf, ohne viel Erfahrung durch das Leben, in dem fünfzig Systeme als Worte und fünfzig Kritiken derselben neben- und durcheinander aufbewahrt werden – welche Wüstenei, welche Verwilderung, welcher Hohn auf eine Erziehung zur Philosophie! In der Tat wird auch zugeständlich gar nicht zu ihr erzogen, sondern zu einer philosophischen Prüfung, deren Erfolg, bekanntlich und gewöhnlich ist, dass der Geprüfte, ach Allzugeprüfte! – sich mit einem Stossseufzer eingesteht: ‹Gott sei Dank, dass ich kein Philosoph bin, sondern Christ und Bürger meines Staates!› Wie, wenn dieser Stossseufzer eben die Absicht des Staates wäre und die ‹Erziehung zur Philosophie› nur eine Abziehung von der Philosophie?»

Die Schulung des kritischen Denkens ist notwendiger Bestandteil des Philosophieunterrichts. Um die Philosophie von anderen Fächern abzugrenzen, kann der Gegenstand des kritischen Denkens näher bestimmt werden. Im schweizerischen Rahmenlehrplan Gymnasium wird das allgemeine Bildungsziel des Fachs Philosophie wie folgt beschrieben: «Ziel des Philosophieunterrichts ist die Fähigkeit […] selbständig, kritisch und selbstkritisch nachzudenken über das, was uns persönlich und den Gemeinschaften und Gesellschaften als wirklich oder scheinhaft, wert oder unwert gilt, und darüber, was als solches gelten soll […]».

3.1.6 Philosophieren

Für einen Philosophen oder eine Philosophin ist es schwierig, sich vorzustellen, wie ein gymnasiales Curriculum *ohne* Philosophie möglich ist. Man kann jedoch nicht davon ausgehen, dass alle diese Schwierigkeit teilen. Deshalb ist die Philosophie gefordert – wer denn sonst? Im Unterschied zu anderen Fächern untersucht die Philosophie *grundlegende* Fragen. Sie stellt Fragen nach der Bedeutung grundlegender Begriffe und nach der grundlegenden Begründung von allgemeinen Aussagen (siehe Teil I, § 2). Im Unterschied zu anderen Fächern stellt die Philosophie unsere mehr oder weniger gesicherten Überzeugungen *infrage*. Dieses Infragestellen kennt prinzipiell keine Grenzen, d.h. es kann prinzipiell jede Überzeugung infrage gestellt werden. Nur in der Philosophie wird etwas derart radikal infrage gestellt. Wenn dies in anderen Fächern geschieht, so wird philosophiert. Die Auseinandersetzung mit grundlegenden Fragen gehört zu dem, was uns als rationalen Wesen wichtig ist. (Jetzt habe ich dennoch begonnen, die Frage zu beantworten, die ich eigentlich nicht beantworten wollte.)

3.1.7 Praktische Fragen

Der praktizierenden Lehrperson stellt sich die Begründungsfrage noch ganz anders. Es geht in der Praxis des Unterrichtens nicht darum, zu begründen, weshalb das Fach Philosophie im Curriculum seinen Platz haben muss und welchen Stellenwert es darin hat. Vielmehr geht es um die Begründung dessen, was konkret unterrichtet wird: *Wozu sollen die Schülerinnen und Schüler das lernen, was ich sie lehre?*

Diese Frage verlangt *nicht* danach, dass man erläutert, inwiefern das, was die Schülerinnen und Schüler lernen, für die gymnasiale Bildung und für sie (in ihrem Leben) nützlich ist. Die Frage ist vielmehr ganz einfach so zu beantworten, dass die Schülerinnen und Schüler dies lernen sollen, weil es dazu beiträgt, dass sie Philosophieren lernen. Die Frage, die sich dann stellt, lautet: *Inwiefern trägt das, was ich die Schülerinnen und Schüler lehre, dazu bei, dass sie Philosophieren lernen?*

3.2 Inhalt

Was soll im Fach Philosophie gelehrt und gelernt werden? Diese Frage hat ebenfalls eine triviale Antwort, die sich aus dem Begriff des Philosophieunterrichts ergibt: Im Fach Philosophie soll Philosophieren gelehrt und gelernt werden. Doch damit ist noch nicht gesagt, welches Gebiet oder welches Thema der Philosophie bearbeitet werden soll: *Welche Gebiete/Themen sollen im Philosophieunterricht behandelt werden?*

3.2.1 Lehrpläne

Man kann die Philosophie bekanntlich in verschiedene Gebiete einteilen, z.B. gemäß den Sektionen des 7. Internationalen Kongresses der *Gesellschaft für Analytische Philosophie* (GAP): (1) Logik und Wissenschaftsphilosophie, (2) Erkenntnistheorie, (3) Sprachphilosophie, (4) Philosophie des Geistes, (5) Metaphysik und Ontologie, (6) Angewandte Ethik, Politische Philosophie, Rechts- und Sozialphilosophie, (7) Normative Ethik, Metaethik, Handlungs- und Entscheidungstheorie, (8) Ästhetik und Religionsphilosophie. Das ist natürlich nur eine Möglichkeit der Aufteilung; es gibt viele andere. Die Frage nun, welche von diesen (oder anderen) Gebieten und welche Themen im Unterricht behandelt werden sollen, ist nicht so leicht zu beantworten: Es gibt so viel Spannendes, und wenn man das eine wählt, so kommt etwas anderes zu kurz, denn in der begrenzten Zeit der gymnasialen Bildung kann man nicht alle Themen bearbeiten. (Auch gehören nicht alle Themen gleichermaßen an die Schule, sondern besonders solche, welche den Einzelnen fundamental betreffen, siehe Henke 1987: 186).

In den meisten Lehrplänen im deutschsprachigen Raum ist zu Beginn eine Einführung vorgesehen in das, was Philosophie ist, und danach Einführungen in verschiedene grundlegende Gebiete der Philosophie. Es ist lohnenswert, sich für die Einführung Zeit zu nehmen, denn die Schülerinnen und Schüler wissen zu Beginn noch gar nicht, was Philosophie ist, und die Philosophie ist in ihrem Infragestellen verschieden von anderen Schulfächern. Es lohnt sich ebenfalls, im Unterricht verschiedene Gebiete einzuführen, damit die Schülerinnen und Schüler verschiedene Aspekte der Philosophie kennenlernen. Im Lehrplan von Rheinland-Pfalz zum Beispiel, ist der Kurs Philosophie von der 11. bis zur 13. Klasse in drei Themenblöcke gegliedert, und es steht in Bezug auf den Einstieg in die Philosophie in der 11. Klasse Folgendes:

«Die Einstiegsphase im Fach Philosophie erhält [...] einen besonderen Charakter. [...] Es gilt, [den Schülerinnen und Schülern] ein erstes Verständnis von Philosophieren als Durchdenken prinzipieller Fragen zu vermitteln. Der Prozess des Durchdenkens ist die methodische Suche nach begründeten Antworten. Im Themenblock I geht es also um die Vermittlung einer inhaltlichen und methodologischen Grundbildung, auf der der weitere Unterricht aufbauen kann.»

Die drei Themenblöcke enthalten je verbindliche Themenbereiche. Themenblock I: Grundfragen der philosophischen Anthropologie, der Philosophie der Natur und der Philosophie der Erkenntnis. Themenblock II: Grundfragen der Geschichtsphilosophie, der philosophischen Ethik und der Staats- und Rechtsphilosophie. Themenblock III: Grundfragen der Logik und der Wissenschaftstheorie. Sodann gibt es einen Wahlpflichtbereich mit einer Liste weiterer Gebiete und Themen: Ästhetik, Außereuropäisches Denken, Geschichte der Philosophie, Handlungstheorie, Ideologie/Ideologiekritik, Künstliche Intelligenz, Kulturphilosophie, Metaphysik, Ontologie, Philosophie des Geistes, Religionsphilosophie, Semiotik, Sprachphilosophie, Wahrnehmungstheorie.

In anderen Ländern sehen Lehrpläne anders aus. In Frankreich, zum Beispiel, ist der Lehrplan weniger an Gebieten als vielmehr an zentralen Begriffen ausgerichtet. In Italien besteht der Inhalt des Unterrichts in Philosophiegeschichte und ist auf Epochen und Namen ausgerichtet, so auch zum Teil in Spanien (siehe § 2.1.8). Lehrpläne in Deutschland enthalten in der Regel weder Begriffe noch Namen, sondern Themen und Gebiete. Da sich Begriffe und Namen in einer Weise verändern, wie es Gebiete nicht tun, scheint dies sinnvoll. Es hebt zudem den systematischen Aspekt der Philosophie hervor.

In einigen Ländern sind die im Lehrplan festgelegten Vorgaben zu Inhalt und Methode des Unterrichts ziemlich genau, in anderen Ländern lassen die Vorgaben den Lehrpersonen mehr Freiraum. (Wird der Lehrperson viel Freiraum gegeben, trägt die Lehrperson auch viel Verantwortung für ihren Unterricht. Somit wird die Aufgabe für sie herausfordernd, spannend und befriedigend, und sie kann die eigenen Interessen und Stärken sowie die Interessen der Klasse flexibel berücksichtigen.)

3.2.2 Philosophiegeschichte im Philosophieunterricht?

Soll im Philosophieunterricht Philosophiegeschichte behandelt werden? Der Begriff «Philosophiegeschichte» ist mehrdeutig. Man muss zwischen der Philosophiegeschichte als Tätigkeit und Philosophiegeschichte als Inhalt unterscheiden.

Versteht man Philosophiegeschichte als Tätigkeit, so kann man dies entweder als historische oder als philosophische Tätigkeit verstehen. Kant bemerkt in den *Losen Blättern* (1889: 341):

> «Eine philosophische Geschichte der Philosophie ist selber nicht historisch oder empirisch sondern rational d.i. *a priori* möglich. Denn ob sie gleich Facta der Vernunft aufstellt so entlehnt sie solche nicht von der Geschichtserzählung sondern sie zieht sie aus der Natur der menschlichen Vernunft als philosophische Archäologie».

Kant erläutert leider nicht, was er mit «philosophischer Archäologie» genau meint. Man kann darunter den Versuch verstehen, *a priori* (im Sinne Kants) die Natur des Menschen zu erkennen. Philosophie ist *a priori*, Geschichte ist *a posteriori*. Somit kann Philosophiegeschichte in diesem Sinn nicht eine philosophische Tätigkeit sein. Dennoch kann Philosophiegeschichte auch als philosophische Tätigkeit verstanden werden. Dann ist Philosophiegeschichte aber eben keine Geschichte, sondern Philosophie. Diese Ansicht wurde von Denkern in der kantischen Tradition aufgenommen, so zum Beispiel von Johann Christian Grohmann (1797: 30) und Wilhelm Gottlieb Tennemann (1812; siehe auch Hegels *Vorlesungen über die Geschichte der Philosophie*).

Man muss jedoch Kants Auffassung von Philosophie nicht teilen, um Philosophiegeschichte als eine philosophische Tätigkeit zu sehen. Man kann Philosophie ganz allgemein als die Suche nach

Antworten auf philosophische Fragen sehen. Auch die Philosophiegeschichte kann genau diese Suche sein. Dann gibt es jedoch in dieser Hinsicht keinen Unterschied zwischen Philosophie und Philosophiegeschichte, und die Frage, ob man Philosophiegeschichte im Unterricht behandeln soll, erhält eine triviale Antwort.

Wenn man Philosophiegeschichte als Inhalt versteht, so liegt es nahe, damit den Inhalt von gewissen Texten zu bezeichnen, nämlich von Texten, die bereits vor einer gewissen Zeit geschrieben wurden, wobei die genaue Länge der Zeit unbestimmt ist. Die Frage lautet dann: Sollen Texte aus der Philosophiegeschichte im Unterricht behandelt werden? Wenn das Ziel des Philosophieunterrichts nicht darin besteht, lediglich Probleme und Lösungen der Philosophiegeschichte kennenzulernen, sondern darin, das Philosophieren zu lernen, so sind Texte aus der Philosophiegeschichte im Philosophieunterricht nicht unbedingt notwendig.

Ob Texte der Philosophiegeschichte eingesetzt werden sollen, hängt von verschiedenen kontextuellen Faktoren ab, sodass eine allgemeine Antwort auf die Frage nicht sinnvoll ist. Wichtiger als diese Frage ist denn auch eine andere, nämlich die Frage, wie man mit Texten aus der Philosophiegeschichte und überhaupt philosophischen Texten umgehen soll. Darauf komme ich in der Diskussion der Methodenfrage zurück (siehe § 3.3).

3.2.3 Fragen der Philosophie oder des Alltags?

Gemäß der klassischen Auffassung des Philosophieunterrichts werden klassische Fragen und Probleme der Philosophie bearbeitet. Dem ist jedoch widersprochen worden, und in den 1970er-Jahren wurde dazu eine Debatte geführt. Rudolf Lassahn schreibt in seinem Aufsatz «Zur Philosophie an Gymnasien. Einige Anmerkungen und Thesen» (1972), dass die «Gegenwarts- und Zukunftsprobleme» sich als «technologische, nicht als philosophische» stellen würden. Zum Philosophieunterricht formuliert er folgende These (1972: 15):

> «Philosophie in der Schule wird nur dann eine Chance haben, wenn es ihr gelingt, einen Gegenstandsbereich zu bearbeiten, der für unser Leben notwendig ist, wo offene Fragen liegen, die sich unabweisbar einstellen. […] Wir müssen wieder bei den Fragen ansetzen und nicht bei den Antworten, die andere Zeiten gegeben haben.»

Die Fragen des Unterrichts müssten sich aus *aktuellen Themen* ergeben. Als Beispiel führt Lassahn die «Beat-Subkultur» an.

Dagegen wendet Wolfgang Deppe (1973: 49–50) ein, dass gerade in als krisenhaft empfundenen Situationen die Philosophie mit ihrem klassischen Wissensbestand und Problemlösungspotenzial eine «stabilisierende Wirkung» haben könne, und dass die Isolierung der Philosophie von den Einzelwissenschaften nicht bedeutet, dass damit die klassischen Probleme der Philosophie wegfielen. Jürgen Hengelbrock (1978: 28) bemerkt, dass es ein «didaktischer Kurzschluss» sei, aus der Zielbestimmung des Fachs die Auswahl des Inhalts und der Methode unmittelbar herzuleiten; nur weil der Unterricht aktuell sein soll, müsse der Text nicht unbedingt aktuell sein oder dürfe kein Klassiker sein. Aktualität sei keine Frage des Alters des Textes. Dass Klassiker häufig aktuell sind, begründet Jürgen Gidion so (1974: 479):

> «Klassiker sind häufig ‹aktuell›, weil in ihnen Probleme, Methoden, Fragen, Lösungen in eben der überschaubaren Simplizität und Schwierigkeit zugleich, in stimulierender Elementarität, enthalten sind.»

Wie Lassahn setzt sich auch Ekkehard Martens mit den Folgen des Aufklärungsprozesses und des wissenschaftlich-technischen Fortschritts auseinander. Er ortet aufgrund dessen eine «Orientierungsunsicherheit im Handeln» (Martens 1986a: 96). Die Schülerinnen und Schüler hätten von sich aus Orientierungsfragen, und genau bei diesen muss der Philosophieunterricht ansetzen. Der Inhalt des Unterrichts besteht dementsprechend nicht aus klassisch philosophischen Fragen und Problemen, welche die Lehrperson vorstellt, sondern aus den Lebensorientierungsproblemen der Schülerinnen und Schüler. Eine solche Bestimmung des Inhalts des Unterrichts erfordert eine eigene Methode, denn der Unterricht lässt sich nun nicht im Voraus planen. Die Methode, die vorgeschlagen wird, ist das neo-sokratische Gespräch (siehe Teil I § 2.1.5 ; Teil II § 3.3. und § 4.2)

3.2.4 Pluralismus des Inhalts

Man kann in Bezug auf den Inhalt einen *Pluralismus* vertreten: Im Philosophieunterricht können verschiedene Inhalte sinnvoll sein. Das bedeutet *nicht*, dass ein Unterricht *mehrere* Inhalte haben muss. Es bedeutet auch *nicht*, dass *jeder* Inhalt sinnvoll ist. Aber es bedeutet, dass der *Monismus* falsch ist, der besagt: Im Philosophieunterricht ist nur ein bestimmter Inhalt sinnvoll. Der Monismus ist der konstanten Gefahr ausgesetzt, in einen *intoleranten Fundamentalismus* abzudriften, d.h. in die Position, wonach der einzig sinnvolle Inhalt auf einem sicheren Fundament beruht, dass es somit auch sicher ist, dass jeder andere Inhalt nicht sinnvoll ist und die Vertreter eines anderen Inhalts unter Umständen gar bekämpft werden müssten. Der Pluralismus ist dieser Gefahr nicht ausgesetzt. (Fundamentalistisch könnte der Pluralismus aufgrund des Begriffs nur in Bezug auf die Pluralität sein, nicht in Bezug auf einen Inhalt.)

Man könnte nun argumentieren, dass diese Gefahr gegen den Monismus und für den Pluralismus spreche. Doch dies ist kein gutes Argument: Manchmal muss man sich einer Gefahr aussetzen, um etwas zu gewinnen. Der Grund, der gegen den Monismus spricht, ist inhaltlicher Art: Welcher Inhalt sinnvoll ist, ist radikal kontextabhängig. Je nachdem, was das Ziel des Unterrichts ist, wer die Schülerinnen und Schüler sind, wie viel Zeit zur Verfügung steht und dergleichen mehr, kann ein anderer Inhalt sinnvoll sein. Nun könnte ein Monist aber sogleich einwenden, dass es nach der Bestimmung aller kontextueller Faktoren nur einen einzigen sinnvollen Inhalt gibt. Darauf kann und sollte ein Pluralist jedoch erwidern, dass auch die Lehrperson selbst ein kontextueller Faktor ist: Welcher Inhalt sinnvoll ist, hängt davon ab, wer unterrichtet, d.h. davon, welche Charaktereigenschaften, Fähigkeiten, Stärken, Schwächen und dergleichen diese Person hat. So kann es zum Beispiel sinnvoll sein, die Einführung in die Philosophie durch eine eingehende Auseinandersetzung mit erkenntnistheoretischen Fragen zu gestalten oder im Philosophieunterricht psychoanalytische Überlegungen zu berücksichtigen, wenn dies zu einem Interessenschwerpunkt der Lehrperson gehört. Wenn nun aber der Monist das Beispiel zugesteht und erwidert, es gebe nur einen sinnvollen Inhalt, wenn man auch die genannten Faktoren berücksichtige, so verliert seine Position ihre Anziehungskraft und ihren Biss. Man könnte nun selbstverständlich weiterdiskutieren, doch reduziert sich nun die Diskussion, die philosophisch durchaus interessant sein kann, auf eine bloß theoretische Angelegenheit. Denn in der Praxis müssen innerhalb nützlicher Frist Entscheidungen getroffen werden, und wenn bei diesen Entscheidungen die Persönlichkeit und die Überlegungen der Unterrichtenden mitberücksichtigt werden, so ist damit die Forderung des Pluralisten für die Praxis weitgehend erfüllt.

3.2.5 Praktische Fragen

Unter Berücksichtigung des allgemeinen Bildungsziels des Gymnasiums und unter Berücksichtigung der Vorgaben durch den Lehrplan stellen sich dem praktizierenden Lehrer die Fragen: 1. Welche Lernziele sollen erreicht werden? 2. Welche Fragen/Probleme sollen bearbeitet werden? 3. Welche Texte sollen allenfalls bearbeitet werden? Oder allgemeiner: *Welchen Inhalt soll mein Philosophieunterricht haben?*

3.3   Methode

Wie soll im Fach Philosophie gelehrt und gelernt werden? Dies ist eine umfassende Frage, die ich in Teil I zu beantworten versucht habe. Allgemein lassen sich Unterrichtsmethoden in Sozialformen und Arbeitsformen unterscheiden. Philosophieren ist die Suche nach der

Bedeutung allgemeiner Begriffe mithilfe der Begriffsanalyse und der Begründung allgemeiner Meinungen mithilfe der Logik (siehe Teil I, § 2). Die für den Philosophieunterricht spezifischen Arbeitsformen sind das philosophischen Diskutieren, Lesen und Schreiben. (Zuweilen werden neben der Begriffsanalyse und der Argumentation auch das neo-sokratische Gespräch (siehe Teil I, § 2.1.5.) und Gedankenexperimente als Methoden angeführt, z.B. Brüning 2000; 2003; das sokratische Gespräch beinhaltet jedoch das Analysieren von Begriffen und das Argumentieren und ist als eine Diskussionsform anzusehen; Gedankenexperimente sind eine Form des Argumentierens, siehe dazu Tetens 2004).

Unterrichtsmethoden werden auch in Lehrplänen beschrieben. Im Lehrplan von Rheinland-Pfalz zum Beispiel steht (Hervorhebung im Original):

> «Grundlage des Philosophieunterrichts ist **die Arbeit mit philosophischen Texten** und **das freie Problemgespräch**. Textgebundener und textfreier Unterricht bedingen und ergänzen einander.»

Dass textgebundener und textfreier Unterricht einander ergänzen, ist einsichtig. Aus dem Lesen eines philosophischen Textes entsteht leicht das Bedürfnis nach einer philosophischen Diskussion. Aus der philosophischen Diskussion im freien Problemgespräch kann das Bedürfnis entstehen, sich mit dem auseinanderzusetzen, was andere zu diesem Problem gesagt haben. Dass die beiden Unterrichtsformen einander bedingen, ist jedoch nicht unmittelbar einsichtig. So könnte man die Ansicht vertreten, dass man einen Unterricht ohne Textarbeit oder ohne Gespräch führen kann. Dass man Philosophie ohne Texte unterrichten kann, zeigt bereits Sokrates, ebenso das Philosophieren mit Kindern (siehe § 2.1.5), der Unterricht im neo-sokratischen Gespräch (siehe Teil I, § 2.1.5) und der textfreie Unterricht im Einführungskurs an der Universität (siehe Iseminger 1972; Irvine 1993). Dass man Philosophie ohne Gespräch unterrichten kann zeigt der traditionelle Unterricht am Gymnasium in Frankreich (siehe 2.1.8) und der Unterricht an der Universität in der Veranstaltung vom Typ Vorlesung. Dass man ohne Gespräch Philosophieren lernt, ist jedoch zu bezweifeln. Ich komme gleich noch auf diesen Punkt zurück. Jedenfalls kann man diese zwei Formen des Unterrichts unterscheiden: textgebundener und textfreier Unterricht.

3.3.1 Textgebundener Unterricht: Problembezogener vs. historischer Zugang

Wenn man einen philosophischen Text liest, so muss man den Text auch interpretieren, d.h. das Problem erfassen, die vorgeschlagene Lösung dazu erkennen und das Argument in seinen einzelnen Schritten herausarbeiten (Conrads/Müller 1986: 283). Oftmals wird zudem der Anspruch erhoben, dass «der Stellenwert des Problems innerhalb der Problemgeschichte» erkannt wird, wobei dies sowohl für Rückbezüge als auch für die weitere philosophiegeschichtliche Entwicklung gilt (Conrads/Müller 1986: 283; siehe auch Rehfus 1985; Rohbeck 1986; 1992a; Henke 2000; zuweilen wird gar auch eine allgemeingeschichtliche Einbettung gefordert, siehe McDermott 1988). Ist dieser Anspruch im Philosophieunterricht berechtigt?

Man kann mit Douglas P. Lackey (1974) zwei Arten von Zugängen zur Philosophie im Philosophieunterricht unterscheiden: den *historischen* Zugang und den *problembezogenen* Zugang. Lackey formulierte diese Unterscheidung für Einführungskurse in die Philosophie an amerikanischen Hochschulen, doch kann man die Unterscheidung auch auf den Unterricht am Gymnasium übertragen. Beim historischen Zugang werden klassische Texte wie zum Beispiel Platons *Politeia* gelesen, beim problembezogenen Zugang werden philosophische Themen und Probleme diskutiert (wobei oftmals Darstellungen dazu in Lehrbüchern gelesen werden). Beim historischen Zugang geht es darum, den gelesenen Text zu verstehen, beim problembezogenen Zugang geht es darum, das philosophische Problem zu verstehen und zu lösen.

Welcher der beiden Zugänge ist vorzuziehen? Lackey argumentiert für den problembezogenen Zugang im Einführungskurs. Wenn

Philosophieren eine rationale Aktivität ist und man diese Aktivität nur dadurch lernen kann, dass man sie selbst ausführt, so kann man Philosophieren nur dadurch lehren, dass man die Schülerinnen und Schüler dazu bringt, selbst zu philosophieren. Mit dem historischen Zugang kann man zwar die Schülerinnen und Schüler auch dazu bringen, dass sie selbst philosophieren, doch ist dies weniger wahrscheinlich als mit dem problembezogenen Zugang. Denn der historische Zugang ist der permanenten Gefahr ausgesetzt, in eine exegetische Diskussion abzudriften, d.h. in eine Diskussion, die sich darum dreht, wie der Text zu interpretieren sei, sodass die philosophischen Fragen in den Hintergrund treten (siehe auch Schnädelbach 1981).[6] Beim problembezogenen Zugang besteht keine solche Gefahr, da die Schülerinnen und Schüler direkt mit dem Problem konfrontiert werden und es zu lösen versuchen müssen. Somit ist der problembezogene Zugang dem historischen Zugang vorzuziehen.

Der problembezogene Zugang schließt das Lesen philosophischer Texte keineswegs aus. Ausgangspunkt ist ein philosophisches Problem, und Ziel ist die Lösung dieses Problems; das Mittel zur Erreichung dieses Zieles kann ein Text sein, auch ein Text aus der Philosophiegeschichte (siehe § 3.2). Der Text wird im Hinblick auf die Lösung des philosophischen Problems gelesen (siehe Murcho 2002; 2004). Die Frage, die man dann stellen muss, lautet: Kann man mit den begrifflichen Unterscheidungen, den Thesen und den Argumenten des Textes das Problem lösen? Oder gibt es zu den Argumenten Einwände und Gegenargumente, sodass man die Argumente zurückweisen muss? Indem man den Text als Lösung eines philosophischen Problems liest, respektiert man den Autor als Kollegen, schreibt Pascal Engel (2003). Kenntnis des philosophiegeschichtlichen Hintergrunds ist dafür nicht

---

6 Erschwert wird die Aufgabe durch unbeabsichtigte Ungenauigkeiten und Inkonsistenten. Für einige englischsprachige Klassiker hat Jonathan Bennett eine Aufarbeitung unternommen, die das Studium dieser Texte erleichtern soll (siehe Bennett 1994 und Bennetts Webseite).

notwendig. Somit gibt es auch keinen zwingenden Grund, den philosophiegeschichtlichen Hintergrund im Unterricht zu erarbeiten.

Es ist nicht notwendig, den philosophiegeschichtlichen Hintergrund im Unterricht zu erarbeiten, aber ist es nicht dennoch sinnvoll? Die Beantwortung dieser Frage hängt von verschiedenen Faktoren ab, unter anderem vom philosophischen Problem und davon, wie vertieft dieses Problem in Zusammenhang mit dem gelesenen Text untersucht werden soll. Je mehr man über die philosophische Terminologie und Voraussetzungen der jeweiligen Zeit und des jeweiligen Autors weiß, desto besser wird man den Text verstehen können. Gegen ein vertiefte Erarbeitung des philosophiegeschichtlichen Hintergrunds im Unterricht spricht in vielen Fällen ein pragmatisches Argument: Die Erarbeitung des philosophiegeschichtlichen Hintergrunds ist meistens zu aufwendig im Verhältnis zu dem, was damit gewonnen wird.

Ein philosophischer Text kann auch dazu gebraucht werden, um das Verständnis für ein philosophisches Problem erst zu erarbeiten. Ein philosophisches Problem zu verstehen, kann eine beachtliche Leistung sein. Schülerinnen und Schüler müssen in diesem Fall zunächst lernen, worum es bei dem Problem überhaupt geht. Man führt die Schülerinnen und Schüler am besten dahin, indem man das Problem direkt einführt. Es kann sich aber auch lohnen, zu untersuchen, wie andere ein Problem formuliert haben. Indem man untersucht, wie die Probleme von früheren und gegenwärtigen Philosophinnen und Philosophen formuliert werden, erkennt man, dass diese Formulierungen zum Teil sehr verschieden sind, und schärft dadurch das eigene Verständnis davon (Murcho 2004: 45).

3.3.2 Textfreier Unterricht: Geleitete Diskussion vs. neo-sokratisches Gespräch

Es ist nicht notwendig, im Philosophieunterricht mit Texten zu arbeiten; man kann den Philosophieunterricht auch als textfreien Unterricht durchführen. Da der textfreie Unterricht weniger Fähigkeiten und Kenntnisse als der textgebundene Unterricht voraussetzt, kann man behaupten, dass der textfreie Unterricht gegenüber dem textgebundenen Unterricht grundlegender ist. Damit wird nicht behauptet, dass der textgebundene Unterricht nicht sinnvoll wäre. Im Gegenteil glaube ich, dass man nur mit Texten tiefer in die Philosophie vordringen kann.

Textfreier Unterricht bedeutet nicht, dass der Lehrer sich zurückzieht und die Schülerinnen und Schüler reden und machen lässt. Textfreier Unterricht kann auch ein Lehrervortrag sein. Der Lehrervortrag eignet sich insbesondere für die Einführung in ein philosophisches Problem. Ein philosophisches Problem muss jedoch nicht unbedingt von der Lehrperson eingeführt werden; es kann auch aus der Konfrontation mit einem literarischen Text oder einem Film erwachsen (siehe dazu Frieden 2005).

Das textfreie philosophische Gespräch kann man in zwei Arten unterteilen, in die *inhaltlich geleitete Diskussion* und in das *neo-sokratische Gespräch* (siehe Teil I, § 2.1). Bei der inhaltlich geleiteten Diskussion wird die Diskussion inhaltlich von einer erfahrenen Philosophin geleitet, im Unterricht in der Regel von der Lehrperson. Das Thema und die Fragestellung des Gesprächs können von der Leiterin vorgegeben oder von den Schülerinnen und Schülern selbst gewählt sein. Die Leiterin führt den roten Faden, trennt Relevantes von Irrelevantem, korrigiert, führt weiter, stellt Fragen und dergleichen mehr. Beim neo-sokratischen Gespräch hält sich die Lehrperson zurück. Die Schülerinnen und Schüler entwickeln die Fragestellung und die Antworten darauf selbst (Birnbacher/Krohn 2002; Raupach-Strey 2002). Dabei ist folgender Punkt zu bedenken: Um in der Lage zu sein, an einem neo-sokratischen Gespräch teilzunehmen, muss man bereits wissen, was eine philosophische Frage ist und wie man damit umgehen kann. Ist dies nicht der Fall, so besteht die große Gefahr, dass das Gespräch in einen belanglosen Meinungsaustausch abdriftet, welcher ein falsches Bild von der Philosophie gibt und die Motivation der Schülerinnen und Schüler zerstört. Das neo-sokratische Gespräch ist somit nur bedingt für den Unterricht von Anfängern geeignet, bei Fortgeschrittenen kann es jedoch mit Gewinn eingesetzt werden (siehe auch Leeuw/Mostert 1988: 32–34).

3.3.3 Textproduzierender Unterricht

Das Lesen von Texten und das textfreie Gespräch sind nicht die einzigen Methoden des Philosophieunterrichts. Man kann auch philosophische Texte schreiben. Man *kann* es nicht nur, sondern man *sollte* es auch, zumindest dann, wenn der Unterricht nicht textfrei ist, d.h. wenn die Schülerinnen und Schüler über die notwendigen Fähigkeiten verfügen, philosophische Texte zu lesen. Denn wenn es so ist, dass man eine Aktivität nur dadurch lernen kann, dass man sie selber ausführt, und das, was Philosophinnen und Philosophen tun, Schreiben ist, so muss man die Schülerinnen und Schüler zum Schreiben bringen. Man kann also sagen: Wenn im Unterricht philosophische Texte gelesen werden, so müssen im Unterricht auch philosophische Texte geschrieben werden. Das Schreiben dient nicht nur dem Ausdruck von Gedanken, sondern auch dem Klären der Gedanken im Prozess des Schreibens selbst (Thies 1990: 27). Verschiedene Möglichkeiten des philosophischen Schreibens im Unterricht habe ich im ersten Teil dargestellt (Teil I, § 2.3; siehe auch Rosenberg 1986; Thies 1990; Engels 1993; 2004; Raffin et al. 1994; Dege 1995; 1999; Tozzi / Molière 1995; Diesenberg / Neugebauer 1996; Bennett / Gorovitz 1997; Freimiller 1997; Russ 1998; McDonough 2000; Tozzi et al. 2000; Wiesen 2001; 2004; Sieckmann 2004; Gerhardt 2004; 2008; Rösch 2006).

3.3.4 Verschiedene Methoden?

Ziel des Philosophieunterrichts ist das Philosophieren. Philosophieren heißt argumentieren und begriffliche Fragen beantworten (siehe Teil I, § 2). Dies lernt man am besten, indem man genau dies macht. Einige Philosophen und Fachdidaktiker scheinen damit nicht einverstanden zu sein. Sie sind der Ansicht, dass es, erstens, eine Anzahl von wichtigen philosophischen Methoden gebe, zu denen die Hermeneutik, die Phänomenologie, die Dialektik und die Analytik gehörten, und, zweitens, dass man diesen Methoden entsprechende Unterrichtsmethoden entwickeln könne (siehe z.B. Martens 1998; 2003; Steenblock 2000: 132–137; Rohbeck 2000). Da sich die Unterrichtsmethoden nicht unmittelbar aus den philosophischen Methoden ableiten ließen, müssten die philosophischen Methoden laut Martens (2003) für den Unterricht umformuliert und sodann in einen stufenartigen Zusammenhang gebracht werden, nämlich wie folgt: Zunächst gehe es im Unterricht darum, die Phänomene zu beschreiben (Phänomenologie), dann darum, Verständnisfragen zu klären (Hermeneutik), in einen Dialog mit dem Text oder anderen zu treten (Dialektik) und die Begriffe zu analysieren (Analytik). (Martens' «Fünf-Finger-Modell» enthält zudem die «spekulative» Methode.) Hier werden mit den Namen nicht mehr philosophische Methoden bezeichnet, sondern verschiedene, stufenartig angelegte Methoden des Philosophierens und Unterrichtens der Philosophie.

Man könnte die Frage stellen, ob die genannten Methoden überhaupt allgemeine Methoden des Philosophierens sind, und dafür argumentieren, dass nicht alle es sind. Für den Philosophieunterricht wichtiger ist jedoch die Frage, ob die These wahr ist, dass man den genannten philosophischen Methoden entsprechende Unterrichtsmethoden entwickeln könne. Der Vorschlag von Martens überzeugt nicht: Phänomene zu beschreiben und Verständnisfragen zu klären, ist noch nicht argumentieren und somit noch nicht philosophieren.

3.3.5 Pluralismus der Methode

Wie bei der Antwort auf die Inhaltsfrage kann man auch bei der Antwort auf die Methodenfrage einen Pluralismus vertreten: Im Philosophieunterricht können verschiedene Methoden sinnvoll sein. Wiederum bedeutet dies nicht, dass *jede* Methode sinnvoll ist oder dass in einer Unterrichtseinheit *mehrere* Methoden eingesetzt werden müssen. Ich hatte einen Mathematiklehrer, der uns davon erzählte, dass sich Parallelen im Unendlichen kreuzen. Ich hatte einen Deutschlehrer, der uns (mit vielen wunderbaren Exkursen) den Gedanken der Toleranz in Lessings *Nathan der Weise* erläuterte. Und ich hatte einen Philosophielehrer, einen Platoniker, der das platonische Menschenbild mit den Bremer Stadtmusikanten und die Idee der Dialektik mit Paul Klee veranschaulichte. Ich konnte diesen Lehrern stundenlang zuhören und war enttäuscht, wenn die Stunde schon aus war oder wir zu einer Übung übergehen mussten. Manchmal kann ein Lehrervortrag eine ganze Lektion dauern, manchmal kann eine ganze Lektion der selbstständigen Arbeit gewidmet sein. Manchmal ist es besser, ganz ohne Texte zu arbeiten, manchmal kann man nur mit einem Text tiefer in ein Problem eindringen. Manchmal ist es sinnvoll, das eine oder andere mit eigenen Worten schriftlich festzuhalten, manchmal benötigt die Diskussion die ganze zur Verfügung stehende Zeit.

3.3.6 Praktische Frage

Wenn man sich nun überlegt, welche Methode man für einen bestimmten Unterricht wählen soll, so muss man verschiedene Faktoren berücksichtigen. Ein entscheidender Faktor ist das Lernziel. Somit lautet die Frage: *Welche Methode will ich zum Erreichen dieses bestimmten Lernziels einsetzen?*

3.4 Prüfungsmethode

Wie soll im Fach Philosophie geprüft werden, ob das Gelehrte gelernt wurde? Bevor man die Frage beantwortet, kann man die Frage stellen, ob im Fach Philosophie überhaupt geprüft werden muss oder soll. Philosophie ist manches Mal ein Freifach, und die Schülerinnen und Schüler empfinden es oft als eine Erleichterung, wenn sie neben den vielen Fächern mit Leistungsbenotung einmal ein Fach belegen können, bei dem dies nicht der Fall ist. Wenn es ein echtes Freifach ist, das die Schülerinnen und Schüler aus eigenem Interesse wählen, so sind Noten für den Lernerfolg nicht nötig, ja können sogar kontraproduktiv sein. Zugleich können Prüfungen, die ja nicht notwendigerweise benotet werden müssen, wichtige Zwecke im Lernprozess erfüllen (siehe Teil I, § 3.1.1). Dennoch kann und muss man sich überlegen, welche Art von Leistung in der Philosophie (oder Ethik) überhaupt geprüft werden kann und soll.

3.4.1 Prüfungsfragen

Wenn man prüft, so muss man die Frage beantworten, wie man prüft. Es ist dies eine Frage, die vergleichsweise wenig Beachtung in der fachdidaktischen Diskussion erfährt. Eine Art, wie man sie beantworten kann, habe ich bereits erläutert (siehe Teil I, § 3.1).

Die Frage verbindet die Inhalts- mit der Methodenfrage: Geprüft werden soll, ob das gelernt wurde, was von der Lehrperson mit einer bestimmten Methode gelehrt wurde. Die Antwort hängt somit entscheidend davon ab, was unterrichtet wurde und wie es unterrichtet wurde.

Zur Beantwortung der Frage können folgende spezifischere Fragen gestellt werden:

- Welche Art von Fragen soll gestellt werden? (Wiedergeben von Wissen, Interpretieren eines Textes, Urteilen und Argumentieren, …)
- Wie viele Fragen sollen gestellt werden? (Mehrere spezifische Fragen oder eine oder zwei umfassende Fragen)
- Sollen Fragen mündlich oder schriftlich beantwortet werden?
- Nach welchen Kriterien sollen die Antworten bewertet werden? (Korrektheit, Genauigkeit, Klarheit, argumentative Fähigkeit, …)

Eine spezielle Form der Prüfung stellen die Abitur- bzw. Maturaprüfungen dar. Dazu gibt es gesetzliche Vorgaben. In Deutschland bestehen von der Kultusministerkonferenz (KMK) verabschiedete «Einheitliche Prüfungsanforderungen in der Abiturprüfung Philosophie». Diese sehen die Leistungsbewertung von «philosophischen Problemreflexionen» vor. Eine eingehende Diskussion davon bietet Henke (2009).

3.4.2 Problematische Benotungsgrundsätze

Mit Prüfungen ist meistens eine Bewertung und oftmals eine Benotung verbunden. Im einfachsten Fall besteht die Bewertung darin, dass die Rückmeldung gegeben wird, dass das Gelehrte gelernt oder eben nicht gelernt wurde. Oft wird die Bewertung differenzierter mit Prädikaten ausgedrückt (z.B. «ausgezeichnet», «sehr gut», «gut», «befriedigend», «genügend», «ungenügend», «stark ungenügend», «keine Leistung») oder mit Noten ausgedrückt. Solche Bewertungen und Noten werden im Idealfall aufgrund eines vorher festgelegten Schlüssels bestimmt. Dies setzt voraus, dass die Lehrperson ihre Leistungserwartungen kennt und formulieren kann und auf dieser Grundlage eine absolute, d.h. nicht relative Bewertung vornimmt (siehe Teil I, §3.2). Nicht immer ist es einfach, die Leistungserwartungen zu formulieren, und nicht immer ist es einfach, richtig einzuschätzen, welche Leistungen die Schülerinnen und Schüler erbringen werden. So kann es vorkommen, dass die tatsächlichen Leistungen weit über oder weit unter den Erwartungen liegen. Nicht nur aus diesem Grund werden zuweilen andere, problematische Grundsätze hinzugenommen. Dazu gehört die Bewertung **relativ zur Leistung von anderen.** Zum Beispiel, wenn man der besten Arbeit in einer Klasse unabhängig von der gezeigten absoluten Leistung die Bestnote gibt, oder wenn man die Noten so zu verteilen versucht, dass der Notenspiegel einer Gaußschen Kurve entspricht. Zu den problematischen Grundsätzen gehört auch die Bewertung **relativ zur eigenen früheren Leistung.** Dieser

Bewertungsmodus ist von Johann Friedrich Herbart (1776–1841), dem Nachfolger Kants auf dem Königsberger Lehrstuhl, in den «Briefen über die Anwendung der Psychologie auf die Pädagogik» (1831: 350) pointiert formuliert worden:

> «Ohne Zweifel kann man der Aristokratie der besten Köpfe und der notwendigen Bescheidenheit aller Anderen, welche ihre natürlichen Grenzen frühzeitig kennen lernten, mancherlei Lobreden halten: aber das sind politische Lobreden; keine pädagogischen. Der Erzieher vergleicht seinen Zögling nicht mit Anderen; er vergleicht ihn mit sich selbst; er vergleicht das, was der junge Mensch wird, mit dem, was derselbe vermutlich werden könnte. Er ist mit keinem zufrieden, der hinter sich selbst zurückbleibt, und mit keinem unzufrieden, welcher soviel wird, als man vermutlich von ihm erwarten durfte.»

Der erste Bewertungsgrundsatz ist deshalb problematisch, weil er zu Resultaten führen kann, die nicht der Leistung entsprechen. Ein Problem mit dem zweiten Bewertungsgrundsatz ist, dass damit kein absoluter Vergleich zur Leistung von anderen Schülern gemacht werden kann und die Schule somit ihre Selektionsfunktion nicht mehr wahrnehmen kann. Diese Probleme der Bewertung weisen auf eine grundsätzliche didaktische Begründungsfrage zurück: Welche Funktion erfüllt der Schulunterricht in unserer Gesellschaft? Und welche Funktion soll er erfüllen?

3.4.3 Praktische Frage

Die Prüfungsmethodenfrage stellt sich bezogen auf den konkreten Unterricht wie folgt: *Wie soll ich prüfen, ob das, was ich gelehrt habe, auch gelernt wurde?*

4 Ansätze

Ich gehe nun von den Fragen zu einigen systematischen Antworten aus der Fachdidaktik über zu einigen wichtigen fachdidaktischen Ansätzen. Als Ansätze der Philosophiedidaktik verstehe ich fachbezogene didaktische Modelle (siehe § 1.2), welche die vier normativen Fragen – die Begründungs-, Inhalts-, Methoden- und Prüfungsmethodenfrage (siehe § 1.1 und § 1.5) zumindest ansatzweise zu beantworten versuchen.

Ich stelle vier Ansätze vor. Zunächst stelle ich den bildungstheoretisch-identitätstheoretischen von Wulff D. Rehfus und den dialogisch-pragmatischen von Ekkehard Martens vor. Diese gelten im deutschsprachigen Raum als die beiden wichtigsten Ansätze (Kledzik 1999; Henke 2000). Wie die Namen andeuten, steht der erste in der Tradition der bildungstheoretischen Didaktik und der zweite in der Tradition der kommunikativen Didaktik (siehe § 1.2). Als Drittes stelle ich den weniger bekannten dialektischen Ansatz von Roland W. Henke vor. Dieser ist eine Synthese der Ansätze von Rehfus und Martens, steht jedoch dem ersten näher als dem zweiten. Als Viertes stelle ich einen Ansatz vor, der ebenfalls bislang wenig Beachtung fand, den kompetenzorientierten Ansatz. Davon kann man zwei Versionen unterscheiden, den konstruktivistisch-kompetenzorientierten von France Rollin und von Michel Tozzi und den lehrtheoretisch-kompetenzorientierten von Karel van der Leeuw und Pieter Mostert. Im Anschluss an die Darstellungen der Ansätze formuliere ich jeweils einige Einwände. Diese können als Herausforderung an die Ansätze gelesen werden und zugleich als Herausforderung an die Leserschaft, sie weiterzudenken. (Auf weitere Ansätze, zum Beispiel auf den Ansatz von Josef Schmucker-Hartmann (1980; 1986), wonach Philosophieren auf der einen Seite «Besinnung, Kontemplation, Insichgehen» und auf der anderen «nimmermüde Unzufriedenheit mit dem jeweiligen Resultat der Kontemplation» sei und «nicht aus den planenden Aktionen der Menschen», sondern «in charismatischen Stunden der Besinnung» hervorgegangen sei (1986: 134–135), gehe ich nicht näher ein; siehe dazu Euringer 2008.)

4.1 Bildungstheoretisch-identitätstheoretischer Ansatz

Der bildungstheoretisch-identitätstheoretische Ansatz wurde im Verlauf der 1970er-Jahre von Wulff D. Rehfus entwickelt (Rehfus 1980, 1986a, 1986b).[7] Wie der Name besagt, steht der Ansatz in der Tradition der bildungstheoretischen Didaktik, d.h., es geht darum, den Lernenden durch Begegnung mit ausgewählten Kulturgütern zu bilden (siehe § 1.2). Zugleich versucht der Ansatz den Philosophieunterricht als Identitätskonstruktion zu begründen (siehe § 3).

In seinem Aufsatz «Methodischer Zweifel und Metaphysik. Der bildungstheoretisch-identitätstheoretische Ansatz in der Philosophiedidaktik» (1986a) stellt Rehfus vier didaktische Grundsätze auf: Erstens muss Didaktik der Philosophie notwendig philosophisch sein. Zweitens ist sie reflexionsbezogen. Drittens hat sie einen Zeitkern. Viertens muss sie ihr erkenntnistheoretisches Paradigma ausweisen.

Der Inhalt des ersten Grundsatzes wurde bereits erläutert und diskutiert (siehe § 1.4). Laut Rehfus ergeben sich aus diesem Grund-

---

7 Zur Person: Rehfus, 1944 in Zwettl (Österreich) geboren, studierte Philosophie, Germanistik, Kunstgeschichte und Pädagogik, promovierte 1976 in Köln mit einer Arbeit über Adorno. Unter anderem war er über 15 Jahre lang Fachleiter für Philosophie am Studienseminar Düsseldorf, Gymnasialschulleiter und maßgeblich am Lehrplan Philosophie für das Bundesland Nordrhein-Westfalen von 1976 und 1999 beteiligt.

satz auch zwei unterrichtspraktische Folgen, erstens in Bezug auf die Inhalte und zweitens in Bezug auf das Redeverhalten. Zu den Inhalten schreibt Rehfus (1986a: 99):

> «Im Philosophieunterricht geht es darum, den Schüler hinzuführen zu den überkommenen und gegenwärtigen Problemstellungen und -lösungen der Philosophie, zu den Methoden des Philosophierens (wie zum Beispiel transzendentale, dialektische, hermeneutische usf.) und schließlich zu den Wegen, sich philosophische Schriften philosophisch erschließen zu können. «Hinführung» ist also kein Heruntertransformieren der großen Denker auf Schülerniveau, umgekehrt kommt es vielmehr darauf an, die Schüler zur Philosophie zu führen. Dazu eignen sich vor allem paradigmatische Autoren. Darunter sind solche zu verstehen, die eine Philosophie in ihren Grundzügen entwickelt haben, die in der Folgezeit zum Ausgangspunkt weiterer philosophischer Diskussion wurde.»

Der Inhalt des Philosophieunterrichts ergibt sich somit aus den Problemen und Lösungen der Philosophie. Zum Redeverhalten schreibt Rehfus, dass es nicht notwendig sei, den Dialog zum unterrichtspraktischen Prinzip des Philosophieunterrichts zu erklären, da die Philosophie als solche nicht dialogisch sei (siehe § 1.4). Das Unterrichtsgespräch sei ein sinnvolles Verfahren der Unterrichtsgestaltung, aber nicht das einzige. Für die Philosophie sei auch das Schweigen an der richtigen Stelle unerlässlich.

Der zweite Grundsatz besagt, dass der Philosophieunterricht nicht handlungsbezogen, sondern reflexionsbezogen entworfen werden muss. Daraus ergibt sich laut Rehfus die Konsequenz, dass es im Philosophieunterricht nicht um Handeln, sondern um reflexives Denken geht (siehe § 3.2). Denken heißt, dass sich der Schüler Wirklichkeit theoretisch aneignet, nicht praktisch. Dieses Denken hat auch nicht den Zweck, das Handeln anzuleiten.

Der dritte didaktische Grundsatz besagt, dass sich der Unterricht nicht auf einer Metaebene abspielt, sondern auf einer empirischen, d.h., die Didaktik muss die geschichtlich-gesellschaftlichen Umstände berücksichtigen. Laut Rehfus muss die Philosophiedidaktik eine Theorie der Moderne sein, d.h., sie muss «die Gegenwart begreifen als eine Entwicklungsphase innerhalb der Selbstbewegung der Aufklärung». Diese Selbstbewegung der Aufklärung hat dem europäisch-neuzeitlichen Subjekt» das Selbstverständnis geraubt. Den Umstand, dass das Subjekt nicht in der Lage ist, sich auf sich selbst zu gründen, nennt Rehfus «Identitätsnot». Nur die Philosophie könne diese Krise überhaupt erfassen, und der Philosophieunterricht habe somit die Aufgabe, die Schülerinnen und Schüler «im Erkennen der Not zu lehren, sie auszuhalten». Das Individuum gewinne sich, indem es sich als Bewusstsein am objektiven Geist abarbeite.

Der vierte Grundsatz verlangt, dass die Didaktik ihr erkenntnistheoretisches Paradigma ausweise. Als erkenntnistheoretische Paradigmen sieht er das traditionelle, auf René Descartes (1596–1650) zurückgehende zweistellige Modell des Subjekt-Objekt-Denkens und das auf Jürgen Habermas (geb. 1929) zurückgehende dreistellige Modell von Subjekt, Objekt und Wechselbezug, d.h. Kommunikation. In diesem zweiten Modell werde der Ich-Begriff in der Interaktion aufgelöst. Deshalb müsse die Philosophiedidaktik eine Theorie des Ichs entwerfen.

Der Inhalt des Philosophieunterrichts sind die Probleme und Lösungen der Philosophie. Die «fachspezifische Methode» des Philosophieunterrichts besteht in der Rekonstruktion der dazu führenden Operationen (1980: 175). Die «Methode der Lernorganisation» ist die Art und Weise, «wie im Unterricht Lernen als praktische Abfolge von Lernschritten gestaltet wird» (1980: 181). Die von Rehfus (1980: 181–185) vorgeschlagene Lernorganisation, die sich nicht auf eine Einzelstunde, sondern auf längere Sequenzen bezieht, umfasst die folgenden sieben Schritte:

1. *Problemeröffnungsphase*
   Ziel: Wecken des Interesses durch Vorstellung des zu konstituierenden Unterrichtsgegenstandes oder durch Konfrontation von zwei «sich denkerisch widersprechenden» Erfahrungen.

2. *Assoziationsphase*
   Ziel: Äußerung und Fixierung von Vorurteilen und Meinungen.
3. *Planungsphase*
   Ziel: Erkennen oder Steuern des Lernprozesses («Da der Schüler autonome, selbstbewusste Ich-Identität entwickeln soll, muss er die Möglichkeit haben, den Lernprozess selbst zu steuern oder ihn wenigstens durchschauen zu können: d.h. die Sozial- und Interaktionsform, die Textauswahl, die Textanalysemethode, die wissenschaftsspezifische Methode»)
4. *Erarbeitungsphase*
   Ziel: Erarbeitung von Wissen durch Textinterpretation oder freie Problemerarbeitung.
5. *Problematisierungsphase*
   Ziel: Prüfung der Konstituierung des Unterrichtsgegenstandes hinsichtlich Stichhaltigkeit, Voraussetzungen, Konsequenzen, alternativen Konstituierungen.
6. *Rekonstruktionsphase*
   Ziel: Herstellung von «Identität» durch Gewahrwerden der «Innenkomplexität». (Es geht laut Helmich (1986: 296) somit darum, dass der Schüler erkennt, «was im Erfahrungsprozess des Unterrichts mit ihm selbst und mit dem Gegenstand geschehen ist»).
7. *Transferphase*
   Ziel: Übertragung des Gelernten auf einen anderen zu konstituierenden Unterrichtsgegenstand zwecks Übung und Lernkontrolle.

Im Einzelnen müssten die Phasen weiter ausgebaut werden, doch stellt diese siebenteilige Lernorganisation die erste «strukturierte und inhaltlich operationalisierte Lernorganisation für den Philosophieunterricht dar» (Helmich 1986: 296; für ein Beispiel von der Arbeit am Text, siehe Rehfus 1985). Rehfus sieht im Unterschied zu Martens (siehe §4.2) keine Fragen vor, welche die Schülerinnen und Schüler von sich aus in den Unterricht bringen, und im Unterschied zu Tozzi (siehe § 4.4) keine Schreibarbeit.

Rehfus sieht die Lernorganisation und die Methodik insgesamt nicht unabhängig von der Lehrperson. Er schreibt (1986a: 113):

> «Alle ‹interessanten› Themen und alle raffinierten Unterrichtstechniken laufen leer, wenn der Lehrer sie nicht zu füllen weiß. Anwendung schützt vor Inhalt nicht. Der gute Unterricht steht und fällt mit dem guten Lehrer. Schule, gleich welcher Art und Organisationsform ist niemals besser als ihre Lehrer. Der Philosophielehrer ist gefordert. Er ist gefordert in seiner Person, in seiner Rolle, in seinem Wissen und in seinem Können. Der Philosophielehrer muss Freude an der Philosophie haben und Freude im Umgang mit Jugendlichen. Deren Neugier muss er wecken und leiten können; er muss ihr Denken herausfordern, er muss sie anspruchsvoll machen. Der Philosophieunterricht gelingt, wenn die philosophische Sache zu einer von Lehrer und Schülern geworden ist».

Einwand 1: Der Ansatz wird zum Teil mit einer Theorie der Konstituierung des Ichs begründet. Diese Theorie macht Annahmen, die man nicht ohne Weiteres voraussetzen kann und die wenig plausibel erscheinen. Zu diesen Annahmen gehört, dass sich das Ich erst in der Abarbeitung am objektiven Geist konstituiere. Was der objektive Geist sein soll, bleibt unklar, ebenso, was die Abarbeitung des Bewusstseins daran sein soll. Dass sich das Subjekt erst durch die Philosophie konstituiere, ist höchst unplausibel, denn wir nehmen uns als selbstbewusste Subjekte wahr, bevor wir philosophieren (Tichy 1998: 224; siehe § 3.1).

Einwand 2: Der Bezug zur Subjektivität der Schülerinnen und Schüler und deren Lebenswelt ist nicht hinreichend vorhanden. Zwar sieht die Lernorganisation eine Problemeröffnungsphase vor, in der das Interesse durch ein Paradox geweckt werden soll, doch ist damit der Bezug zur Subjektivität der Schülerinnen und Schüler und deren Lebenswelt noch nicht hergestellt.

4.2 Dialogisch-pragmatischer Ansatz

Ekkehard Martens' dialogisch-pragmatischer Ansatz wurde ungefähr zeitgleich mit dem bildungstheoretisch-identitätstheoretischen in den 1970er-Jahren entwickelt (Martens 1974, 1979, 1980, 1983, 1986a).[8] Wie der Name besagt, steht der Ansatz in der Tradition der kommunikativen Didaktik, d.h., es geht darum, Unterricht im Gespräch zu entwickeln (siehe § 1.2). Zugleich versucht der Ansatz, den Philosophieunterricht einerseits im Dialog und andererseits in der Handlungsorientierung zu begründen. Martens (1986a: 95) fasst seinen eigenen Ansatz wie folgt zusammen:

> «Das Selbstverständnis der Philosophie hat sich zugleich mit dem Selbstverständnis der philosophierenden Menschen entwickelt, die sich in gemeinsamer Wahrheitssuche von Abhängigkeiten in einer realen Problemsituation zu befreien suchten. Dieses Verhältnis lässt sich als dialogisch-pragmatische Philosophie-Didaktik bezeichnen.»

Die Grundlegung durch den Dialog kann als «Dialogprinzip» bezeichnet werden. Dieses Prinzip besagt, dass der Philosophieunterricht grundsätzlich im Dialog stattfinden muss. Dazu hat Martens die sogenannte «Konstituierungsthese» formuliert: Philosophie konstituiert sich erst im Dialog (siehe § 1.4). Das Dialogprinzip kann man jedoch auch unabhängig von der Konstituierungsthese vertreten. Der Unterricht wird von Martens einerseits durch das Dialogprinzip begründet, andererseits durch die Handlungsorientierung. Martens ortet eine Orientierungskrise, die sich nur durch die Reflexion über die eigenen Handlungsgründe beheben lasse (siehe § 3.1).

---

8 Zur Person: Martens, 1943 in Oppeln (Schlesien) geboren, studierte Philosophie, Latein, Griechisch und Pädagogik, absolvierte Schuldienst in Hamburg, promovierte mit einer Arbeit über Platon und habilitierte sich 1977 in Philosophiedidaktik. Von 1978 bis 2008 war er Professor für Didaktik der Philosophie und Alten Sprachen an der Universität Hamburg und ist Gründer und Mitherausgeber der *Zeitschrift für Didaktik der Philosophie und Ethik*.

Der Inhalt ergibt sich aufgrund des Handlungsorientierungsprinzips aus den Problemen unserer Zeit (1986a: 96):

> «Die Probleme unserer Zeit sind durch den Aufklärungsprozess der Philosophie miterzeugt: Orientierungsunsicherheit im Handeln und die negativen Folgen des wissenschaftlich-technischen Fortschritts. Über beides muss der Philosophieunterricht überhaupt erst *als* Problemsituation aufklären helfen.»

Dabei geht es nicht um die Handlungsrelevanz des Unterrichts, die aus einem vermittelten Bildungsgut erwächst. Es geht vielmehr um «die Lösung praktischer Probleme einer Handlungsgemeinschaft», zu deren Beantwortung theoretische Überlegungen erforderlich sind, «soll die Lösung am Maßstab dialogischer Vernunft der Betroffenen geprüft werden können» (1979: 110). Aufgrund des Dialogprinzips besteht der Inhalt des Unterrichts auch aus den Problemen, welche die Schülerinnen und Schüler von sich aus in den Unterricht bringen. (So ergibt sich laut Martens eine Spannung zwischen der als «esoterisch» bezeichneten Fachphilosophie und den als «exoterisch» bezeichneten Ansprüchen der Schülerinnen und Schüler.)

Die Methode des Unterrichts ist aufgrund des Dialogprinzips der Dialog. Genauer schlägt Martens (1979: 140) eine «Einheit von drei dialogischen Momenten» vor, nämlich, erstens, ein «offenes Unterrichtsgespräch zur Klärung der eigenen Interessen und Vormeinungen», zweitens, ein «Hinzuziehen von Dialogpartnern durch Zuhören bzw. Lesen von Texten», und drittens, eine «Realisierung des dabei erhaltenen Dialogangebots durch Rückfragen, Reformulierung und Problematisierung». Je nach erzieltem Ergebnis solle man sich überlegen, «wie man das behandelte Problem besser lösen könnte oder welche Fragen man nun besprechen möchte» (1979: 147).

Eine Umsetzung davon in eine Sequenz von Lernschritten ist begrifflich aufgrund der Anlage des Unterrichts als offenes Unterrichtsgespräch nicht im Voraus planbar. In Martens' eigenen Worten (1979: 147):

«Nur durch die drei unterschiedlichen Dialog-Formen zusammen, die keinen Stufengang darstellen, ist der bloße Monolog des Lehrenden wie der Lernenden vermeidbar. Zwischen beiden Monologen ist das Kontinuum der Dialogmöglichkeiten eingespannt. Die Markierungen innerhalb dieses Kontinuums müssen situativ von der jeweiligen Lerngruppe selbst vorgenommen werden.»

Dabei wird das «Prinzip der dialogischen Rechtfertigung» unterstellt (1979: 130), das auf ein «gleichberechtigtes partnerschaftliches Gespräch» zielt, was jedoch in der Schule aufgrund des Entwicklungsstandes der Schülerinnen und Schüler und von institutionellen Vorgaben seine Grenze finde, aber dennoch als «Idee als Handlungsmaxime für die Entwicklung der Schüler zum Selbstdenken wirksam» sei (1979: 142).

In den 1990er-Jahren hat Martens den Ansatz ausgebaut (Martens 1996; 1998). Er spricht nun von der Philosophie als einer vierten Kulturtechnik neben Lesen, Schreiben und Rechnen (siehe Steenblock 2000: 45) und von Operationen auf den vier Ebenen Begriffsbildung, Dialog-Handeln, Deutungs-Prozess und Urteils-Bildung. Bei der Begriffsbildung geht es nicht um die «richtigen» Begriffe, sondern darum, die Begriffe unserer Sprache zu verstehen, eventuelle Verkürzungen zu erkennen und angemessen zu verwenden. Mit «Dialog-Handeln» meint Martens das Lernen, einen Dialog in gegenseitigem Respekt erst zu führen. Mit «Deutungs-Prozess» meint Martens das Erkennen und Anerkennen der eigenen und fremden Standpunkte. Mit «Urteils-Bildung» meint Martens die Entwicklung begründeter Antworten auf Fragen der Handlungsorientierung.

In den letzten Jahren hat Martens den methodischen Teil seines Ansatzes weiter ausgebaut, indem er auf der Grundlage der These, dass es verschiedene philosophische Methoden gebe, zu denen die Analytik, die Dialektik, die Phänomenologie und die Hermeneutik gehörten, diesen Methoden entsprechende Unterrichtsmethoden entwickelt (Martens 2003; siehe § 3.3).

Einwand 1: Gegen das Dialogprinzip und gegen den dialogisch-pragmatischen Ansatz und allgemein gegen die kommunikative Didaktik ist verschiedentlich der Einwand erhoben worden, dass das Resultat eines diesem entsprechenden Unterrichts nicht Wahrheit sei (Ruhloff 1986: 221; Henke 1989: 15).

Erwiderung: Dem ist entgegenzuhalten, dass dasselbe für jeglichen Unterricht, jedes philosophische Gespräch und jede wissenschaftliche Untersuchung gilt. Es besteht keine Garantie dafür, dass das Resultat Wahrheit ist. Das ist nicht weiter problematisch, solange Wahrheit (oder Wissen oder Verständnis) das Ziel ist.

Einwand 2: Dem dialogisch-pragmatischen Ansatz ist vorgeworfen worden, dass er auf einen kommunikationstheoretischen Wahrheitsbegriff hinauslaufe (Ruhloff 1986: 221).

Erwiderung: Möglicherweise sind Vertreter des Ansatzes offener gegenüber einem solchen Wahrheitsbegriff, aber ein notwendiger Zusammenhang zwischen dem Ansatz und einem bestimmten Wahrheitsbegriff besteht nicht.

Einwand 3: Sowohl das Dialog- als auch das Handlungsorientierungsprinzip sind als Begründungen des Philosophieunterrichts zurückzuweisen. Es gibt andere sinnvolle Unterrichtsformen als den Dialog, und Philosophieren kann auch im Monolog stattfinden (Rehfus 1986a; siehe auch § 1.4). Das neo-sokratische Gespräch, das von diesem Ansatz als Methode favorisiert wird, ist anspruchsvoll und wohl für Anfänger ungeeignet (siehe § 3.3); auch ist das neo-sokratische Gespräch keine notwendige Methode des Philosophieunterrichts, weil auch dann Selbstdenken stattfinden kann, wenn man die Fragen und Begriffe nicht eigenständig entwickelt hat (Leeuw/Mostert 1988: 34). Die Handlungsorientierung kann allein schon deswegen nicht als einziger oder hauptsächlicher Zweck des Philosophieunterrichts angesehen werden, weil philosophische Fragen keinen notwendigen Zusammenhang zur Handlungsorientierung haben (Rehfus 1986a).

Einwand 4: Durch die Bedingung, dass der Philosophieunterricht der Handlungsorientierung dienen müsse, werden dessen Inhalte ungebührlich eingeschränkt (siehe § 3.1). Zwar gesteht Martens zu, dass beispielsweise erkenntnistheoretische Fragen in Zusammenhang mit praktischen Fragen auftauchen und deshalb auch im Philosophieunterricht zu behandeln sind. Doch haben sie keinen Platz im Philosophieunterricht als erkenntnistheoretische Fragen. Dies ist aus der Sicht der Philosophie inakzeptabel.

Einwand 5: Die Methode des Ansatzes kann aufgrund der Idee des Ansatzes keine Methode im Sinne einer Organisation von aufeinanderfolgenden Lernschritten sein. Wenn man sich nun jedoch überlegt, wie man die Methode im Unterricht umsetzen soll, so ergeben sich grundsätzliche Schwierigkeiten. Wenn man mit dem offenen Unterrichtsgespräch beginnt, ist nicht gewährleistet, dass die Schülerinnen und Schüler in nützlicher Frist oder überhaupt zu einer Formulierung einer philosophisch interessanten Frage (und zu einer Einigung darauf) gelangen. Selbst wenn es dazu kommt, ist nicht klar, wie man zum zweiten Schritt übergehen soll, es sei denn durch einen glücklichen Zufall oder dadurch, dass man für jedes erdenkliche philosophische Problem einen entsprechenden, in der Schwierigkeit den Fähigkeiten und Kenntnissen der Schülerinnen und Schüler entsprechenden Text in genügend hoher Anzahl Kopien zur Hand. Beginnt man den Unterricht nicht mit dem offenen Gespräch, sondern mit einem kurzen Input (Vortrag, Bild, Film, Zitat), so stellt sich die Frage, wie offen das Unterrichtsgespräch noch ist.

Einwand 6: Ohne klare Antwort auf die Inhaltsfrage lässt sich auch die Prüfungsmethodenfrage nicht sinnvoll beantworten. Der Ansatz bietet keine klare Antwort auf die Frage, wie geprüft werden soll und ob das Gelehrte gelernt wurde.

4.3 Dialektischer Ansatz

Der dialektische Ansatz wurde von Roland W. Henke entwickelt (Henke 2000).[9] Henke geht zunächst vom Begriff der Dialektik von Hegel aus – siehe dazu seine Studie *Hegels Philosophieunterricht* (1989) –, aktualisiert diesen und verbindet ihn mit Gedanken von Kant in seinem Aufsatz «Dialektik als didaktisches Prinzip. Bausteine zu einer zeitgemäßen Philosophiedidaktik im Anschluss an Kant und Hegel» (2000). Zum dialektischen Ansatz gibt es zudem zwei von Henke maßgeblich mitgestaltete Lehrbücher: *Zugänge zur Philosophie 1* (1995, Neubearbeitung 2004) und *Zugänge zur Philosophie 2* (2002). Die Einführungen von Nigel Warburton (1998) und Jonas Pfister (2006) können ebenfalls diesem Ansatz zugeordnet werden (siehe S. 205–206).

Henke knüpft bei Hegel an und übernimmt von ihm in den Grundzügen den Begriff der Dialektik. Er tritt jedoch Hegels Auffassung bezüglich des Unterrichts der Philosophie im Gymnasium entgegen. Hegel war der Ansicht, dass im gymnasialen Philosophieunterricht die abstrakte Form die Hauptsache sei und den Schülerinnen und Schülern zuerst das «Hören und Sehen vergehen» müsse, während man mit der Dialektik «allenthalben den Versuch machen könne» (siehe §2.2.1). Henke wendet dagegen zweierlei ein: Erstens müssen die abstrakten Begriffe mit Beispielen veranschaulicht werden und sich in der Lebenswelt der Schüler bewähren (2000: 120). Henke verweist auf Kant, der in seinem Werk Begriffe mit Beispielen veranschaulicht und im moralischen Unterricht die Anknüpfung an «Biographien alter und neuer Zeiten» empfiehlt (Kant 1788: A 275). Zweitens kann die

---

9 Zur Person: Henke, geb. 1953, absolvierte nach dem Studium der Philosophie, Germanistik, evangelischen Theologie und Pädagogik in Bonn 1973–1979 das Referendariat in Siegen, war danach tätig als Gymnasiallehrer und promovierte 1986 über Hegels Philosophieunterricht. Unter anderem ist er Lehrbeauftragter für Philosophiedidaktik an der Uni Bonn, Fachleiter für Philosophie am Studienseminar Köln und an Richtlinien- und Lehrplanarbeit in Nordrhein-Westfalen beteiligt.

Dialektik nicht nur versucht werden, sondern ist notwendiger Bestandteil des Philosophieunterrichts. Henke schreibt (2000: 120):

> «Wenn der Schlüsselsatz einer dialektischen Philosophiedidaktik stimmt, dass es gegen Philosophie (als festgefügte Ideologie oder Weltanschauung) kein anderes probates Mittel gibt als das Philosophieren, muss gerade dieses als die Kritik und Beurteilung fester philosophischer Standpunkte bei den Schülern angezettelt werden. Besonders von Hegel lässt sich hier lernen, dass das Denken nicht bei seiner eindeutigen Fixierung stehen bleiben kann und darf. Die Kritik, ja die Zersetzung und die daraus oftmals erwachsende Verwerfung festgefügter Inhalte ist ihm inhärent, und sie stellt zugleich die Bedingung des Aufbaus einer vernunftgeleiteten eigenständigen Urteilskompetenz dar, die in einer pluralistischen Gesellschaft mit divergierenden Sinnangeboten allenthalben nötig ist.»

Mit der Anknüpfung an die Subjektivität und Lebenswelt der Schülerinnen und Schüler ergeben sich aber für Henkes Ansatz die von Hegel genannten Probleme des bloßen Skeptizismus – wir können nichts wissen – und des Scheinwissens – wir haben je unsere eigenen Meinungen und leben ganz gut damit (siehe Teil I, §2.1.6). Als Mittel dagegen schlägt Henke vor, den Unterricht auf dialektische Gedankenentwicklungen aus der Philosophiegeschichte auszurichten und das eigenständige Denken der Schülerinnen und Schüler darin einzubinden.

Für die Gestaltung des Unterrichts heißt dies: Zuerst wird eine lebensweltlich relevante Problemstellung entfaltet, dann wird eine mit Argumenten begründete philosophische Position als Antwort darauf geboten. Position und Argumente sollen dann von den Schülerinnen und Schülern analysiert und nachvollzogen werden. Anschließend wird eine aus der Philosophiegeschichte entnehmbare Kritik an der Position formuliert. Diese Kritik muss ebenfalls analysiert und nachvollzogen werden. Aufgrund dieser Kritik kann eine neue Position vorgestellt werden. Da die Kritik notwendig die Frage hervorruft, was nun wahr sei, die ursprüngliche Position oder die Kritik, zwingt sie die Lernenden zu einer Beurteilung des Inhalts auf einem «begrifflich und argumentativ angemessenen Niveau». Die Kritik führt nicht nur zu einem vertieften Verstehen der ursprünglichen Position, sondern ist selbst wiederum zu prüfen und führt zu einer Position, die wiederum der Kritik ausgesetzt werden kann (Henke 2000: 120–121 siehe auch Henke 2007, in welchem er den Ansatz an einer Unterrichtssequenz zum Leib-Seele-Problem bei Descartes veranschaulicht). Henke versteht den Begriff der Dialektik mit Hegel als «immanenten Zusammenhang und Notwendigkeit». Damit ist nicht gemeint, dass es nur eine mögliche Entwicklung einer Gegenposition gibt, sondern dass die entwickelte Gegenposition in der ursprünglichen Position begrifflich enthalten ist und somit eine echte Gegenposition ist. Diese muss nicht unbedingt ein stichhaltiges Argument gegen die ursprüngliche Position enthalten; es reicht aus, wenn sie dazu dient, einen Aspekt der ursprünglichen Position zu akzentuieren, so wie zum Beispiel die Kritik von Schiller an Kants Ethik dessen rationalistischen Kern akzentuiert (Henke 2000: 122).

Henke will seinen Ansatz «innerhalb des polaren Spannungsfeldes von Rehfus und Martens» platzieren (Henke 2000: 117). In Abgrenzung von Rehfus sieht er den Zweck des Philosophieunterrichts in der «Stärkung der Subjektivität als *Begriff*», und in Abgrenzung von Martens sieht er die Vernunft als «bildungswürdig und -bedürftig»; in einer Fußnote gesteht er jedoch zu, dass sein Ansatz mit den von Martens vorgeschlagenen Operationen auf den vier Ebenen Begriffsbildung, Dialog-Handeln, Deutungs-Prozess und Urteils-Bildung vereinbar sei (Henke 2000: 121–122).

Meines Erachtens ist Henkes Ansatz nicht bloß «innerhalb» des Spannungsfeldes von Rehfus und Martens zu positionieren – so als hätten beide Seiten zum Teil recht, und diese Teile würden nun in der Mitte zusammengefügt. Vielmehr ist der Ansatz – dialektisch – als Aufhebung dieser Ansätze zugunsten eines neuen zu sehen. Auch scheint mir Henkes Zugeständnis an Martens verfehlt: Die Operationen, von denen Martens spricht, können die Bildungsbedürftigkeit der Vernunft nicht befriedigen. Zwar spricht Martens neuerdings auch von der «Dialektik», die eine der Unterrichtsmethoden sein soll, doch meint Martens damit nicht Dialektik im hegelschen Sinn, sondern lediglich das Führen von einem Gespräch. Somit ist der Ansatz von Henke nicht mit demjenigen von Martens vereinbar.

Einwand 1: Der Bezug zur Subjektivität der Schülerinnen und Schüler und deren Lebenswelt ist nicht hinreichend vorhanden, denn der Ansatz sieht kein neo-sokratisches Gespräch vor. Diese Diskussionsform gehört aber zu einem guten Philosophieunterricht.

Erwiderung: Der springende Punkt des dialektischen Ansatzes ist jedoch gerade, dass die Bildung der argumentativen Fertigkeiten nur durch die Arbeit an den Problemen der Philosophie möglich ist. Somit kann das neo-sokratische Gespräch nicht genuiner Teil des Philosophieunterrichts sein. Der Bezug zur Subjektivität der Schülerinnen und Schüler und zu deren Lebenswelt ist durch die Entfaltung einer lebensweltlich relevanten Problemstellung gegeben.

Einwand 2: Der Schülerbezug und die Anbindung an die Lebenswelt der Schülerinnen und Schüler ist nicht durch die Idee der Dialektik allein gegeben, weil die Kritik an einer Position losgelöst von der Lebenswelt der Schülerinnen und Schüler formuliert sein kann. Damit der dialektische Ansatz diese Anknüpfung rechtfertigen kann, müssen somit Annahmen gemacht werden, welche nicht im Begriff der Dialektik enthalten sind. Diese Annahmen können durchaus berechtigt sein, nur sind sie es nicht aufgrund des Ansatzes selbst.

4.4 Kompetenzorientierter Ansatz

Der kompetenzorientierte Ansatz, wie ich ihn nenne, wurde von verschiedener Seite im Verlauf der 1980er-Jahre entwickelt. Man kann eine konstruktivistische und eine lehrtheoretische Version unterscheiden, je nach zugrunde gelegtem didaktischem Modell (siehe § 1.2). Ich stelle die beiden Versionen nacheinander vor und gehe dann auf Einwände ein, die sich auf den ganzen Ansatz oder nur eine Version davon beziehen.[10]

Der **konstruktivistisch-kompetenzorientierte** Ansatz wurde praktisch unbeeinflusst (und unbeachtet) von der deutschsprachigen Fachdidaktik in Frankreich zunächst von France Rollin (1982) und später von Michel Tozzi (1992; 1994) entwickelt.[11]

Die Grundfrage der Philosophiedidaktik besteht gemäß Rollin darin, wie man von den Erfahrungen und der Lebenswelt der Schülerinnen und Schüler zur Sprache, zum Denken und zu den Texten der Philosophie gelangt (Rollin 1982: 18). Sie übernimmt die Unterscheidung zwischen dem fachdidaktischen Ansatz, der Kant zugeschrieben werde und auf den Unterricht des *Philosophierens* abziele, und dem Ansatz, der Hegel zugeschrieben werde und auf die *Philosophie* abziele (siehe § 2.2.1). Sie greift weiter auf die Analyse von Michèle Le Dœuff (1980) zurück, wonach der erste Ansatz eine Methode im Sinne der sokratischen Maieutik voraussetze (siehe § 4.2). Dieser Ansatz sei nebst den bekannten Einwänden gegenüber dem Unterricht ohne Ziel *(non-*

---

10 Noch eine andere Version skizziert Nathalie Frieden (2007). Sie schlägt eine aristotelische Interpretation der Kompetenzen vor und sieht die wesentliche philosophische Kompetenz, die Lehrpersonen ihren Schülerinnen und Schülern beibringen sollen, in der Fähigkeit, eine Sache aus einem philosophischen Blickwinkel zu betrachten *(cadrage philosophique)*.

11 Zu den Personen: Rollin studierte Altphilologie und Philosophie, promovierte in Philosophie, unterrichtete viele Jahre an einem Gymnasium und leitete ein fachdidaktisches Forschungsprojekt. Tozzi, geb. 1935, unterrichtete von 1967 bis 1995 Philosophie an einem Gymnasium in Narbonne und begann seine fachdidaktischen Studien erst, nachdem er dazu 1986 durch den in Frankreich bekannten Pädagogen Philippe Meirieu angeregt wurde. Er promovierte 1992 mit der Arbeit *Contribution à une didactique du philosopher* und habilitierte sich 1998 mit der Arbeit *Eléments pour une didactique de l'apprentissage du philosopher;* siehe Pettier 2005.

directivité) der Gefahr ausgesetzt, zum leeren Gespräch zu werden und damit dem Vorurteil Vorschub zu leisten, dass die Philosophie nutzlos und ungewiss sei. Wenn man mit Le Dœuff jedoch entgegenhalte, dass Philosophie gelehrt werden müsse, so sei man damit auf die Grundfrage zurückgeworfen, wie man von der Lebenswelt der Schülerinnen und Schüler zur Philosophie gelange (Rollin 1982: 19–21).

Das Ziel des Unterrichts ist es, Philosophieren zu lernen, d.h. ein autonomes, nachdenkendes Denken und eine hinterfragende Einstellung zu entwickeln (*«l'autonomie d'une pensée qui raisonne et l'activité d'une personne qui s'interroge»;* Rollin 1982: 25). Rollin bemerkt, dass es erstaunlich sei, dass man im Unterschied zu anderen Lerngegenständen in der Philosophie glaube, man könne Philosophieren dadurch lernen, dass man lerne, die Fragen anderer zu verstehen, statt zu lernen, selbst Fragen zu entwickeln. Sie schlägt vor, eine Synthese der beiden Ansätze zu liefern, welche den Fokus auf die Schüleraktivität des ersten Ansatzes mit der Zielgerichtetheit des zweiten Ansatzes verbindet (1982: 29). Dementsprechend lauten die zwei wichtigsten von insgesamt sechs Adäquatheitskriterien für einen fachdidaktischen Ansatz wie folgt: Produktive Tätigkeit der Schülerinnen und Schüler (und nicht Rezeption von vorgefertigten Fragen und Problemen) und Zielgerichtetheit des Rahmens und des Inhalts (und nicht freier, zielloser Dialog; 1982: 35). Grundlegend für den Unterricht des Philosophierens sei die Entwicklung der Art des Fragens, die für die Philosophie spezifisch sei. Wenn die Schülerinnen und Schüler die Kompetenz entwickelt hätten, philosophische Fragen zu stellen, so könnten sie anschließend Hilfsmittel, die sie zum Teil in anderen Fächern gelernt hätten, wie die Ableitung *(déduction),* die Verallgemeinerung *(généralisation)* oder die Extrapolation *(extrapolation),* in ihr Philosophieren einbauen (1982: 106–107).

Auch Tozzi definiert den Philosophieunterricht als Unterricht von Kompetenzen. Philosophieren besteht demnach im Zusammenfügen von spezifischen Denkprozessen in der Beantwortung essenzieller Fragen, d.h. der drei philosophischen Grundfertigkeiten:

1. Aussagen, Begriffe oder Fragen zu **problematisieren,**
2. Begriffe und begriffliche Unterscheidungen zu **konzeptualisieren,** und
3. rational zu **argumentieren;**

sodann in der Anwendung dieser Grundfertigkeiten in der Entwicklung der Kompetenzen philosophisch zu **lesen,** zu **schreiben** und zu **diskutieren** (Tozzi 1994/1999: 143; 2006). In den Worten von Tozzi lautet dies wie folgt (2006):

> «Notre ‹matrice didactique du philosopher› est une tentative pour didactiser l'apprentissage du philosopher différemment, à partir de l'articulation, dans le mouvement et l'unité d'une pensée habitée par un rapport à la vérité dans la compréhension du réel, de ‹processus de pensée› spécifiques: capacités philosophiques de base à problématiser une affirmation, une notion ou une question, de conceptualiser des notions et des distinctions, d'argumenter rationnellement des thèses et des objections; développement de compétences à lire, écrire, discuter philosophiquement en articulant ces capacités de base sur des tâches complexes.»

(Der in der Formulierung enthaltene Ausdruck «Matrix» *(matrice)* ist von Michel Develay übernommen und meint einen Blickwinkel, unter dem die Gesamtheit der Inhalte zu einem kohärenten Ganzen organisiert wird.) Problematisieren bedeutet anzweifeln oder infrage stellen. Konzeptualisieren heißt nicht, die Bedeutung von einem Wort in einer Sprache zu entdecken und zu verstehen, sondern einen Denkprozess zu beginnen, dessen Ziel es ist, Begriffsdefinitionen und begriffliche Unterscheidungen zu entwickeln (Tozzi 1999a). Argumentieren bedeutet, Begründungen zu geben, die rational nachvollziehbar sind. Diese drei Grundfertigkeiten sind interdependent: Die Problematisierung führt zur Konzeptualisierung und zur Argumentation; eine durch Konzeptualisierung gewonnene Begriffsdefinition muss auch begründet werden; ein Argument enthält oft Begriffe, die der Konzeptualisierung bedürfen. Philosophisch lesen heißt, den philosophischen Gehalt eines Texts – die darin enthaltenen Probleme,

Begriffe und Argumente – zu erfassen und Möglichkeiten zu entwickeln, darauf philosophisch zu reagieren. Philosophisch schreiben bedeutet, schriftlich Probleme aufzuzeigen, mit Begriffen zu arbeiten und zu argumentieren. Somit ist philosophisches Schreiben nicht auf den traditionellen Schulaufsatz *(dissertation)* beschränkt (siehe § 2.1.8). Die philosophische Diskussion ist der Einsatz der Vernunft zum Verständnis eines philosophischen Problems, zur Analyse von Begriffen und zur Entwicklung begründeter Lösungen.

Wie sollen die philosophischen Kompetenzen im Unterricht entwickelt werden? Auf der Grundlage der konstruktivistischen lernpsychologischen Arbeiten von Jerôme Bruner (1960; 1966; 1973; siehe § 1.2), der reformpädagogischen Arbeiten von Hilda Taba und von Arbeiten von Britt-Mari Barth entwickelt Rollin (1982) eine Methode des entdeckenden Lernens für den Philosophieunterricht. Durch die Gegenüberstellung verschiedener Fragen sollen die Schülerinnen und Schüler herausarbeiten, was eine philosophische Frage ist, und durch die Gegenüberstellung verschiedener Begriffspaare sollen sie in das Definieren von Begriffen eingeführt werden. Tozzi (1994/1999) schlägt vor, ausgehend von bereits bestehenden Meinungen durch Nachdenken über deren Ursprung und durch deren Infragestellen zu fundamentalen und damit zu philosophischen Fragen fortzuschreiten. Danach soll gelernt werden, wie man Begriffe konzeptualisiert und wie man philosophische Fragen beantwortet, mit Argumenten stützt und gegen Einwände verteidigt. Hat man diese Grundfertigkeiten in den Grundzügen einmal erworben und geübt, so kann man sie nun für die Entwicklung der drei Kompetenzen des philosophischen Lesens, Schreibens und Diskutierens einsetzen. Schülerinnen und Schüler sollen eigene Fragen an einen zu lesenden Text stellen, und die Resultate der Lektüre können anschließend in der Klasse präsentiert werden (Tozzi / Molière 1995). Die Formen des Schreibens weitet Tozzi vom traditionellen Schulaufsatz auf Dialog, Brief, Märchen, Aphorismus und dergleichen aus. Solche Texte können Schülerinnen und Schüler einander gegenseitig vorlesen, um so die kommunikative Funktion der

Texte zu verbessern (Tozzi et al. 2000). Probleme der Schülerinnen und Schüler, an einer Diskussion teilzunehmen, und Probleme der Lehrpersonen, die Diskussion anzuregen, können dadurch umgangen werden, dass die Diskussion so organisiert wird, dass die Schülerinnen und Schüler abwechselnd verschiedene Funktionen im Gespräch (Leiter, Berichterstatter, Diskutierender) und in der Beobachtung davon übernehmen (Tozzi et al. 1999).

Der **lehrtheoretisch-kompetenzorientierte** Ansatz wurde in Auseinandersetzung mit der deutschen und amerikanischen Fachdidaktik und unter Einbezug von Elementen der lehrtheoretischen Didaktik (Schulz 1965) und Ergebnissen der Lernpsychologie in Holland von Karel van der Leeuw und Pieter Mostert (1983a; 1983b; 1985; 1988) entwickelt.[12]

Karel van der Leeuw und Pieter Mostert bauen ihren Ansatz auf der folgenden Frage auf (Leeuw/Mostert 1983a: 9): «Gibt es spezifische philosophische Fähigkeiten, eine philosophische Kompetenz, die der Schüler erlernen soll, und zwar durch Übung?» Dies zeichnet den Ansatz als kompetenzorientiert aus und unterscheidet ihn nicht von den Ansätzen von Rollin und Tozzi. Der Ansatz unterscheidet sich jedoch von diesen im zugrunde gelegten didaktischen Modell. Während Tozzi Lehrzielen gegenüber abgeneigt ist, stellt dies gerade die Grundlage des Ansatzes von Leeuw und Mostert dar. Ihr Ziel formulieren sie wie folgt (Leeuw/Mostert 1988: 9):

---

12 Zu den Personen: Leeuw, geboren 1940, studierte Philosophie, Niederländisch und Chinesisch in Amsterdam und veröffentlichte unter anderem eine Studie zur chinesischen Philosophie. Mostert, geboren 1952, studierte von 1970 bis 1978 Philosophie in Amsterdam. Zusammen mit Leeuw promovierte er 1988 mit der Arbeit *Philosophieren lehren. Ein Modell für die Planung, Analyse und Erforschung des einführenden Philosophieunterrichts,* das den Studienpreis der Stiftung Praemium Erasmanianum erhielt. 1993 gründete er, ebenfalls zusammen mit Leeuw, ein Zentrum für das Philosophieren mit Kindern.

> «Die Entwicklung eines Unterrichtsmodells, das eine Analyse möglicher Lehrziele des Philosophieunterrichts auf verschiedenen (kognitiven) Ebenen ermöglicht, das die spezifischen Elemente der philosophischen Kompetenz, und damit die fachspezifischen Lernschwierigkeiten für den Schüler identifiziert, und Hinweise gibt auf die Lernaktivitäten, mittels derer dieser jene überwinden kann.»

Philosophische Kompetenz definieren sie als das «Vermögen, philosophische Probleme zu lösen» (1988: 53). Weder die Fähigkeit zur Textinterpretation, wie dies traditionell angenommen wird, noch die Fähigkeit zum Dialog, wie es die dialogisch-pragmatische Philosophiedidaktik annimmt (siehe § 4.2), gehören dazu. Wenn Philosophieren darin besteht, philosophische Probleme zu lösen, so muss zunächst einmal geklärt werden, was überhaupt ein philosophisches Problem ist, schreiben Leeuw und Mostert (1988: 54). Dazu gebe es keine klare und allgemein anerkannte Definition. Wenn man untersuche, wie Philosophinnen und Philosophen (und allgemein Wissenschaftler) vorgehen, so könne man zwei Phasen unterscheiden. Erstens, die Umwandlung oder Transformation einer in alltagssprachlicher Terminologie gestellten Frage in ein fachwissenschaftliches Problem. Zweitens, die Lösung dieses Problems mithilfe anerkannter fachwissenschaftlicher Methoden (1988: 58). Dass eine solche Transformation in der Regel anspruchsvoll ist, zeigt der Zeitaufwand für die Formulierung geeigneter Fragen beim Einsatz der sokratischen Methode (1988: 33). Man muss also zunächst eine «Empfänglichkeit für die spezifischen Problemverschlingungen eines Fachs» entwickeln, und dies kann unter Umständen eines der wichtigsten Unterrichtsziele sein (1988: 61). Für den Transformationsprozess gebe es keine strenge Methode, kein «Verfahren» im Sinne von «Handlungsabfolgen, die zur Ausübung des Fachs gehören», schreiben Leeuw und Mostert (1988: 82–85). Es sei ein Kennzeichen von der Philosophie allgemein (mit Ausnahme der formalen Logik), dass es keine solchen Verfahren gebe. Vielmehr sei die Situation in der Philosophie so, dass philosophische Begriffe, Probleme und Verfahren gleichzeitig entwickelt würden. Die Philosophie umfasse zwar eine Anzahl von Problemen; dazu gebe es jedoch nur Lösungsstrategien, die in einem lockeren Verhältnis zu diesen stünden und weder einzelne Schritte noch Kriterien einer akzeptablen Lösung festlegen würden (1988: 91–93). Die Begriffsanalyse weisen sie als eine zu wenig erforschte, unbeliebte und überholte Tätigkeit zurück; das Argumentieren sei zwar für die Philosophie wichtig, doch nicht spezifisch (1988: 102). Statt allgemein philosophische Verfahren gebe es lediglich Verfahren für ein bestimmtes philosophisches Gebiet, ein Problem oder eine Person. Leeuw und Mostert fassen dies an einer Stelle wie folgt zusammen (1988: 115):

> «Die Fachkompetenz kann also näher analysiert werden als die Erkenntnis eines zusammenhängenden begrifflichen Instrumentariums – da sich in der Philosophie die fachspezifische Erkenntnis fast auf Begriffsnetzwerke reduziert – und die Beherrschung einer Hierarchie fachspezifischer Verfahren.»

Da philosophische Begriffe, Probleme und Verfahren gleichzeitig entwickelt werden, muss dies auch im Unterricht berücksichtigt werden. Es macht keinen Sinn, Schülern eine begriffliche Struktur ohne die dazugehörigen Fragen beibringen zu wollen. Fragen sind andererseits erst philosophisch, wenn sie innerhalb eines bestimmten Problemraums gestellt werden, und dieser Problemraum wird von den Begriffen und den Verfahren der Philosophie bestimmt. Die alltagssprachlich formulierte Frage muss somit transformiert werden, d.h. präzisiert und in Teilfragen aufgeteilt werden (1988: 97). Nicht immer muss man jedoch von der alltagssprachlich formulierten Frage ausgehen, sondern kann auch im Rahmen eines bereits erarbeiteten Begriffsnetzes eine philosophische Frage einführen.

Leeuw und Mostert ziehen für die Unterrichtsplanung die Konsequenz, dass die präzise Beherrschung von Einzelverfahren gelernt und geübt werden muss. Dafür ist der Einsatz von Texten nicht unbedingt notwendig. Wenn man jedoch Texte einsetzt, so sollte man sie zum Erreichen von Lehrzielen einsetzen, und der Text sollte diesen Zielen auch tatsächlich dienen und nicht zu einem eigenen Interpretationsproblem werden. Da es keine allgemeinen philosophischen Verfahren gibt, können nur gebiets- oder problemspezifische Verfahren gelehrt werden. Der Lernprozess von komplexen Verfahren sollte schrittweise erfolgen, d. h., man muss komplexe Verfahren für den Unterricht in einfachere Verfahren zerlegen (1988: 107–109). Die Anwendung des Modells von Leeuw und Mostert soll ermöglichen, dass die Schülerinnen und Schüler allmählich ein begriffliches Netzwerk entwickeln und dazugehörige Probleme und Verfahren kennen und beherrschen.

Einwand 1: Das Erarbeiten und Üben philosophischer Kompetenzen ist Ziel eines jeden Philosophieunterrichts. Somit zeichnet sich der kompetenzorientierte Ansatz nicht gegenüber anderen Ansätzen aus.

Erwiderung: Der kompetenzorientierte Ansatz definiert und begründet den Unterricht über Kompetenzen. Insofern unterscheidet er sich sehr wohl von anderen Ansätzen. Auch in der methodischen Umsetzung unterscheiden sich die hier vorgestellten konstruktivistischen und lehrtheoretischen Ansätze von den zuvor vorgestellten bildungstheoretischen und kommunikativen Ansätzen.

Einwand 2: Gegen die konstruktivistische Version kann der Einwand erhoben werden, dass die Methode im Unterricht nicht erfolgreich sei. Durch die Gegenüberstellung verschiedener Fragen und verschiedener Begriffspaare, wie von Rollin vorgeschlagen, und durch das Infragestellen der eigenen Meinungen, gelangt man weder notwendigerweise zu philosophischen Fragen noch zu einer Einsicht in die Natur der Philosophie. Dazu gelangt man vielmehr durch die Begegnung mit philosophischen Fragen. (Dieser Einwand spricht für die lehrtheoretische Version des kompetenzorientierten Ansatzes.)

Einwand 3: Gegen die lehrtheoretische Version könnte der Einwand erhoben werden, dass damit kreativere Lernprozesse wie zum Beispiel das Schreiben eines philosophischen Tagebuchs ausgeschlossen würden.

Erwiderung: Der lehrtheoretisch-kompetenzorientierte Ansatz schließt solche Prozesse keineswegs aus dem Unterricht aus, sondern entwickelt ein Modell für diejenigen (kognitiven) Lernprozesse, die absichtlich zu einem überprüfbaren Resultat führen.

Einwand 4: Gegen die lehrtheoretische Version von Leeuw und Mostert könnte der Einwand erhoben werden, dass es entgegen ihrer Aussage eine allgemeine Bestimmung philosophischer Probleme und Verfahren gebe. Ein entsprechender Vorschlag bietet zum Beispiel Tozzi: Philosophieren heißt Problematisieren, Konzeptualisieren und Argumentieren.

Erwiderung auf die Erwiderung: Die Tätigkeiten des Problematisierens, Konzeptualisierens und Argumentierens sind durch ihr Objekt philosophisch. Sie beziehen sich auf allgemeine Begriffe, grundlegende Fragen oder Argumente. Insofern kann man auch die Philosophie als eine «Meta-Tätigkeit» bezeichnen: Die Tätigkeit bezieht sich wiederum auf die Tätigkeit. Dass es sich dabei um keine Verfahren im strengen Sinn handelt, ist korrekt. Im Unterricht geht es jedoch gar nicht um das Erarbeiten solcher Verfahren, sondern um das Erarbeiten von vagen Lösungsstrategien, wie sie laut Leeuw und Mostert für die Philosophie allgemein gelten.

5 Zusammenfassung

Fachdidaktik Philosophie ist die Lehre vom Lehren und Lernen im Fach Philosophie. Fachdidaktik ist weder bloße Anwendung allgemeiner Didaktik, noch eine eigenständige Didaktik. Zuweilen wird die Fachdidaktik Philosophie als ein didaktischer Sonderfall angesehen, entweder weil die Philosophie bereits didaktisch oder weil die Didaktik der Philosophie ausschließlich eine Angelegenheit der Philosophie sei.

Zur Fachdidaktik Philosophie zählen begriffliche, normative, deskriptive und deskriptiv-historische Fragen. Die vier normativen Fragen können als Begründungs-, Inhalts-, Methoden- und Prüfungsmethodenfrage bezeichnet werden: Wozu soll Philosophie gelehrt werden?, Was soll gelehrt und gelernt werden?, Wie soll gelehrt und gelernt werden?, und: Wie soll geprüft werden, ob das Gelehrte gelernt wurde?

Je nach Land hat das Schulfach Philosophie eine unterschiedliche Tradition und heutzutage einen unterschiedlichen Status im Lehrplan und wird verschieden unterrichtet. In deutschsprachigen Ländern ist der Unterricht mehrheitlich problemorientiert ausgerichtet. In den letzten Jahrzehnten haben zahlreiche Neuerungen stattgefunden, welche das Schulfach Philosophie beeinflussen. Dazu zählt in erster Linie die Einführung des Schulfachs Ethik in verschiedenen Ländern, aber auch die Gründung der Bewegung Philosophieren mit Kindern.

Verknüpft mit der Geschichte des Fachs ist die Geschichte der Fachdidaktik. Im deutschen Sprachraum bestand Fachdidaktik lange

Zeit hauptsächlich aus der Legitimationsdiskussion, die von den beiden Polen «Wissenschaftspropädeutik» und «innere Einheit der Bildung» bestimmt wurde. In den 1970er-Jahren fand in Deutschland eine Erneuerung der Fachdidaktik statt, die sich in der Gründung von Fachzeitschriften, der Entwicklung fachdidaktischer Ansätze, der Institutionalisierung der fachdidaktischen Ausbildung und der Erarbeitung zahlreicher Lehrmittel, Textsammlungen und anderer Unterrichtsmaterialien zeigt. Auch in Frankreich fand seit den 1970er-Jahren eine Erneuerung der Fachdidaktik statt.

Zu den fachdidaktischen Ansätzen gehören der bildungstheoretisch-identitätstheoretische Ansatz von Wulff D. Rehfus und der dialogisch-pragmatische Ansatz von Ekkehard Martens. Der dialektische Ansatz von Roland W. Henke stellt eine Synthese dieser beiden Ansätze dar, steht jedoch dem ersten näher als dem zweiten. Der kompetenzorientierte Ansatz wurde in einer konstruktivistischen Version von France Rollin und später von Michel Tozzi und in einer lehrtheoretischen Version von Karel van der Leeuw und Pieter Mostert entwickelt.

Teil III:
Literatur und Materialien

Die folgenden Listen mit Angaben zu Literatur und Materialien sind keineswegs vollständig, sondern stellen eine Auswahl dar, die Orientierung und Hinweise für die weitere Lektüre und Materialsuche geben soll.

1 Lehrbücher und Textsammlungen

Einen Überblick über verschiedene Lehrmittel für alle Stufen bietet die Webseite der Zeitschrift *Ethik und Unterricht*.
http://www.ethik-und-unterricht.de (>Informationen>Lehrmittel)

1.1 Sekundarstufe II

Einführungen in das Philosophieren

Blackburn, Simon, 1991, *Denken. Die großen Fragen der Philosophie*, Darmstadt: Wissenschaftliche Buchgesellschaft.

Nagel, Thomas, 1990, *Was bedeutet das alles? Eine ganz kurze Einführung in die Philosophie*, Stuttgart: Reclam.

Warburton, Nigel, 1998, *Was können wir wissen, was dürfen wir tun? Einstieg in die Philosophie,* Reinbek bei Hamburg: Rowohlt.

Pfister, Jonas, 2006, *Philosophie. Ein Lehrbuch*, Stuttgart: Reclam.

Einführungen in das Schreiben und Argumentieren

Rosenberg, Jay F. 1986, *Philosophieren. Ein Handbuch für Anfänger.* Frankfurt a.M.: Klostermann 1986. (5. Auflage 2006; orig. engl. 1978, *The Practice of Philosophy. A Handbook for Beginners*)

Tetens, Holm, 2004, *Philosophisches Argumentieren: Eine Einführung*, München: C.H. Beck. (2. Auflage 2006)

Textsammlungen

Pauer-Studer, Herlinde et al. (Hrsg.), 2005, *Philosophie zum Lesen*, Wien: Verlegergemeinschaft Neues Schulbuch.

Pfister, Jonas (Hrsg.), (erscheint) 2010, *Philosophie. Texte zum Lehrbuch*, Stuttgart: Reclam.

Lehrmittel mit Bildmaterial und Arbeitsaufträgen

Henke, Roland W., Aßmann, Lothar, Bergmann, Reiner, Schulze, Matthias, Sewing, Eva-Maria, 1995, *Zugänge zur Philosophie*. Berlin: Cornelsen. (Neubearbeitung als *Zugänge zur Philosophie 1*, 2004)

Aßmann, Lothar, Bergmann, Reiner, und Henke, Roland W., 2002, *Zugänge zur Philosophie 2*. Berlin: Cornelsen.

Draken, Klaus, Flohr, Peter, Hübner, Jörg, Maeger, Stefan, Reuber, Rudolf, Schalk, Helge, und Sieberg, Harald, 2005, *Philosophieren 1: Texte und Methoden für die Sekundarstufe II. Einführung – Anthropologie – Erkenntnistheorie*, Bamberg: Buchner.

Brockamp, Gregor, Draken, Klaus, und Hamacher, Wolfram, 2006, *Philosophieren 2: Ethik – Staatsphilosophie – Geschichtsphilosophie*, Bamberg: Buchner.

Liessmann, Konrad, und Zenaty, Gerhard, *Vom Denken. Einführung in die Philosophie*, Bamberg: Buchner.

1.2 Ethik

Einführung in die angewandte Ethik

Singer, Peter, 1994, *Praktische Ethik*, Stuttgart: Reclam.

Lenzen, Wolfgang, 1999, *Liebe, Leben, Tod*, Stuttgart: Reclam.

Lehrmittel mit Bildmaterial und Arbeitsaufträgen

Heller, Bruno, 1998, *Grundfragen philosophischer Ethik* (bsv Grundkurs Ethik), Bayerischer Schulbuchverlag.

Schoerbel, Wolfgang, et al., 1999, Ethik für allgemeinbildende und berufliche Schulen, Köln: STAM. (Neubearbeitung 1999, Bd. 2 Klasse 12, Bd. 3 Klasse 13)

Nink, Hermann, 2000, *Standpunkte der Ethik*, Berlin: Schöningh im Westermann.

Peters, Jörg und Rolf, Bernd, 2002, *Ethik aktuell: Texte und Materialien zur Klassischen und Angewandten Ethik*, Bamberg: Buchner.

Sänger, Monika (Hrsg.), *Abenteuer Ethik*, Bamberg: Buchner.

1.3 Sekundarstufe I

Gaarder, Jostein, 1996, *Sofies Welt. Roman über die Geschichte der Philosophie*, München: Hanser.

Münnix, Gabriele, 1996, *Wirklich? Erkenntnis und Ethik*, Leipzig: Klett. (Philosophie für Einsteiger, Bd. 3, Jahrgangsstufen 9–11)

Münnix, Gabriele, 1997, *Nirgendwo? Gesellschaft und Ethik*, Leipzig: Klett. (Philosophie für Einsteiger, Bd. 2, Jahrgangsstufen 7–9)

Münnix, Gabriele, 1997, *Menschlich? Mensch und Ethik*, Leipzig: Klett. (Philosophie für Einsteiger, Bd. 1, Jahrgangsstufen 5–7)

Münnix, Gabriele, 2001, *Anderwelten. Eine fabelhafte Einführung ins Philosophieren*, Weinheim: Beltz.

Tiedemann, Markus, 1999, *Prinzessin Metaphysika. Eine fantastische Reise durch die Philosophie*, Hildesheim: Olms.

Henke, Roland, Sewing, Eva-Maria, und Wiesen, Brigitte, *Praktische Philosophie*, Berlin: Cornelsen.

Law, Stephen, 2004, *Warum die Kreter lügen, wenn sie die Wahrheit sagen, und andere Abenteuer der Philosophie*, Frankfurt a.M.: Eichborn. (Gewinner des Mindelheimer Philosophie-Preises 2009)

Law, Stephen 2007, *Philosophie. Abenteuer Denken*, Würzburg: Arena.

White, David. A. 2008, *Mit Philosophie Fragen des Alltags klären: Beispielhafte Antworten von Aristoteles bis Wittgenstein. Ein Arbeitsbuch für Jugendliche*, Mühlheim: Verlag an der Ruhr.

1.4 Philosophieren mit Kindern

Lipman, Matthew, 1983, *Harry Stottlemeiers Entdeckung*, Hannover: Schroedel.

Lipman, Matthew, 1986, *Pixie. Philosophieren mit Kindern,* Wien: Hölder-Pichler-Tempsky.

Zoller, Eva, 1991, *Die kleinen Philosophen. Vom Umgang mit «schwierigen» Kinderfragen.* Zürich: Orell Füssli. (4. Auflage 2000)

Calvert, Kristina, 2004: *Können Steine glücklich sein? Philosophieren mit Kindern,* Reinbek bei Hamburg: Rowohlt.

Fromm, Susanne, 2007, *Denken und Nachdenken. Philosophieren kann ich auch. Kopiervorlagen für Kinder,* Göttingen: Vandenhoeck & Ruprecht.

2 Nachschlagwerke

Philosophielexikon, hrsg. v. Anton Hügli und Poul Lübcke, Reinbek bei Hamburg: Rowohlt, 2005 (6. Auflage).
Metzler Lexikon der Philosophie: Begriffe und Definitionen, hrsg. v. Peter Prechtl, Stuttgart: Metzler, 2008 (8. Auflage).
The Oxford Dictionary of Philosophy, hrsg. v. Simon Blackburn, Oxford: Oxford University Press, 2008.
The Cambridge Dictionary of Philosophy, hrsg. v. Robert Audi, Cambridge: Cambridge University Press, 1999.
Routledge Encyclopedia of Philosophy, hrsg. v. Edward Craig, London: Routledge, 1998.
The Stanford Encyclopedia of Philosophy, hrsg. v. Edward N. Zalta, Stanford University. *http://plato.stanford.edu/*
Philosophie-Portal der *Wikipedia*
   http://de.wikipedia.org/wiki/Portal:Philosophie

3 Fachdidaktische Literatur

3.1 Philosophie

Rehfus, Wulff D., und Becker, Horst (Hrsg.), 1986, *Handbuch des Philosophie-Unterrichts*, Düsseldorf: Schwann.

Das Handbuch ist «bislang der erste und einzige Versuch, die gesamte Breite der vergangenen und gegenwärtigen philosophiedidaktischen Diskussion und der unterrichtspraktischen Probleme umfassend zu dokumentieren» (Klappentext) und stellt bis heute den Bezugspunkt jeder Diskussion der Grundlagen der Fachdidaktik Philosophie dar. (Siehe dazu jedoch die kritische Rezension von Trinks 1987.)

Steenblock, Volker, 2000, *Philosophische Bildung: Einführung in die Philosophiedidaktik und Handbuch: praktische Philosophie*, Münster: Lit. (3. Auflage 2007)

Dies ist eine Einführung mit vielen Informationen zum Philosophie- und Ethikunterricht und zur Philosophiedidaktik (u.a. mit Interviews mit Monika Sänger, Ekkehard Martens und Gareth Matthews).

Euringer, Martin, 2008, *Vernunft und Argumentation. Metatheoretische Analysen zur Fachdidaktik Philosophie*, Darmstadt: Wissenschaftliche Buchgesellschaft.

Dieses Buch diskutiert die ursprünglichen Ansätze von Rehfus, Martens und Schmucker-Hartmann, geht jedoch nicht auf Weiterentwicklungen und neuere Ansätze ein.

Zu verschiedenen Ansätzen

Zum bildungstheoretisch-identitätstheoretischen Ansatz: Siehe Rehfus (1980; 1986a; und 1986b). Zum dialogisch-pragmatischen Ansatz: Siehe Martens (1979; 1983; 1986a; 1986b; und 1998). Zum dialektischen Ansatz: Siehe Henke (2000; und 2007). Zum kompetenzorientierten Ansatz: Siehe Rollin (1982), van der Leeuw und Mostert (1988) und Tozzi (1992; 1994; 1998a; 1999; und 2006).

Weitere Bücher

Girndt, Helmut, und Siep, Ludwig (Hrsg.), 1987, *Lehren und Lernen der Philosophie als philosophisches Problem*, Essen, Die blaue Eule.

Girndt, Helmut (Hrsg.), 1996, *Philosophen über das Lehren und Lernen der Philosophie*, Sankt Augustin: Academia.

Birnbacher, Dieter, und Krohn, Dieter (Hrsg.), 2002, *Das sokratische Gespräch*, Stuttgart: Reclam.

Birnbacher, Dieter, Siebert, Joachim, und Steenblock, Volker (Hrsg.), 2003, *Philosophie und ihre Vermittlung*, Hannover: Siebert.

Martens, Ekkehard, 2003, *Methodik des Ethik- und Philosophieunterrichts. Philosophieren als elementare Kulturtechnik*, Hannover: Siebert. (2. Auflage 2005)

Martens, Ekkehard, Gefert, Christian und Steenblock, Volker (Hrsg.), 2005, *Philosophie und Bildung: Beiträge zur Philosophiedidaktik*, Münster: Lit.

Breitenstein, Peggy H., Steenblock, Volker, und Siebert, Joachim (Hrsg.), 2007: *Geschichte, Kultur, Bildung. Philosophische Denkrichtungen*, Hannover: Siebert.

Rohbeck, Johannes, 2009, *Didaktik der Philosophie und Ethik*, Dresden: w.e.b.

Zur Hochschuldidaktik

Kasachkoff, Tziporah (Hrsg.), 2004, *Teaching Philosophy: Theoretical Reflections and Practical Suggestions*, Lanham: Rowman & Littlefield. (Erweiterte Ausgabe von *In the Socratic Tradition: Essays on Teaching Philosophy*, 1998).

3.2 Ethik

Schmidt, Heinz, 1983, *Didaktik des Ethikunterrichts, Bd. 1, Grundlagen*, Stuttgart: Kohlhammer.

Schmidt, Heinz, 1984, *Didaktik des Ethikunterrichts, Bd. 2, Der Unterricht in Klasse 1–13*, Stuttgart: Kohlhammer.

Tichy, Matthias, 1998, *Die Vielfalt des ethischen Urteils. Grundlinien einer Didaktik des Faches Ethik/Praktische Philosophie*. Bad Heilbrunn: Klinkhardt.

Klöck, Peter, 2002, *Handbuch des Ethikunterrichts: Fachliche Grundlagen, Didaktik und Methodik, Beispiele und Materialien*, Donauwörth: Auer.

Pfeifer, Volker, 2003, *Didaktik des Ethikunterrichts. Wie lässt sich Moral lehren und lernen?* Stuttgart: Kohlhammer. (Neuauflage 2008: *Didaktik des Ethikunterrichts. Bausteine einer integrativen Wertevermittlung*)

Wiater, Werner, 2009, *Ethik unterrichten: Einführung in die Fachdidaktik*, Stuttgart: Kohlhammer.

3.3 Sekundarstufe I

Brüning, Barbara, 2003, *Philosophieren in der Sekundarstufe: Methoden und Medien*, Weinheim: Beltz.

Tiedemann, Markus, 2004, *Ethische Orientierung für Jugendliche. Eine theoretische und empirische Untersuchung zu den Möglichkeiten der praktischen Philosophie als Unterrichtsfach in der Sekundarstufe I*, Münster: Lit.

Brüning, Barbara, und Martens, Ekkehard, 2007, *Anschaulich philosophieren: Mit Märchen, Fabeln, Bildern und Filmen*, Weinheim: Beltz.

3.4 Philosophieren mit Kindern

Lipman, Matthew, 1983, *Handbuch zu Pixie,* Wien: Hölder-Pichler-Tempsky.

Matthews, Gareth B., 1989, *Philosophische Gespräche mit Kindern,* Berlin: Freese.
Potthoff, Ulrike, Steck-Lüschow, Angelika, und Zitzke, Elke, 1995, *Gespräche mit Kindern. Gesprächssituationen – Methoden – Übungen, Kniffe, Ideen*, Berlin: Cornelsen.
Daurer, Doris, 1999, *Staunen Zweifeln Betroffensein. Mit Kindern philosophieren,* Weinheim: Beltz.
Martens, Ekkehard, 1999, *Philosophieren mit Kindern. Eine Einführung in die Philosophie*, Stuttgart: Reclam.
Brüning, Barbara, 2001, *Philosophieren in der Grundschule. Grundlagen – Methoden – Anregungen*, Berlin: Cornelsen.
Ebers, Thomas, und Melchers, Markus, 2001, *Wie kommen die Bäume in den Wald? Praktisches Philosophieren mit Kindern*, Freiburg im Breisgau: Herder.
Petermann, Hans-Bernhard, 2004, *Kann ein Hering ertrinken? Philosophieren mit Bilderbüchern,* Weinheim: Beltz.
Müller, Hans-Joachim, und Pfeiffer, Silke (Hrsg.), 2004, *Denken als didaktische Zielkompetenz: Philosophieren mit Kindern in der Grundschule*, Baltmannsweiler: Schneider Verlag Hohengehren.

4 Zeitschriften

Allgemein

- **Literaturdatenbank für Didaktik der Ethik und Philosophie**
  Eine Datenbank von deutschsprachigen Aufsätzen in fachdidaktischen Zeitschriften, auch zu den mittlerweile nicht mehr existierenden Zeitschriften *Aufgaben und Wege des Philosophieunterrichts* und *Philosophie. Beiträge zur Unterrichtspraxis*. Die Suchfunktion ermöglicht die Suche nach Autoren und Wörtern in den Titeln der Aufsätze. Diese Datenbank ist somit ein sehr gutes Hilfsmittel für jeden, der nach fachdidaktischer Literatur sucht. Zudem bietet die Internetseite auch weitere nützliche Hinweise zu verschiedenen fachdidaktischen Zeitschriften und Vereinigungen.
  http://www.deletaphi.de/

- **Zusammenstellung von Zeitschriften in verschiedenen Sprachen**
  http://www.philosophie.ch/ (>Schule >Unterricht)

Deutsch

- **Zeitschrift für Didaktik der Philosophie und Ethik**
  Vierteljährlich erscheinende Zeitschrift, veröffentlicht seit 1979 (bis 1993 unter dem Namen «Zeitschrift für Didaktik der Philosophie») Aufsätze zum Unterricht in den Fächern Philosophie und Ethik auf Sekundarstufe I und II, zum Philosophieren

mit Kindern sowie Unterrichtsberichte und Unterrichtsmaterialien. Herausgeber sind gegenwärtig Ekkehard Martens (Hamburg), Volker Steenblock (Bochum) und Johannes Rohbeck (Dresden). Langjährige Herausgeber waren unter anderen Thomas Macho (Klagenfurt), Eckhard Nordhofen (Frankfurt) und Monika Sänger (Karlsruhe).
http://www.siebertverlag.de/ZDPE/

- **Ethik und Unterricht**
Vierteljährlich erscheinende Zeitschrift, veröffentlicht seit 1990 Beiträge und Unterrichtsmaterialien für den Unterricht in den Fächern Ethik, Werte und Normen, L-E-R (Lebensgestaltung, Ethik, Religionslehre) und Praktische Philosophie auf Sekundarstufe I und II. Herausgeber sind gegenwärtig Richard Breun, Sandra Hesse, Stefan Maeger, Hans-Peter Mahnke, Anita Rösch und Georg Schöffel. Langjährige Herausgeber waren unter anderen Konrad Heydenreich und Alfred Treml.
http://www.ethik-und-unterricht.de/

- **Jahrbuch für Didaktik der Philosophie und Ethik**
Veröffentlicht seit dem Jahr 2000 theoretische Beiträge zur Philosophiedidaktik. Herausgeber ist Johannes Rohbeck (Dresden).
http://rcswww.urz.tu-dresden.de/~forumfd/Publikationen/jahrbuch.htm

- **Information Philosophie**
Fünfmal jährlich erscheinende Zeitschrift, informiert seit 1972 über alles, was in der Philosophie im deutschsprachigen Raum geschieht. Herausgeber ist Peter Moser.
http://www.information-philosophie.de/

Mehrsprachig

- **Diotime. Revue internationale de didactique de la philosophie**
  Veröffentlicht seit 1999 in französischer und seit 2007 auch in englischer und spanischer Sprache (und seit 2003 nur noch online) Aufsätze zum Unterricht der Philosophie auf allen Stufen, inklusive zum Philosophieren mit Kindern. Herausgeber ist Michel Tozzi (Montpellier).
  http://www.crdp-montpellier.fr/ressources/agora

Englisch

- **Teaching Philosophy**
  Vierteljährlich erscheinende Zeitschrift veröffentlicht seit 1975 begutachtete Aufsätze in englischer Sprache zum Unterricht der Philosophie auf allen Stufen, vorwiegend jedoch zum Unterricht an Hochschulen.

- **APA Newsletter on Teaching Philosophy**
  Der Newsletter der Amerikanischen Philosophischen Gesellschaft erscheint halbjährlich und veröffentlicht Beiträge zum Philosophieunterricht und Buchrezensionen. Herausgeber sind Tziporah Kasachkoff (CUNY) und Eugene Kelly (New York Institute of Technology).
  http://www.apaonline.org/publications/newsletters/

Französisch

- **L'enseignement philosophique**
  Herausgegeben von der französischen Vereinigung der Philosophielehrer (APPEP). Darin werden seit über fünfzig Jahren zweimal im Jahr Beiträge zu Aktivitäten der APPEP und fachwissenschaftliche und fachdidaktische Beiträge veröffentlicht.
  http://www.appep.net/revue/presentation.htm

- **Côté Philo. Journal de l'enseignement de la philosophie**
  Herausgegeben von der ACIREPh. Darin werden jährlich seit 2003 Aufsätze zum Unterricht der Philosophie veröffentlicht.
  http://www.acireph.org/
- **Pratiques de la philosophie**
  Erscheint jährlich und wird unter der Leitung von Nicole Grataloup von der Sektion Philosophie der französischen Vereinigung für Reformpädagogik (*Groupe français pour l'éducation nouvelle* GFEN) herausgegeben. Die Zeitschrift publiziert hauptsächlich Beiträge zu alternativen und neuen Formen des Philosophieunterrichts.
  http://www.gfen.asso.fr/catalogue/revues/revues/pratik_philo.htm

5 Lehrpläne

Deutschland

Eine Zusammenstellung der Links auf die Lehrpläne für allgemeinbildende Schulen der deutschen Bundesländer findet sich auf dem deutschen Bildungsserver. Die Lehrplan-Datenbank der Kultusministerkonferenz (KMK) ermöglicht Recherchen nach Land, Schulart/Schulstufe, Fach/Sachgebiet, Jahrgangsstufe und Einführungsjahr.
http://www.bildungsserver.de/zeigen.html?seite=400;
http://db.kmk.org/lehrplan/

Österreich

Lehrplan zum Pflichtgegenstand «Psychologie und Philosophie» an der gymnasialen Oberstufe: *http://www.gemeinsamlernen.at/*

Schweiz

Rahmenlehrplan der Schweizerischen Konferenz der kantonalen Erziehungsdirektoren (EDK) vom 9. Juni 1994. Kantonale Lehrpläne können zum Teil auf den Seiten der kantonalen Erziehungsdirektionen abgerufen werden. *http://www.edk.ch/dyn/11661.php*

6 Vereinigungen

Fachverband Philosophie

Der Fachverband Philosophie ist die Organisation der Philosophielehrerinnen und Philosophielehrer in Deutschland. Er vereinigt die verschiedenen Vereinigungen der Bundesländer. Der Fachverband veröffentlicht jährlich *Mitteilungen* und organisiert die nationale Selektion in Deutschland zur Internationalen Philosophie-Olympiade. Der Fachverband Nordrhein-Westfalen veröffentlicht die Verbandsmitteilungen *Der Philosophieunterricht in Nordrhein-Westfalen*. *http://fv-philosophie.de/*

Schweizerischer Verband der Philosophielehrerinnen und Philosophielehrer an Mittelschulen (VSPM)

Die Internetseite bietet unter anderem einen Überblick über die verschiedenen Fächerangebote der Philosophie in den verschiedenen Kantonen. *http://profphil.ch/*

Bundesarbeitsgemeinschaft der Psychologie- und PhilosophielehrerInnen (Bundes-ARGE PuP)

Die Bundes-ARGE PuP ist ein Zusammenschluss der LeiterInnen der neun Landesarbeitsgemeinschaften in Österreich, dessen Zweck unter anderem Interessenvertretung der Psychologie- und PhilosophielehrerInnen im Zusammenhang mit dem Unterrichtsfach Psychologie und Philosophie ist. *http://pup.eduhi.at/bundesarge/*

philosophie.ch – Schweizer Internetportal für Philosophie

Auf dem Schweizer Internetportal für Philosophie werden Informationen rund um Philosophie in der Schweiz veröffentlicht. Dazu gehören allgemeine Informationen zur Philosophie, Links zu den verschiedenen philosophischen Vereinigungen, Informationen für Mittelschülerinnen und Mittelschüler – hier werden auch die Informationen zur Schweizer Philosophie-Olympiade veröffentlicht –, Informationen zu den Studien- und Forschungsmöglichkeiten und zu verschiedenen Veranstaltungen. *http://www.philosophie.ch*

Österreichs Schulportal für Psychologie und Philosophie

Auf diesem Internetportal werden fachrelevante Inhalte interessierten Lehrerinnen und Lehrern zur Verfügung gestellt, Materialien für die Vorbereitung und Gestaltung von Unterrichtseinheiten gesammelt und die Kommunikation und der Meinungsaustausch der am Unterricht direkt oder indirekt Beteiligten gefördert. Die Seiten werden von Franz Pöll betreut, dem Initiator der österreichischen Philosophie-Olympiade, zu der es auch eine eigene Internetseite gibt. *http://pup.eduhi.at/; http://www.philolympics.at/*

Forum für Didaktik der Philosophie und Ethik

Das Forum ist eine Organisation zur Förderung der Didaktik der Philosophie und Ethik. Zu ihren Mitgliedern zählen Fachdidaktikerinnen und Fachdidaktiker. Auf der Internetseite finden sich Informationen zu den Mitgliedern des Forums, zu Erklärungen des Forums und anderer Organisationen, zu Publikationen im Bereich der Fachdidaktik und zu Veranstaltungen des Forums. Das Forum ist institutionell an die DGPhil angegliedert.
http://rcswww.urz.tu-dresden.de/~forumfd/

Association des Professeurs de Philosophie de l'Enseignement Public (APPEP)

Die französische Vereinigung der Philosophielehrer gibt die Zeitschrift *L'enseignement philosophique* heraus. *http://www.appep.net/*

Association pour la Création d'Instituts de Recherche sur l'Enseignement de la philosophie (ACIREPh)

Die ACIREPh organisiert unter anderem Konferenzen zum Unterricht der Philosophie und gibt die Zeitschrift *Côté Philo* heraus. *http://www.acireph.org*

Association Internationale des Professeurs de Philosophie (AIPPh)

http://www.aipph.eu/

Teil IV: Anhang

1 Literaturverzeichnis

Abkürzungen

APA NTP	APA Newsletter on Teaching Philosophy
AWP	Aufgaben und Wege des Philosophieunterrichts
Côté Philo	Côté Philo. Journal de l'enseignement de la philosophie
E & U	Ethik & Unterricht
Diotime	Diotime. Revue internationale de didactique de la philosophie
TP	Teaching Philosophy
ZDP	Zeitschrift für Didaktik der Philosophie
ZDPE	Zeitschrift für Didaktik der Philosophie und Ethik

Aebli, Hans, 1951, *Didactique psychologique. Application à la didactique de la psychologie de Jean Piaget*, Neuchâtel: Delachaux et Niestlé.

Aebli, Hans, 1976, *Grundformen des Lehrens. Eine allgemeine Didaktik auf kognitionspsychologischer Grundlage*, Stuttgart: Ernst Klett. (Ursprüngliche Ausgabe 1961)

Albus, Vanessa, 2006, «Philosophieren im Strafvollzug», in: *ZDPE* 1/06, 64–71.

Anderson, Lorin, Krathwohl, David, et al., 2001, *A Taxonomy for Learning, Teaching, and Assessing – A Revision of Bloom's Taxonomy of Educational Objectives*, London: Longman.

Andre, Judith, 1983, «Dealing with Naïve Relativism in the Philosophy Classroom», in: *Metaphilosophy* 14, 179–182.

Arnold, Margret, 2002, *Aspekte einer modernen Neurodidaktik: Emotionen und Kognitionen im Lernprozess*, München: Vögel.

Ausubel, David P., 1963, *The Psychology of Meaningful Verbal Learning. An Introduction to School Learning*, New York: Grune & Stratton.

Ballauf, Theodor, 1956, «Philosophieunterricht in der höheren Schule», in: *Zeitschrift für philosophische Forschung* 10, 411–422.

Becker-Mrotzek, Michael, und Böttcher, Ingrid, 2006, *Schreibkompetenz entwickeln und beurteilen*, Berlin: Cornelsen Scriptor.

Benjamin, Martin, 2003, «A Graduate Seminar on Teaching Philosophy», in: *APA NTP* 03/1, 176–180.

Bennett, Jonathan, 1994, «On Translating Locke, Berkeley and Hume into English», in: *TP* 17, 261–269.

Bennett, Jonathan, und Gorovitz, Samuel, 1997, «Improving Academic Writing», in: *TP* 20, 105–120.

Berliner, David, 2001, «Learning about and Learning from Expert Teachers», in: *International Journal of Educational Research* 35, 463–482.

Birnbacher, Dieter und Krohn, Dieter (Hrsg.), 2002, *Das sokratische Gespräch*, Stuttgart: Reclam.

Blankertz, Herwig, 1969, *Theorien und Modelle der Didaktik*, München: Juventa.

Bleisch, Barbara, 2001, «Sokratisches Erbe auf der Stundentafel. Schwerer Stand der Philosophie an Mittelschulen», in: *Neue Zürcher Zeitung*, 19.06.2001, 97.

Bloom, Benjamin S., et al., 1956, *Taxonomy of Educational Objectives. Handbook I: The Cognitive Domain*. New York: McKay. (dt. 1972, *Taxonomie von Lernzielen im kognitiven Bereich*, Weinheim: Beltz.)

Brenifier, Oscar, 1999, «Les cafés philosophiques», in: *Diotime* 1.

Bruner, Jerôme S., 1960, *The Process of Education*, Cambridge, Mass.: Harvard University Press.

Bruner, Jerôme S., 1966, *Toward a Theory of Instruction*, Cambridge, Mass.: Harvard University Press.

Bruner, Jerôme S., 1973, *Beyond the Information Given. Studies in the Psychology of Knowing*, New York: Norton & Co.

Brüning, Barbara, 1985, *Philosophieren mit sechs- bis achtjährigen Kindern in der außerschulischen Erziehung.* (Dissertation, Universität Hamburg)

Brüning, Barbara, 2000, «Warum zweifelt Alice an sich selbst? Philosophieren als methodisches Denken», in: *E&U* 3/00, 24–29.

Brüning, Barbara, 2001, *Philosophieren in der Grundschule*, Berlin: Cornelsen.

Brüning, Barbara, 2003, *Philosophieren in der Sekundarstufe: Methoden und Medien*, Weinheim: Beltz.

Bucher, Anton A., et al. (Hrsg.), 2001, *Ethikunterricht in Österreich.* Essen: Paulsen. Eine Kurzfassung davon ist im Internet abrufbar: *http://www.sbg.ac.at/pth/people/bucher/evaluation.htm*

Camhy, Daniela G., 1983, «Philosophie für Kinder», in: H. Bendkowski und B. Weisshaupt (Hrsg.), *Was Philosophinnen denken*, Zürich: Ammann, 204–213.

Camhy, Daniela G., 1984, «Praxis der Kinderphilosophie in Österreich», in: *ZDP*, 1 / 84 32–35.

Campomames, C. Tejedor, 1984, *Didáctica de la filosofía*, Madrid: SM.

Châtelet, François, et al., 1998, *Le Rapport bleu, les sources historiques et théoriques du Collège international de philosophie*, PUF.

Conrads, Helmut, und Müller, Michael, 1986, «Zur Arbeit mit Texten im Philosophieunterricht», in: Rehfus/Becker 1986, 288–301.

Cosentino, Antonio, 2006, «La philosophie pour enfants en Italie», in: *Diotime* 29.

Cox, Phil, 2000, «First Ideas, Then Texts: The First Year Philosophy Seminar», in: *APA NTP* 00/1.

Cuonzo, Margaret A., 2002, «The Value of Paradox in Teaching Philosophy», in: *APA NTP* 02/1, 202–205.

Czermak, Gerhard, 1994, «Ethikunterricht als Zwangs-, Ersatz- oder Auffangfach? Eine bundesverfassungsrechtliche Kritik», in: *Praktische Theologie* 29, 231–244.

Dege, Martina, 1995, «Selbstbestimmung – Denkversuche als Schreibversuche», in: *ZDPE* 1/95, 27–36.

Dege, Martina, 1999, «Montaignes ‹Essays› – der Versuch, schreibend die Balance zu halten», in: *ZDPE* 2/99, 116–128.

Dejung, Christoph, 2001, «Der Philosophieunterricht in der Schweiz im Umbruch», in: *Information Philosophie* 4/01, 68–71.

De Pasquale, Mario 1999, «Etat des lieux de la recherche en didactique», in: *Diotime* 1.

Deppe, Wolfgang, 1973, «Bedarf der Philosophieunterricht einer neuen Begründung? Eine Auseinandersetzung mit Rudolf Lassahn», in: *AWP* 6, 47–52.

Derbolav, Josef, 1964, «Selbstverständnis und Bildungssinn der Philosophie», in: J. Derbolav (Hrsg.), *Die Philosophie im Rahmen der Bildungsaufgabe*, Heidelberg: Quelle & Meyer, 7–40.

Derbolav, Josef, 1970, *Frage und Anspruch: Pädagogische Studien und Analysen,* Wuppertal et al.: Henn.

Derrida, Jacques, 1990, *Du droit à la philosophie*, Paris: Galilée.

Derrida, Jacques, 1991/1998, «Der Rechtsanspruch auf die Philosophie in weltbürgerlicher Absicht» (Vortrag vom 23. Mai 1991), übers. v. Hans-Peter Jäck, April 1998.
Online:*http://hydra.humanities.uci.edu/derrida/unesco.htm*

Deutsche Rechtschreibung. Regeln und Wörterverzeichnis. Entsprechend den Empfehlungen des Rats für deutsche Rechtschreibung. Überarbeitete Fassung des amtlichen Regelwerks 2004, München und Mannheim, 2006. *http://www.neue-rechtschreibung.de/regelwerk.pdf.*

Diesenberg, Norbert, und Neugebauer, Hans G., 1996, *Textarbeit im Philosophieunterricht der Sekundarstufe II. Didaktische Kommentare und methodische Anregungen zu ausgewählten Texten*, Stuttgart: Klett.

Droit, Roger-Pol, 1995, *Philosophie et démocratie dans le monde*, Paris: Le livre de poche.

Eble, Kenneth. E. 1988, *The Craft of Teaching. A Guide to Mastering the Professor's Art*. (Second Edition), San Francisco: Jossey-Bass.

Ellinghaus, Wolfgang (Hrsg.), 1996, *Wozu Ethikunterricht? Erwartungen von Parteien und Verbänden*, Harsewinkel.

Engel, Pascal, 2003, « Y a-t-il une vie après la dissertation? », in: *Côté Philo* 3.

Engels, Helmut, 1990, «'Geben Sie den Inhalt des Textes wieder und…!'», in: *ZDPE* 1/90, 22–26.

Engels, Helmut, 1993, «Plädoyer für das Schreiben von Primärtexten oder: über die künstliche Erzeugung von Serendipity», in: *ZDPE* 4/93.

Engels, Helmut, 2004, «Handwerkliches zum Schreiben über Texte. Eine metasprachliche Formulierungshilfe», in: *E & U*, 3/04, 4–10.

Euringer, Martin, 2008, *Vernunft und Argumentation: metatheoretische Analysen zur Fachdidaktik Philosophie*, Darmstadt: Wissenschaftliche Buchgesellschaft.

Facione, Peter A., 1990, *Critical Thinking: A Statement of Expert Consensus for Purposes of Educational Assessment and Instruction*, The California Academic Press.

Fenstermacher, Gary D., und Richardson, Virginia, 2005, «On Making Determinations of Quality in Teaching», in: *Teachers College Record* 107, 186–213.

Fey, Eduard (Hrsg.), 1978, *Beiträge zum Philosophie-Unterricht in europäischen Ländern. Ein Integrationsversuch*, Münster: Aschendorff.

Fischer, Kurt Rudolf, 1979, «Philosophiedidaktik in den USA: Ein Hinweis», in: *ZDP* 1, 47.

Fisher, Alec, und Scriven, Michael, 1997, *Critical Thinking: Its Definition and Assessment*, Center for Research in Critical Thinking.

Fix, Martin, 2006, *Texte schreiben. Schreibprozesse im Deutschunterricht*, Paderborn: Schöningh/UTB.

Franzen, Winfried, 1994, «Ethikunterricht», in: H. Hastedt und E. Martens (Hrsg.), 1994, *Ethik. Ein Grundkurs*, Reinbek bei Hamburg: Rowohlt, 301–323.

Freimiller, Jane, 1997, «The One Page Philosopher: Short Writing Assignments for Introductory Classes», in: *TP* 20, 269–276.

Frieden, Nathalie, 2005, «Comment naît la problématique?», in: *Diotime* 24.

Frieden, Nathalie, 2006, «Quelles propositions didactiques en philosophie?», in: *Diotime* 31.

Frieden, Nathalie, 2007, «Quelles compétences pour un cours de philosophie de l'enseignement secondaire?», in: *Diotime* 35.

Frieden, Nathalie, 2009, «Qu'apportent les ‹nouvelles pratiques philosophiques› en classe et dans la cité à la formation des professeurs de philosophie?», in: *Diotime* 39.

Fromm-Fischer, Susanne, 1990, «Französisches Philo-Bac», in: *ZDP* 1/90, 50–51.

Gardner, Susan, 1995, «Inquiry is no Mere Conversation (or Discussion or Dialogue): Facilitation is Hard Work!», in: *Critical and Creative Thinking: The Australasian Journal of Philosophy for Children* 3(2), 38-49.

Gerhardt, Gerd, 2004, «Der Essay – Über das Verfassen, Verbessern und Beurteilen philosophischer Versuche», in: V. Steenblock (Hrsg.), *Philosophiekurse*, Münster: Lit, 141–153.

Gerhardt, Gerd, 2008, «Der philosophische Essay und seine Verwendung im Unterricht», in: *Mitteilungen des Fachverbandes Philosophie* 48, 11–24.

Gidion, Jürgen, 1974, «Philosophie in der Schule. Überlegungen zu lernzielorientierten Philosophiekursen am Beispiel eines Kurses ‹Aufklärung›», in: *Neue Sammlung* 14, 477–486.

Gill, Jerry H. 1977, «Philosophy and Film», in: *Metaphilosophy* 8, 222–231.

Glatzel, Martin, und Martens, Ekkehard, 1982, *Philosophieren im Unterricht 5-10*, München et al.: Urban und Schwarzenberg.

Grell, Jochen, und Grell, Monika, 1979, *Unterrichtsrezepte*, Weinheim: Beltz. (3. Auflage 2000)

GREPH, 1977, *Qui a peur de la philosophie?* Paris: Flammarion.

Grohmann, Johann Christian, 1797, *Über den Begriff der Geschichte der Philosophie*, Wittenberg: Kühne.

Gründer, Conrad, Gruschka, Andreas, und Meyer, Meinert A., (Hrsg.), 1997, *Philosophie für die europäische Jugend. Auf der Suche nach Elementen des europäischen Philosophieunterrichts*, Münster: Lit.

Guinchard, Jean-Jacques, 2002, «So what? Bon et alors?», in: *Côté Philo* 2.

Hahne, Heinrich, 1959, *Probleme des Philosophieunterrichts*, Stuttgart: Klett.

Hegel, G. W. F., 1803–06, *Aphorismen aus Hegels Wastebook*, in: *Jenaer Schriften 1801–1807. Theorie Werkausgabe*, Bd. 2, Frankfurt a.M.: Suhrkamp, 1970.

Hegel, G. W. F., 1812, *Über den Vortrag der Philosophie auf Gymnasien. Privatgutachten für den Königlich Bayerischen Oberschulrat*, in: *Nürnberger und Heidelberger Schriften 1808–1817. Theorie Werkausgabe*, Bd. 4, Frankfurt a.M.: Suhrkamp, 1970.

Hegel, G. W. F. 1830, *Enzyklopädie der philosophischen Wissenschaften*, in: *Theorie Werkausgabe*, Bd. 8, Frankfurt a.M.: Suhrkamp, 1970.

Hegel, G. W. F., *Vorlesungen über die Geschichte der Philosophie*, in: *Theorie Werkausgabe*, Bd. 18, Frankfurt a.M.: Suhrkamp, 1970.

Heimann, Paul, 1976, *Didaktik als Unterrichtswissenschaft*, Stuttgart: Klett.

Heimann, Paul, Otto, Günter, und Schulz, Wolfgang, 1965, *Unterricht: Analyse und Planung*, Hannover: Schroedel.

Heintel, Peter, 1972, «Didaktik der Philosophie», in: H.-D. Klein und E. Oeser (Hrsg.), *Geschichte und System*, München: Oldenbourg, 234–252.

Heintel, Peter, 1979, «Fachdidaktik Philosophie», in: *ZDP* 1, 8–15.

Heintel, Peter, und Macho, Thomas, 1983, «Noch einmal: ‹Konstituierungsthese›. Beitrag zu einer philosophiedidaktischen Kontroverse», in: *ZDP* 1/83, 3–10.

Helmich, Hans-Joachim, 1986, «Lernorganisation im Philosophieunterricht», in: Rehfus/Becker 1986, 288–301.

Helmke, Andreas, 2003, *Unterrichtsqualität: erfassen, bewerten, verbessern*, Seelze: Kallmeyer.

Hengelbrock, Jürgen, 1978, «Überlegungen zur Kursgestaltung im Fach Philosophie», in: *AWP* 11, 28–38.

Hengelbrock, Jürgen, 1980, «Methodenfragen des Philosophieunterrichts», in: *Anregungen für die Unterrichtspraxis – Philosophie* 2, 1–15.

Hengelbrock, Jürgen, 1986, «Philosophiedidaktik und Unterrichtspraxis», in: Rehfus/Becker 1986, 74–88.

Hengelbrock, Jürgen, 1992, «Philosophie im Rahmen des Bildungsauftrags der Schule», in: *Deutsche Zeitschrift für Philosophie* 12/92, 1441–1448.

Henke, Roland W., 1987, «Hegels gymnasiale Philosophiedidaktik heute», in: *ZDP*, 3/87 181–187.

Henke, Roland W., 1989, *Hegels Philosophieunterricht*, Würzburg: Königshausen und Neumann.

Henke, Roland W., 1998, «Philosophie – ein Fach für Mädchen? Anmerkungen zu einem wenig bedachten didaktischen Problem», in: *E&U* 2/98, 22–25.

Henke, Roland W., 2000, «Dialektik als didaktisches Prinzip. Bausteine zu einer zeitgemäßen Philosophiedidaktik im Anschluss an Kant und Hegel», in: *ZDPE* 2/00, 117–124.

Henke, Roland W. 2007, «Das Leib-Seele-Problem bei Descartes. Aspekte zur Sachorientierung und Grundzüge einer dialektisch gefassten Unterrichtsreihe», in: *ZDPE* 3/07, 192–206.

Henke, Roland W. 2009, «Zur Leistungsbewertung von diskursiven Problemreflexionen auf der Basis philosophischer Positionen – Kompetenzerwartungen, Indikatoren, Aufgabenstellungen», in: *Jahrbuch für Didaktik der Philosophie und Ethik* 10.

Herbart, Johann Friedrich, 1831, «Briefe über die Anwendung der Psychologie auf die Pädagogik», in: Ders., 1964, *Sämtliche Werke*, hrsg. v. K. Kehrbach und O. Flügel, Aalen: Scientia, Bd. IX, 339-450.

Herold, Norbert, 1981, «Philosophieren mit ‹Alice im Wunderland› - Zum nicht-philosophischen Text als Unterrichtsmedium», in: *ZDP*, 1/81 19–28.

Herrmann, Ulrich (Hrsg.), 2006, *Neurodidaktik: Grundlagen und Vorschläge für gehirngerechtes Lehren und Lernen*, Weinheim: Beltz.

Hölzl, Bernhard, 2006, «Philosophieunterricht in Österreich. Ein Bericht», in: *Information Philosophie* 2, 112–114.

Illies, Christian, 2005, «Wie lehrt man Philosophie?», in: *ZDPE* 1/05, 73–74.

Irvine, William B., 1993, «Teaching Without Books», in: *TP* 16, 35–46.

Iseminger, Gary, 1972, «On Reading Philosophers and Doing Philosophy», in: *Metaphilosophy* 3, 261–264.

Izuzquiza, Ignacio, 1982, *La clase de filosofía como simulación de la actividad filosófica*, Madrid: Anaya.

Jank, Werner, und Meyer, Hilbert, 1991, *Didaktische Modelle*. Berlin: Cornelsen Scriptor.

Jegge, Jürg, 1972, *Dummheit ist lernbar*, Bern: Zytglogge.

Kant, Immanuel, 1784, «Beantwortung der Frage: Was ist Aufklärung?», in: *Berlinische Monatsschrift* 2, 481–494.

Kant, Immanuel, 1781/1787, *Kritik der reinen Vernunft* in: Akademieausgabe, Bd. III und IV.

Kant, Immanuel, 1788, *Kritik der praktischen Vernunft* in: Akademieausgabe, Bd. V.

Kant, Immanuel, 1889, «Lose Blätter aus Kants Nachlass», in: *Akademie Ausgabe*, Bd. XX.

Kasachkoff, Tziporah (Hrsg.), 2004, *Teaching Philosophy: Theoretical Reflections and Practical Suggestions*, Lanham: Rowman & Littlefield. (Erweiterte Ausgabe von *In the Socratic Tradition: Essays on Teaching Philosophy*, 1998).

Klafki, Wolfgang, 1958, «Didaktische Analyse als Kern der Unterrichtsvorbereitung», in: *Die Deutsche Schule* 10, 450–471.

Klafki, Wolfgang, 1959, *Das pädagogische Problem des Elementaren und die Theorie der kategorialen Bildung*, Weinheim: Beltz.

Klafki, Wolfgang, 1985, *Neue Studien zur Bildungstheorie und Didaktik: zeitgemäße Allgemeinbildung und kritisch-konstruktive Didaktik*, Weinheim: Beltz.

Klafki, Wolfgang, 1994, «Zum Verhältnis von Allgemeiner Didaktik und Fachdidaktik – Fünf Thesen», In: M. A. Meyer und W. Plöger (Hrsg.), *Allgemeine Didaktik, Fachdidaktik und Fachunterricht*, Weinheim: Beltz, 42–64.

Kledzik, Silke M., 1999, «Les recherches contemporaines en didactique de la philosophie», in : *Diotime* 1.

Kleinknecht, Reinhard, 1989, «Wissenschaftliche Philosophie, philosophisches Wissen und Philosophieunterricht», in: *ZDP* 1/89, 18–31.

Knipping, Christine, 1997, «Frankreichs Philosophieabitur», in: *ZDPE* 1/97, 52–57.

Krah-Schulte, Monika, 1995, «Feministische Ethik oder: Fürsorglichkeit versus Gerechtigkeit. Eine Herausforderung für den Philosophieunterricht in der Sekundarstufe II», in: *ZDPE* 3/95, 189–197.

Krathwohl, David R., Bloom, Benjamin S. und Masia, Bertram B., 1964, *Taxonomy of educational objectives: Handbook II: Affective domain*, New York: McKay (dt. 1975, *Taxonomie von Lernzielen im affektiven Bereich*, Weinheim: Beltz.)

Krohn, Friedrich, 1993, *Grundwissen Didaktik*, München: Reinhardt.

Kronig, Winfried, 2007, *Die systematische Zufälligkeit des Bildungserfolgs*, Bern: Haupt.

Lahav, Ran, und Tillmanns, Maria da Venza, (Hrsg.), 1995, *Essays on Philosophical Counseling*, Lanham: University Press of America.

Lackey, Douglas P., 1974, «The ‹historical› vs the ‹problems› approach to introduction to philosophy», in: *Metaphilosophy* 5, 169–172.

Lassahn, Rudolf, 1972, «Zum Philosophieunterricht an Gymnasien. Einige Anmerkungen und Thesen», in: *AWP* 4, 1–20.

Le Dœuff, Michèle, 1980, «La philosophie renseignée», in: C. Delacampagne und R. Maggiori (Hrsg.), *Philosopher. Les interrogations contemporaines. Matériaux pour un enseignement*, Paris: Fayard.

Leeuw, Karel van der, und Mostert, Pieter, 1983a, «Handlungsvollzüge im Philosophieunterricht», in: *ZDP* 5, 10–15.

Leeuw, Karel van der, und Mostert, Pieter, 1983b, «Theorie-Aneignung in der Philosophie. Dargestellt am Beispiel einer Kant Sitzung», in: *ZDP* 5, 212–219.

Leeuw, Karel van der, und Mostert, Pieter, 1985, «Der Dschungel und der Kompass. Textverstehen im Philosophieunterricht», in: *ZDP* 7, 42–48.

Leeuw, Karel van der, und Mostert, Pieter, 1988, *Philosophieren lehren. Ein Modell für die Planung, Analyse und Erforschung des einführenden Philosophieunterrichts*, Delft: Eburon.

Leeuw, Karel van der, und Mostert, Pieter, 1993, «Philosophieauffassung und Unterrichtsstil», in: *ZDP* 15, 233–240.

Lehner, Martin, 2009, *Allgemeine Didaktik*, Bern: Haupt/UTB.

Liessman, Konrad, 1981, «Zur Reform des Philosophielehrplans in Österreich», in: *ZDP* 4/81, 235–239.

Lipman, Matthew, 1974, *Harry Stottlemeier's Discovery*, Upper Montclair, NJ: IAPC. (dt. 1983, *Harry Stottlemeiers Entdeckung*, Hannover: Schroedel).

Lipman, Matthew, 1981, *Pixie*, Upper Montclair, NJ: IAPC. (dt. 1986, *Pixie. Philosophieren mit Kindern,* Wien: Hölder-Pichler-Tempsky; und entsprechendes Handbuch.)

Lönz, Michael, 1986, «Philosophieren mit ‹Laien›. Bemerkungen zur Konstituierungsthese», in: *ZDP* 1/86, 50–54.

Lohmann, Georg, 1998, «Probleme der ‹Werterziehung› im Ethikunterricht», in: *Deutsche Zeitschrift für Philosophie* 2, 291–303.

Macho, Thomas, 1980, «Logikunterricht in Österreich», in: *ZDP* 1/80, 147–149.

Martens, Ekkehard, 1974, «Diskussion und Wahrheit. Konsenstheoretische Philosophiedidaktik am Modell eines Einführungskurses», in: *AWP* 7, 2–21.

Martens, Ekkehard, 1979, *Dialogisch-pragmatische Philosophiedidaktik*, Hannover: Schroedel.

Martens, Ekkehard, 1980, «Kinderphilosophie – oder: Ist Motivation zum Philosophieren ein Scheinproblem?», in: *ZDP* 2/80, 80–84.

Martens, Ekkehard, 1983, *Einführung in die Didaktik der Philosophie*, Darmstadt: Wissenschaftliche Buchgesellschaft.

Martens, Ekkehard, 1986a, «Philosophieunterricht als Problem- und Lerngeschichte. Ein dialogisch-pragmatischer Ansatz», in: Rehfus/Becker 1986, 89–97.

Martens, Ekkehard, 1986b, «Didaktik der Philosophie», in: E. Martens und H. Schnädelbach (Hrsg.), *Philosophie: Ein Grundkurs*, Reinbek bei Hamburug: Rowohlt, 748–780.

Martens, Ekkehard, 1996, «Lesen, Schreiben, Rechnen – Philosophieren als vierte Kulturtechnik», in: S. Dietz, H. Hastedt, G. Keil und A. Thyen (Hrsg.), *Sich im Denken orientieren – Für Herbert Schnädelbach*, Frankfurt a. M., Suhrkamp. 71–83.

Martens, Ekkehard, 1998, «Philosophiedidaktik», in: A. Pieper (Hrsg.), *Philosophische Disziplinen. Ein Handbuch.* Leipzig: Reclam, S. 281–303.

Martens, Ekkehard, 2003, *Methodik des Ethik- und Philosophieunterrichts. Philosophieren als elementare Kulturtechnik*, Hannover: Siebert. (2. Auflage 2005)

Matthews, Gareth, 1980, Philosophy and the Young Child, Cambridge, Mass.: Harvard University Press. (dt. 1991, *Denkproben. Philosophische Ideen jüngerer Kinder*, Berlin: Freese.)

Matthews, Gareth, 1984, *Dialogues With Children*, Cambridge, Mass.: Harvard University Press. (dt. 1989, *Philosophische Gespräche mit Kindern,* Berlin: Freese.)

Matthews, Gareth, 1994, *The Philosophy of Childhood*, Cambridge, Mass.: Harvard University Press. (dt. 1995, *Die Philosophie der Kindheit. Wenn Kinder weiter denken als Erwachsene*, Weinheim: Beltz.)

Maurer, Christian, 2005, «Szenische Umsetzung als Beispiel für eine Methode der intensiven Texterarbeitung», in: *ZDPE* 2/05, 225–229.

McDermott, John J., 1988, «The Teaching of Philosophy – Historically», in: Kasachkoff 2004, 149–161.

McDonough, Jeffrey K., 2000, «Rough Drafts without Tears: A Guide to a Manageable Procedure for Improving Student Writing», in: *TP* 23, 127–137.

McPeck, John E., 1981, *Critical thinking and education*, Oxford: Martin Robertson.

McPeck, John E., 1990, *Teaching critical thinking: dialogue and dialectic*, New York: Routledge.

Meyer, Hilbert, 1987a, *Unterrichtsmethoden. Theorieband*, Frankfurt a.M.: Scriptor. (6. Auflage 1999)

Meyer, Hilbert, 1987b, *Unterrichtsmethoden. Praxisband*, Frankfurt a.M.: Scriptor. (6. Auflage 1999)

Meyer, Hilbert, 2004, *Was ist guter Unterricht?*, Berlin: Cornelsen.

Meyer, Kirsten, 2003, «Beweise mir mit Worten, dass es Gott in Wirklichkeit gibt», in: *ZDPE* 1/03, 36–41.

Momeyer, Richard W., 1995, «Teaching Ethics to Student Relativists», in: *TP* 18, 301–311.

Monzie, Anatole de, 1925, *Instructions du 2 septembre 1925*, in: L. L. Grateloup (Hrsg.), 1986, *Notice pédagogique à l'usage des professeurs de philosophie*, Paris: Hachette.

Moore, Brooke Noel, und Parker, Richard, 1989, *Critical thinking: evaluating claims and arguments in everyday life,* Mountain View (CA): Mayfield.

Mostert, Pieter, 1986, «Understanding Student's Relativism», in: *Metaphilosophy* 17, 200–204.

Muglioni, Jacques, 1992, «La leçon de philosophie», in: *Philosophie. Bulletin de Liaison des professeurs de philosophie de l'académie de Versailles* 1, CRDP, 25–37.

Murcho, Desidério, 2002, *A Natureza da Filosofia e o seu Ensino*, Lisboa: Plátano.

Murcho, Desidério, 2004, « La nature de la philosophie et son enseignement », in: *Côté Philo* 5, 43–47.

Nagl, Ludwig, 1979, «Philosophiedidaktik in den USA», in: *ZDP* 1, 107–110.

Nelson, Leonard, 1918, «Von der Kunst zu philosophieren», in: *Gesammelte Werke*, 2. Bd., Hamburg: Meiner, 1970, 219–245.

Nelson, Leonard, 1922, «Das sokratische Gespräch», in: *Gesammelte Werke*, 1. Bd., Hamburg: Meiner, 1970, 269–316. (Wiederabdruck in Birnbacher/Krohn 2002.)

Nietzsche, Friedrich, 1874, «Schopenhauer als Erzieher» (Unzeitgemässe Betrachtungen, 3. Stück), in: *Werke in drei Bänden*, Bd. 1, München: Hanser, 1966, 287–365.

O'Connor, John, 2001, «Philosophical Humor, Lewis Carroll, and Introductory Philosophy», in: *APA NTP* 01/1, 182–185.

Oelkers, Jürgen, 1985, *Erziehen und Unterrichten: Grundbegriffe der Pädagogik in analytischer Sicht*, Darmstadt: Wissenschaftliche Buchgesellschaft.

Paden, Roger, 1987, «The Student Relativist as a Philosopher», in: *TP* 10, 97–101.

Papert, Seymour, 1980, *Mindstorms. Children, Computer and Powerful Ideas*, Basic Books, New York.

Papert, Seymour, 1987, «Constructionism: A New Opportunity for Elementary Science Education», Antrag an die *National Science Foundation*, online: *http://nsf.gov/awardsearch/showAward.do?AwardNumber=8751190*

Patzig, Günther, 1982, Rezension zu Glatzel/Martens 1982, in: *ZDP* 3/82, 186–187.

Perger, Eduard von, 1959, *Geschichte des Philosophieunterrichts und der philosophischen Lehramtsprüfung im neunzehnten und beginnenden zwanzigsten Jahrhundert in Bayern und Preußen*, München, Diss. Universität München.

Perry, John, 2001, *Reference and Reflexivity*, Stanford: CSLI.

Peters, Jörg, und Peters, Martina, und Rolf, Bernd, 2006, *Philosophie im Film*, Bamberg: Buchner.

Petersen, Jörg, 1995, «Vom Verbrechen zur Philosophie», in: *ZDPE* 1/95, 37–42.

Peterßen, W. H., 1996, *Lehrbuch Allgemeine Didaktik*, München: Ehrenwirth.

Pettier, Jean-Charles 2005, «Michel Tozzi, un modèle didactique du philosopher», Vortrag in Santiago de Compostela, 14.09.2005; online: *www.philotozzi.com*

Pfister, Jonas, 2005, «La philosophie dans l'enseignement secondaire en Suisse», in: *Côté Philo* 7, 33–36.

Pfister, Jonas, 2006, *Philosophie. Ein Lehrbuch*, Stuttgart: Reclam.

Pfister, Jonas, 2009, «Les Olympiades de philosophie dans l'enseignement», in: *Diotime* 41.

Pfister, Jonas (Hrsg.), (erscheint) 2010, *Philosophie. Texte zum Lehrbuch*, Stuttgart: Reclam.

Piaget, Jean, 1950, *Introduction à l'Épistémologie Génétique*. Paris: Presses Universitaires de France.

Piaget, Jean, 1961, *La psychologie de l'intelligence,* Paris: Armand Colin.

Popp, Walter, 1976, *Kommunikative Didaktik. Soziale Dimensionen des didaktischen Feldes*, Weinheim: Beltz.

Prichard, Michael, 2006, «Philosophy for Children» in: *Stanford Encyclopedia of Philosophy,* hrsg. v. E. N. Zalta, Ausgabe Juni 2009, online: *http://plato.stanford.edu/entries/children/*

Pryor, Jim, *Guidelines on Writing Philosophy Papers, http://www.jimpryor. net/teaching/guidelines/writing.html*

Püllen, Karl, 1958, *Die Problematik des Philosophieunterrichts an höheren Schulen: ein Beitrag zum Verhältnis von Philosophie und Bildung*, Düsseldorf: Schwann.

Raffin, Françoise, et al., 1994, *La dissertation philosophique – La didactique à l'oeuvre,* INRP-CNDP-Hachette.

Raffin, Françoise, et al., 1995, *La lecture philosophique*, INRP-CNDP-Hachette.

Raffin, Françoise, et al., 2002, *Usage des textes dans l'enseignement philosophique*, INRP-CNDP-Hachette.

Raupach-Strey, Gisela, 1977, «Philosophie-Unterricht als Interaktion. Zur Praxis des philosophischen Unterrichtsgesprächs», in: *AWP* 10, 1–16.

Raupach-Strey, Gisela 2002, *Sokratische Didaktik. Die didaktische Bedeutung der Sokratischen Methode in der Tradition von Leonard Nelson und Gustav Heckmann*, Hamburg: Lit.

Reboiras, Domínguez, und Miguel, Orio de, 1985, *Método activo: Una propuesta filosófica*, Madrid: MEC.

Rehfus, Wulff D. 1976, «Thesen zur Legitimierung von Philosophie als Unterrichtsfach am Gymnasium», in: *AWP*, 9, 5–25.

Rehfus, Wulff D., 1980, *Didaktik der Philosophie. Grundlage und Praxis*, Berlin: Cornelsen.

Rehfus, Wulff D., 1985, «Arbeit am Text. Descartes' ‹Meditationen› als paradigmatischer Ganzschrift in einem Einführungskurs», in: *ZDP* 1/85, 17–28.

Rehfus, Wulff D., 1986a, «Methodischer Zweifel und Metaphysik. Der bildungstheoretisch-identitätstheoretische Ansatz in der Philosophiedidaktik», in: Rehfus/Becker 1986, 98–113.

Rehfus, Wulff D., 1986b, *Der Philosophieunterricht: Kritik der Kommunikationsdidaktik und unterrichtspraktischer Leitfaden*, Stuttgart-Bad Cannstatt: Frommann-Holzboog.

Rehfus, Wulff D., und Horst Becker (Hrsg.), 1986, *Handbuch des Philosophie-Unterrichts*, Düsseldorf: Schwann.

Renda, Ernst-Georg, 1981, *Philosophie am Gymnasium. Zur Entwicklung eines Unterrichtsfachs in der Bundesrepublik Deutschland*, Frankfurt a.M.: Lang.

Richert, Heinrich, 1924, «Die Neuordnung des preußischen höheren Schulwesens 1924», in: H. Richert: *Die Neugestaltung der höheren Schulen in Preußen im Jahr 1925*, Heidelberg 1967. Quelle & Meyer.

Richert, Heinrich, 1931, «Unterrichtsverwaltung und philosophische Propädeutik in Preußen. Rede auf dem Kongress der Gesellschaft für Philosophischen Unterricht», in: *Zeitschrift der Gesellschaft für philosophischen Unterricht* 2, 33–39.

Ritz, Eberhard, 1990, «Philosophieunterricht in Europa», in: *ZDP* 4/90, 239–243.

Rohbeck, Johannes, 1981, *Hegels Didaktik der Philosophie*, In: B. Heidtmann (Hrsg.): *Hegel – Perspektiven seiner Philosophie heute*, Köln: Pahl-Rugenstein, 122–137.

Rohbeck, Johannes, 1984, «Philosophieunterricht im Vergleich. Bonner Symposion», in: *ZDP* 1/84, 44–47.

Rohbeck, Johannes, 1986, «Philosophieunterricht als Problem der Vermittlung», in: Rehfus/Becker 1986, 114–132.

Rohbeck, Johannes, 1992a, «Philosophiegeschichte als didaktische Herausforderung», in: *Deutsche Zeitschrift für Philosophie* 40, 137–144.

Rohbeck, Johannes, 1992b, «Philosophie und Ethik im Unterricht», in: *Deutsche Zeitschrift für Philosophie* 40, 1449–1453.

Rohbeck, Johannes, 2000, «Methoden des Philosophie- und Ethikunterrichts», in: *Jahrbuch für Didaktik der Philosophie und Ethik* 1, 146–174.

Rollin, France, 1982, *L'éveil philosophique – Apprendre à philosopher*, Paris: UNAPEC.

Rosat, Jean-Jacques, 2001, «Penser et disserter», in : *Côté Philo* 1.

Rösch, Anita, 2006, «Das philosophische Tagebuch. Über die allmähliche Verfertigung der Gedanken beim Schreiben», in: *E&U*, 1/06.

Rosenberg, Jay F., 1986, *Philosophieren. Ein Handbuch für Anfänger*, Frankfurt a.M.: Klostermann.

Ruffaldi, Enzo, 1999, *Insegnare filosofia*, Firenze: La Nuova Italia.

Ruffaldi, Enzo, und Mario Trombino, 2004, *L'officina del pensiero. Insegnare e apprendere filosofia*, Milano: LED.

Ruhloff, Jörg, 1986, «Philosophieunterricht als didaktischer Sonderfall?», in: Rehfus/Becker 1986, 217–223.

Russ, Jacqueline, 1992, *Les méthodes en philosophie*, Paris: Armand Colin.

Russ, Jacqueline, 1998, *La dissertation et le commentaire de texte philosophiques*, Paris: Armand Colin.

Satris, Steven, 1986, «Student Relativism», in: *TP* 9, 193–205.

Sautet, Marc, 1995, *Un café pour Socrate*, Paris: Laffout (dt. *Ein Café für Sokrates,* Düsseldorf: Artemis und Winkler, 1997).

Schäfer, Karl-Hermann, und Schaller, Klaus, 1971, *Kritische Erziehungswissenschaft und kommunikative Didaktik*, Heidelberg: Quelle & Meyer.

Schauer, Markus, 2005, «Friedrich Immanuel Niethammer und der bildungspolitische Streit des Philanthropinismus und Humanismus um 1800», in: *Pegasus-Onlinezeitschrift* V/1.

Schmidt, Donat, 2008, «Nicht mehr zu Fuß. Über den Gebrauch des Mediums Computer im Philosophie- und Ethikunterricht», in: *ZDPE* 2/08, 103–115.

Schmidt, Heinz, 1983, *Didaktik des Ethikunterrichts, Bd. 1, Grundlagen*, Stuttgart: Kohlhammer.

Schmucker-Hartmann, Josef, 1980, *Grundzüge einer Didaktik der Philosophie*, Bonn: Bouvier.

Schmucker-Hartmann, Josef, 1986, «Das theoretische und praktische Fundament aller Didaktik der Philosophie», in: Rehfus/Becker 1986, 133–140.

Schnädelbach, Herbert, 1981, «Morbus hermeneuticus – Thesen über eine philosophische Krankheit», in: *ZDP* 1/81, 3–6.

Schneider, Hans Julius, 1998, «Das neue Fach ‹Lebensgestaltung - Ethik - Religionskunde›: Sinnvolle Propädeutik oder fragwürdiger Ersatz für den Religionsunterricht?», in: *Deutsche Zeitschrift für Philosophie* 46, 305–318.

Scholz, Oliver R., «Das Spektrum der Bilder», in: *E&U* 2/02, 8–14.

Schreckenberg, Wilhelm, 1986, «Philosophielehrer», in: Rehfus/Becker 1986, 434–438

Schulz, Wolfgang, 1965, «Unterricht. Analyse und Planung», in: Heimann/Otto/Schulz 1965, 13–47.

Schulz, Wolfgang, 1981, *Unterrichtsplanung*, München: Urban und Schwarzenberg.

Schüpbach, Jürg, 1997, *Nachdenken über das Lehren. Vorder- und Hintergründiges zur Didaktik im Schulalltag*, Bern: Haupt. (3. Auflage 2007)

Schütze, Mandy, 2008, «Ethikunterricht im Web 2.0. Wikis und Weblogs optimal eingesetzt», in: *ZDPE* 2/08, 125–132.

Schuster, Shlomit C., 1999, *Philosophy practice. An alternative to counseling and psychotherapy*. Westport, Conn.: Praeger.

Senti, Johann G. 1979, «Zum Philosophieunterricht in der Schweiz», in: *ZDP* 1, 158–161.

Shepard, Darrell R., 1978, «Philosophy in the Schools – Twenty Years Later», in: *Metaphilosophy* 9, 99–195.

Sherringham, Mark, 2006, «L'enseignement scolaire de la philosophie en France», in: *La revue de l'inspection générale* 3, 2006, 61–67, online: *http://media.education.gouv.fr/file/37/7/3377.pdf*

Sieckmann, Andreas, 2004, «Vom Schreiben normativer Texte im Philosophieunterricht. zwei Vorschläge zur Schriftlichkeit in den Sekundarstufen», in: *E & U* 3/04, 31–34.

Souriau, Anne, 1986, «Der Philosophieunterricht am französischen Gymnasium», in: *ZDP* 1/86, 13–21.

Steenblock, Volker, 2000, *Philosophische Bildung: Einführung in die Philosophiedidaktik und Handbuch: praktische Philosophie*, Münster: Lit. (3. Auflage 2007)

Stiegler, Ingrid, 1984, *Philosophie und Pädagogik. Der Weg der Philosophie zum gymnasialen Unterrichtsfach*, Duisburg (Dissertation).

Stiegler, Ingrid, 1986, «Philosophiedidaktik von ca. 1800 bis 1972 – Findung, Konsolidierung und Modifikation ihrer ‹pädagogischen› Identität», in: Rehfus/Becker 1986, 20–37.

Šimenc, Marjan, 2008, «The status of the subject in the classroom community of inquiry». *Theory and research in education* 6, 323–336.

Tennemann, Wilhelm Gottlieb, 1812, *Grundriss der Geschichte der Philosophie für den akademischen Unterricht,* Leipzig: Barth.

Terhart, Ewald, 1977, «Die Logik des Lehrens», in: *Bildung und Erziehung* 30, 441–456.

Terhart, Ewald, 1989, *Lehr-Lern-Methoden: eine Einführung in Probleme der methodischen Organisation von Lehren und Lernen*, Weinheim: Juventa.

Terhart, Ewald, 2009, *Didaktik*, Stuttgart: Reclam.

Tetens, Holm, 2004, *Philosophisches Argumentieren: Eine Einführung*, München: C.H. Beck. (2. Auflage 2006)

Thaggard, Paul, und Hausmann, Daniel M., 1980, «Sun Signs vs. Science: Using Astrology to Teach Philosophy of Science», in: *Metaphilosophy* 11, 101–104.

Thies, Christian, 1990, «Das Philosophische Tagebuch», in: *ZDP*, 1/90, 26–32.

Tichy, Matthias, 1998, *Die Vielfalt des ethischen Urteils. Grundlinien einer Didaktik des Faches Ethik/Praktische Philosophie*, Bad Heilbrunn: Klinkhardt.

Tichy, Matthias, 2005, «Rhetorik und Argumentation», in: *ZDPE* 2/05, 107–114.

Tichy, Matthias, 2008, «Mediennutzung, Medienkompetenz und Philosophieunterricht. Versuch einer Klärung aus unterrichtspraktischer Sicht», in: *ZDPE* 2/08, 90–102.

Tozzi, Michel, 1992, *Contribution à une didactique du philosopher*. (Unpubl. Doktorarbeit)

Tozzi, Michel, 1994/1999, *Penser par soi-même. Initiation à la philosophie*, Lyon: Chronique Sociale. (4. Auflage 1999)

Tozzi Michel 1998a, *Eléments pour une didactique de l'apprentissage du philosopher*. (Unpubl. Habilitationsarbeit)

Tozzi, Michel, 1998b, «La socialisation démocratique à l'école : un concept pour une pratique», in : J. B. Paturet (Hrsg.), 1998, *Vers une socialisation démocratique*, Saint-Maximin: Théetète Editions.

Tozzi, Michel 1999, «Vers une didactique de l'apprentissage du philosopher (1988–1998)», in: *Diotime* 1.

Tozzi, Michel 2005/2006, «Essai de didactique comparée sur les différents paradigmes de l'apprentissage du philosopher», in: D. Groux et al. (Hrsg.), *L'école comparée. Regards croisés franco-alle-*

mands, Paris: L'Harmattan, 2006.

Tozzi, Michel, 2006, «L'évolution de la didactique du philosopher», in: *Diotime* 29.

Tozzi, Michel 2009, «La didactique de la philosophie en France : vingt ans de recherche (1989–2009)», in: *Diotime* 39.

Tozzi, Michel, und Molière, Guy 1995, *Lecture et écriture du texte argumentatif en français et philosophie*, CRDP Montpellier.

Tozzi, Michel, Baranger, Patrice, Benoit, Michèle, Vincent, Claude, 1992, *Apprendre à philosopher dans les lycées d'aujourd'hui*, CNDP-CRDP-Hachette,

Tozzi, Michel, et al., 1999, *L'oral argumentatif en philosophie*, CRDP Montpellier.

Tozzi, Michel, et al., 2000, *Diversifier les formes d'écriture philosophique*, CRDP Montpellier.

Treml, Alfred K., 1994, «Ethik als Unterrichtsfach in den verschiedenen Bundesländern. Eine Zwischenbilanz», in: Treml (Hrsg.), 1994, *Ethik macht Schule! Moralische Kommunikation in Schule und Unterricht*, Frankfurt a.M.: edition ethik konrovers.

Trinks, Jürgen, 1987, Rezension zu Rehfus/Becker 1986, in: *ZDP* 2/87, 127–130.

Trombino, Mario, 1999, *Elementi di didattica teorica della filosofia*, Bologna: Calderini.

Trombino, Mario, 2000, *Elementi di didattica empirica della filosofia*, Bologna: Calderini.

Valian, Virginia, 1998, *Why so slow? The advancement of women*, Cambridge, Mass.: MIT Press.

Vasquez, Miguel, 2007, «Ser profesor de filosofia en España», in: *Diotime* 33.

Vogel, Peter, 1980, «Die Geschichte des gymnasialen Philosophieunterrichtes in Deutschland: Bemerkungen zum Forschungsstand», in: ZDP 4/80: Verlag für Pädagogische Dokumentation.

Vogel, Peter, und Stiegler, Ingrid, 1980, *Bibliographisches Handbuch zum Philosophieunterricht*, Duisburg: Verlag für pädagogische Dokumentation.

Weimer, Alois, 1991, «Prüfungsaufgaben für die Abiturprüfung im Fach Ethik», in: *E & U* 4/91, 45–47.

Wiesen, Brigitte, 2001, «Schreibend ins Philosophieren kommen. Ein Bericht über Erfahrungen einer Jahrgangsstufe 8 bei der Suche nach dem eigenen Ich», in: *E & U* 3/01, 34–37.

Wiesen, Brigitte, 2004, «Schreiben im Philosophieunterricht – aber was? Der Roman ‹Blaupause› als Schreibanlass», in: *E & U*, 04/3, 22–25.

Wilkes, Verena, 1999, «‹Sind Hypotheken drauf? Nein nur ein Kamin.› Logiktraining und Argumentationsanalyse im Philosophieunterricht», in: *ZDPE* 4/99, 254–260.

Wilkes, Verena, 2000, «‹Was für ein Hut? Einer zum Aufsetzen.› Argumentationsanalyse anhand von Texten der Philosophiegeschichte», in: *ZDPE* 4/00.

Wilkes, Verena, 2004, «Was unterscheidet das Pissoir als Kunstwerk vom herkömmlichen Pissoir? Aktuelle analytische Kunstphilosophie am Beispiel von Arthur C. Danto», in: *ZDPE* 4/04, 315–323.

Wolf-Devine, Celia, 2004, «Teaching Gender Issues – Philosophically», in: *APA NTP* 03/2, 10–16.

2 Personenregister

A
Achenbach, G. B. 131
Aebli, H. 111
Albus, V. 131
Andre, J. 49, 50
Arnold. M. 113
Ausubel, D. P. 112

B
Ballauf, T. 142
Becker-Mrotzek, M. 57
Benjamin, M. 18, 150
Berliner, D. 228
Blankertz, H. 108
Bleisch, B. 125
Bloom, P. 18, 77
Borges, J. L. 88
Bruner, J. 112, 195
Brüning, B. 130, 165
Bucher, A. 125, 126

C
Camhy, D. 130
Campomames, C. T. 149
Carroll, L. 88

Châtelet, F. 147
Conrads, H. 166
Cosentino, A. 130, 149
Cox, P. 89
Cuonzo, M. 88
Czermak, G. 125

D
Dejung, Ch. 124, 125
De Pasquale, M. 116
Deppe, W. 143, 153, 162
Derbolav, J. 116, 142
Derrida, J. 146
Descartes, R. 180, 190
Dewey, J. 111
Diesenberg, N. 170
Dostojewskij, F. 89
Droit, R.-P. 155
Dürrenmatt, F. 89

E
Eble, K. E. 75, 95
Ellinghaus, W. 126
Ende, M. 88
Engel, P. 12, 148, 167

Engels, H. 170
Ensor, B. 111

F
Facione, P. 135
Fenstermacher, G. 107
Ferrière, A. 111
Fey, E. 135
Fisher, A. 135
Fix, M. 57
Franzen, W. 125
Freimiller, J. 170
French, M. 21
Frieden, N. 132, 134, 148, 149, 169, 192
Fromm-Fischer, S. 133

G
Gaarder, J. 129, 207
Garcia Moryón, F. 130, 232
Gardner, S. 129
Gentile, G. 134
Gerhardt, G. 170
Gidion, J. 162
Gill, J. 90
Grataloup, N. 147, 148
Grell, J./Grell, M. 19, 28, 29
Grohmann, J. Ch. 160
Gründer, C. 135, 183
Guinchard, J.-J. 148

H
Habermas, Jürgen 180
Hahne, H. 142
Heckmann, G. 48
Hegel, G. W. F. 121, 124, 188, 189, 190, 192
Heimann, P. 110
Heintel, P. 115, 142
Helmich, H.-J. 181
Helmke, A. 113
Hengelbrock, J. 114, 143, 162
Henke, R. W. 116, 118, 140, 141, 143, 155, 158, 166, 174, 177, 186, 188–191, 202
Herbart, J. F. 175
Herold, N. 88
Herrmann, U. 113
Hesse, H. 89
Hölzl, B. 124
Humboldt, W. von 121

I
Irvine, W. B. 165
Iseminger, G. 165
Izuzquiza, I. 149

J
Jank, W. 108
Jegge, J. 80

K
Kant, I. 137–139, 151, 160, 188, 192
Kasachkoff, T. 150
Klafki, W. 108, 109, 110, 112

Kledzik, S. M. 143, 148, 177
Klee, P. 172
Kleinknecht, R. 35
Knipping, C. 133, 146
Krah-Schulte, M. 118
Krathwohl, D. 18
Krohn, D. 48, 169
Krohn, F. 108
Kronig, W. 120

L
Lackey, D. 166, 236
Lahav, R. 131, 236
Lassahn, R. 142, 143, 152, 161, 162, 230, 236
Le Doeuff, M. 49, 192, 236
Leeuw, K. van der 35, 116, 130, 135, 150, 170, 177, 186, 196–201, 202
Lehner, M. 108
Lévine, J. 130
Liessmann, K. 124
Lipman, M. 128, 129, 137
Lohmann, G. 126
Lönz, M. 115

M
Macho, T. 115, 124, 143
Mahnke, H.-P. 144
Martens, E. 115, 130, 137, 141, 143, 144, 148, 153, 155, 162, 171, 177, 181, 183–187, 190, 191, 202

Matthews, G. 129
Maurer, Ch. 91
McDermott, J. J. 166
McDonough, J. K. 170
McPeck, J. E. 135
Meyer, H. 25, 106, 107, 108
Miguel, O. de 149
Momeyer, R. W. 49
Montessori, M. 111
Monzie, A., de 146
Moore, B. N. 135
Mostert, P. 196–201
Muglioni, J. 114, 146
Murcho, D. 13, 49, 167, 168

N
Nagl, L. 143, 150
Neill, A. S. 111
Nelson, L. 48, 129
Niethammer, F. I. 120, 121, 139, 141
Nietzsche, F. 89, 156
Nordhofen, E. 143

O
O'Connor, J. 88
Oelkers, J. 104
Orwell, G. 89

P
Paden, R. 49
Papert, S. 111, 112
Patzig, G. 115

Perry, J. 21, 23, 80
Peters, J. 90
Peterßen, W. H. 108
Pettier, J.-C. 192
Pfister, J. 36, 49, 125, 131, 188
Piaget, J. 111, 129
Platon 37, 69, 91, 104, 183
Popp, W. 110
Pryor, J. 59
Püllen, K. 142

R
Raffin, F. 116, 147, 170
Raupach-Strey, G. 48, 115, 144, 169
Reboiras, D. 149
Rehfus, W. D. 51, 115, 116, 141, 143, 144, 153, 166, 177, 178–182, 186, 190, 202
Richert, H. 123
Ritz, E. 135
Rohbeck, J. 124, 126, 134, 135, 145, 148, 166, 171
Rollin, F. 49, 116, 147, 155, 177, 192–199, 202
Rosat, J.-J. 148
Rösch, A. 170
Rosenberg, J. F. 35, 36, 71, 88, 170
Rotten, E. 111
Ruffaldi, E. 149
Ruhloff, J. 116, 117, 186
Russ, J. 116, 147, 170

S
Santi, M. 130
Sasseville, M. 130
Satris, S. 49
Sautet, M. 132, 137
Schäfer, K.-H. 110
Schaller, K. 110
Schauer, M. 121
Schmucker-Hartmann, J. 116, 178
Schnädelbach, H. 167
Scholz, O. R. 90
Schreckenberg, W. 123
Schulz, W. 110, 196
Schüpbach, J. 30
Schuster, Sh. 131
Schütze, M. 71
Senti, J. G. 124
Shepard, D. 149, 245
Sherringham, M. 132, 133
Sieckmann, A. 170, 245
Šimenc, M. 129, 130
Souriau, A. 133
Steenblock, V. 129, 171, 185
Stiegler, I. 120, 122, 123, 141, 142, 152
Swift, J. 88

T
Taba, H. 195
Tennemann, W. G. 160
Terhart, E. 104, 106, 108, 110, 111

Thaggard, P. 88
Thies, Ch. 170
Tichy, M. 39, 58, 128, 154, 182
Tozzi, M. 116, 130, 132, 133, 135, 136, 137, 146, 147, 148, 155, 170, 182, 192–202, 212
Trinks, J. 144
Trombino, M. 149

V
Valian, V. 118
Vogel, P. 122, 123, 142

W
Weimer, A. 77
Wiesen, B. 170, 207
Wilkes, V. 36, 90
Wolf-Devine, C. 118

Z
Zoller, E. 130

Hauptthema: Pädagogik

Martin Lehner
Allgemeine Didaktik

UTB-Basics
2009. 206 Seiten, 30 Abbildungen, 14. Tabellen, kartoniert
CHF 31.90 (UVP) / € 17.90
ISBN 978-3-8252-3245-0

«Allgemeine Didaktik» ist eine umfassende Einführung für alle Lehrenden aus Schule, Hochschule und Erwachsenenbildung. Die wichtigsten Theorien und Modelle werden darin ebenso diskutiert wie die Voraussetzungen einer erfolgreichen didaktischen Praxis: Ziele und Inhalte, Methoden und Leistungsfeststellung sowie Planung, Reflexion und Evaluation von Lehr- und Lernprozessen.

: Haupt **Haupt Verlag** Bern·Stuttgart·Wien
verlag@haupt.ch·www.haupt.ch